新网络营销与运营
实战**108**招
小营销大效果

谭静◎编著

人民邮电出版社
北 京

U0686063

图书在版编目（CIP）数据

新网络营销与运营实战108招 ： 小营销大效果 / 谭
静编著. -- 北京 ： 人民邮电出版社，2019.6
ISBN 978-7-115-50285-8

Ⅰ．①新… Ⅱ．①谭… Ⅲ．①网络营销－基本知识
Ⅳ．①F713.365.2

中国版本图书馆CIP数据核字（2018）第287899号

内 容 提 要

本书结合典型案例，深刻、系统地剖析了网络营销与运营的思维和策略，是一本介绍营销与运营的实战手册。

书中详细讲解了多种营销与运营的方法和技巧，包括：如何创作打动人心的文案，吸引用户的注意力；如何策划有效的活动，调动用户的积极性；如何设计抓人眼球的图文；如何制作H5页面，有创意地展现营销场景；如何通过视觉营销提升销量；如何通过视频营销，声色并茂地展现产品的丰富形象；如何通过平台营销吸引外部的流量；如何通过直播营销打造IP人物等。

本书逻辑简单清晰，内容丰富全面，适合网络营销与运营人员阅读。

◆ 编　　著　谭　静
责任编辑　恭竟平
责任印制　周昇亮

◆ 人民邮电出版社出版发行　　北京市丰台区成寿寺路 11 号
邮编　100164　　电子邮件　315@ptpress.com.cn
网址　http://www.ptpress.com.cn
北京虎彩文化传播有限公司印刷

◆ 开本：700×1000　1/16
印张：15.5　　　　　　　　2019 年 6 月第 1 版
字数：303 千字　　　　　　2025 年 2 月北京第 10 次印刷

定价：49.80 元

读者服务热线：（010）81055296　印装质量热线：（010）81055316
反盗版热线：（010）81055315

前言

新网络营销是近几年来最受关注的营销方式之一，它顺应了互联网发展的前进方向，并紧跟时代潮流，发展出了很多不同的营销分支。无论是微信营销、淘宝营销，还是微博自媒体营销等，都属于新网络营销旗下的成员。

笔者对新网络营销有着巨大的好奇心，也经常上网查询这方面的资料和案例，并进行对比分析。笔者坚信新网络营销背后有巨大的盈利空间，而现在我们仅仅才挖掘了一点点。秉持这一信念，笔者编写了这本《新网络营销与运营实战 108 招：小营销大效果》，希望能给想在新网络营销方面做出一番事业的商家和从业人员提供一些帮助。

新网络营销毕竟是一个很大的概念，如果细细分析起来，108 招根本不够用，所以这本书主要是从大方面看小细节，助你理顺新网络营销中的各种知识点。本书对难度比较大、内容比较重要的部分进行了重点分析，所以本书更加适合对新网络营销的基础概念已有一定了解的人群使用。

本书分为 10 章，共 108 节。这 10 章的内容分别从文案写作、活动策划、图文设计、H5 制作、视觉营销、视频营销、营销方式、营销平台、新媒体营销、直播营销等方面进行分析，条理明晰，侧重点各有不同。笔者将这些新网络营销的内容主要分为两大部分：第一部分是内部设计，第二部分是对外营销推广。

内部设计指的是在所有内容没有正式运用到宣传营销之前，营销人员前期的想法与设计，是为营销做准备的工作。这部分内容包括图文设计、活动策划、软文写作、H5 页面制作、LOGO 设计、视频拍摄等。这些知识可以给读者一些创造性的灵感和专业性的指导，为读者的作品创作带来一些新的思维和想法，为读者以后投入市场营销并取得成功开拓一条平坦的道路。

对外营销推广是第二部分。在所有的准备工作都完成之后，读者应该去寻找各大平台与媒体，让它们对营销的广告内容进行推广。

本书的读者对象主要为网店管理者、企业分销人员、自媒体人、中小企业运营人员、对新网络营销感兴趣的普通读者等。

下面介绍每章的主要内容。

软文文案	介绍商业软文的写作前提和写作方式
活动策划	介绍进行线上和线下活动策划时需注意的所有细节问题
图文设计	介绍广告中图文的排版方式与吸睛点
H5 制作	分析 H5 页面的经典案例，介绍具体的制作方式
视觉营销	通过品牌各处细节的设计强调美学在新网络营销中的重要性
视频营销	完整介绍视频的制作与推广过程
营销方式	具体介绍新网络营销中的 10 种方式
营销平台	具体介绍新网络营销中的 10 大流量平台
新媒体营销	具体介绍新网络营销中的 10 个自媒体平台
直播营销	分析直播营销中的各处细节

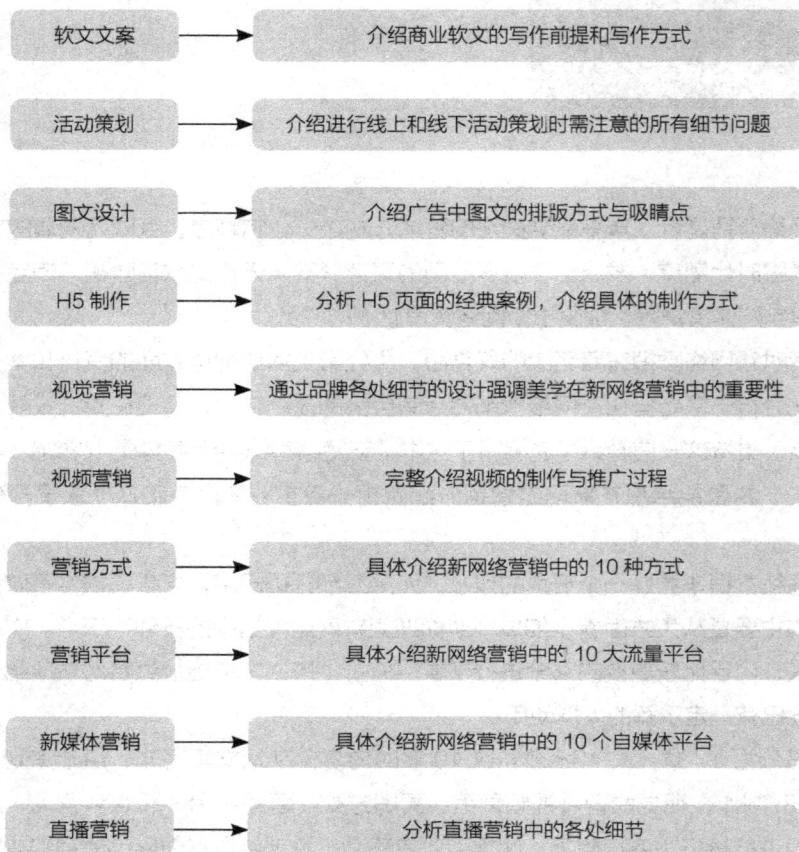

由于作者的知识水平有限，书中难免有错误和疏漏之处，恳请广大读者批评指正，联系邮箱：itsir@qq.com。

目录 | Contents

第 3 章　图文设计：抓住眼球提升人气

第 4 章　H5 制作：营销场景创意展现

第 5 章　视觉营销：注重美感提升销量

第 6 章　视频营销：声色并茂展现形象

第 7 章　营销方式：网络时代的营销利器

第 8 章　营销平台：人气火爆，营销有术

第1章

软文文案：
内容创作必备技能

学前提示

在移动互联网时代，网络营销推广作为一种新的营销方式横空出世，而在网络营销推广中，和线下营销相似的是，客户永远都是最重要的。商家要选择正确的软文文案写作方式来赋予商品吸人眼球的魔力。这一章着重介绍软文写作的整个过程和多种方式。

要点展示

- ≫ 001 文案要求：创造文字的感染力
- ≫ 002 前期任务：市场调研的准备工作
- ≫ 003 调研阶段：文案优势的倾力打造
- ≫ 004 文案逻辑：必须具备的思维技巧
- ≫ 005 写作窍门：多种可控的文字能力
- ≫ 006 标题拟定：善用技巧引导流量
- ≫ 007 文案定位：明确受众，精准营销
- ≫ 008 文案风格：对准需求的精准文案
- ≫ 009 抓住卖点：新品销售的特色与亮点
- ≫ 010 打造卖点：成就新品的广阔市场

001 文案要求：创造文字的感染力

在当今社会，新网络营销开始走入大众的视野。对商机有着敏锐嗅觉的商家们也开始纷纷想要依靠新技术来发家致富。那么对于网络营销来说，最重要的是什么呢？自然是客户。为了吸引和留住客户，商家们需要从软文着手，学习新网络营销与运营的软文文案写作方式。

文案是商业宣传中较为重要的一个环节，优秀的文案具备强烈的感染力，能够给商家带来很大的收益。在信息繁杂的网络时代，并不是所有的文案都能够获得成功，尤其对于缺乏技巧的文案而言，获得成功并不是轻而易举的事情。

从文案写作的角度出发，文案的感染力来源主要包括 4 个方面，如图 1-1 所示。

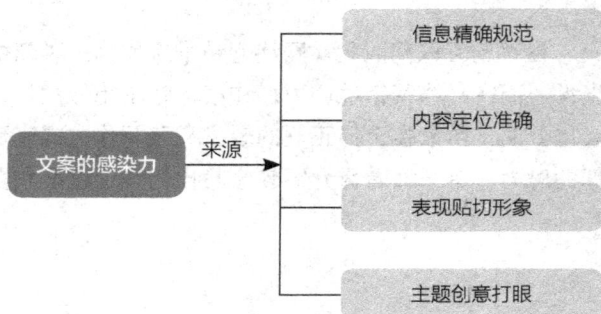

▲ 图 1-1　文案的感染力来源

1. 信息精确规范

随着互联网技术的发展，每天更新的信息量是十分惊人的。每个人每天被动接受的信息量十分庞大，尤其是广告类信息较为繁杂。对于文案创作者而言，要想让文案被大众认可，能够在庞大的信息量中脱颖而出，首先需要做到准确和规范。准确和规范的信息能够促进广告的有效传播，节省产品的相关资金投入和人力资源投入等，从而创造更好的效益。

2. 内容定位准确

精准定位同样属于文案的基本要求之一，每一个成功的广告文案都具备这一特点。图 1-2 所示为宝马汽车公司在微信朋友圈的推广文案。在文案的内容上，宝马的这则广告文案主要强化了产品能够带给人愉悦享受的作用。精准的内容定位能使产品更好地被受众群体所接受，并且潜在用户也会被相关的信息所打动。

▲ 图 1-2 宝马汽车公司在微信朋友圈的推广文案

3. 表现贴切形象

对于同行业竞争激烈的企业而言，在文案设计上往往会出现针锋相对的时候。以王老吉和加多宝这两个品牌为例，两者曾经掀起过一场轰轰烈烈的文案"大战"。

对于文案创作者而言，尽管文案的核心在于文字，但是搭配生动形象的图片有时也会取得意想不到的效果。

4. 主题创意打眼

创意对于任何行业的广告文案都十分重要，尤其是在网络信息极其发达的社会，自主创新的内容往往能够让人眼前一亮，进而获得更多的关注。图 1-3 所示为福特汽车公司对汽车后视摄像功能进行宣传的广告文案。

▲ 图 1-3 对汽车后视摄像功能进行宣传的广告文案

整个文案中没有一个字，仅仅用一种创意的表现方式来说明汽车后视摄像功能的优质程度，旨在突出产品的主题，更好地让受众从视觉上接受广告。

创意是为广告主题服务的，所以文案中的创意必须与主题有直接关系，不能生搬硬套，牵强附会。在繁杂的网络营销中，文字和图片的双重创意往往比单一的创意更能打动人心。对于正在创作中的营销文案而言，要想突出文案特点，需要在保持创新的前提下通过多种方式更好地打造文案本身。

002　前期任务：市场调研的准备工作

对于新网络营销软文创作者而言，每一个优秀的文案在最初都只是一张白纸，需要创作者不断地添加内容，才能够最终成型。要想更有效地完成任务，就需要对相关的工作内容有一个完整认识，而在认识过程中商家们会发现，纸上谈兵是不能成功经营一门生意的，这便体现出了市场调研的重要性。

市场调研的目标主要是各种数据、资料等信息，比如销售额、市场份额、盈利性问题等。要想完成市场调研，同样需要一定的技巧和相关步骤，前期的准备工作应主要集中于 3 个方面的内容，如图 1-4 所示。

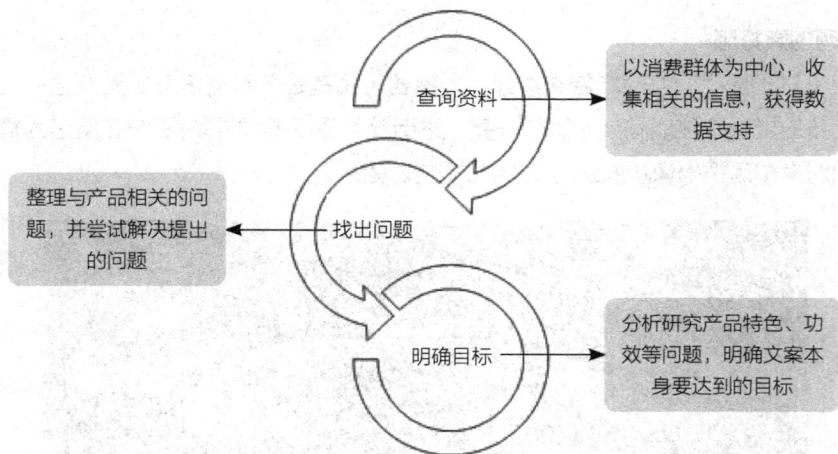

查询资料　→　以消费群体为中心，收集相关的信息，获得数据支持

找出问题　→　整理与产品相关的问题，并尝试解决提出的问题

明确目标　→　分析研究产品特色、功效等问题，明确文案本身要达到的目标

▲ 图 1-4　前期准备工作的内容

1. 查询资料

对于文案创作者而言，需要在调研前期收集的资料类型有很多种，其中较常见并且有一定借鉴意义的如企业或产品宣传册。如果文案是针对已经生产的产品，那么相关的背景资料都需要收集起来进行参考，比如相关的广告内容、评论文章、商品特点记录、宣传册、年度报告、技术文件、广告企划、官方网站、竞争对手资料、使用者

反馈等。

在网络时代，从网店上搜索产品和售卖信息，并且进行分析整理是最为常见的写作技巧。花费一定的时间去打印资料、阅读网站信息或产品信息，能够让文案写作获得事半功倍的效果。比如利用百度搜索、360 搜索，通过搜索关键字，获得更多适合用在文案中的重要信息。

2. 找出问题

为了更好地进行整理，一般情况下需对与产品相关的问题进行分析，可以列成完整的清单，以便及时有效地查找相应资料。在诸多问题中，产品的特色与功效是关注重点，也是文案内容的宣传重点。一般选择 3 ~ 4 个功能进行解说即可。比如：产品的哪一项功能最重要？哪些特色是独有的？优势领域在何处？产品的使用期限多长？产品是否经济实惠？

3. 明确目标

文案根据目标的不同会有不同的创作方式，所以在市场调研的准备工作中，明确最终的文案目标是重要环节，相关内容的分析如图 1-5 所示。

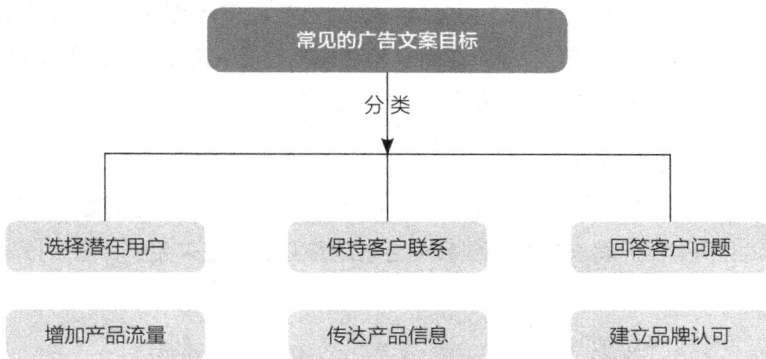

▲ 图 1-5　广告文案目标的相关内容分析

003　调研阶段：文案优势的倾力打造

调研是调查研究的简称，是打造文案优势的主要阶段。在前期的准备工作完成之后，实际的调研阶段主要分为 3 个环节。

1. 与被调查者进行深入接触

对于新闻行业而言，与被调查者直接接触的重要性不言而喻，这种模式对于商业调研也是同等重要的。可是在网络营销中，由于地理位置的限定，可能会导致商家无法和被调查者面对面地接触，这时，打电话或是微信视频等也是好方式。与被调查者接触调研分为前期工作、中期工作和后期工作，全过程包括进行约访、确认时间、做足功课、建立互动、整理信息、保持联系等。

2. 对实际数据做研究调查

在获得实际的调研数据之后，下一步工作主要就是进行相关数据研究，并将结论体现于文案的内容中，图 1-6 所示即为从用户的反馈信息中得到的结论展示。

▲ 图 1-6　从用户的反馈信息中得到的结论展示

进行数据分析，可以用自己的话重新组织和思考之前访谈的内容，逐渐建立对产品的特定观点，从而得到结论。除此之外，还可以将信息高度浓缩，尤其是关键资料，这样可使文案创作者不需要在数据的海洋中费力寻找。

3. 建立信息归档管理系统

网络数据往往不太真实，对于文案创作者而言，所采用的资料需要进行来源建档，以确保文案的真实性，有些信息归档甚至会借助专业的系统来完成，图 1-7 所示为企业文档的管理系统。

▲ 图 1-7　企业文档的管理系统

004　文案逻辑：必须具备的思维技巧

在互联网时代，不少利用新网络营销的小成本公司成功大放异彩，比如凡客、雕爷牛腩、皇太极煎饼等，而它们成功的主要原因之一就在于文案创作的优秀。要想通过文案产生逆袭大品牌的效果，首先需要认识文案本身的逻辑问题。下面主要从理论出发，了解 6 种必需的思维技巧，如图 1-8 所示。

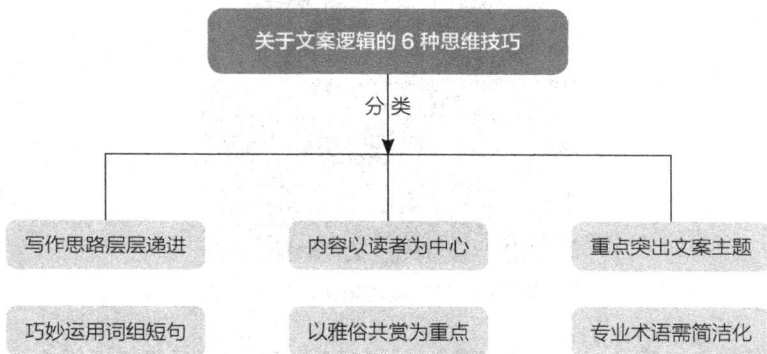

▲ 图 1-8　关于文案逻辑的 6 种思维技巧

1. 写作思路层层递进

在文案创作的写作思路中，常用的主要有归纳、演绎、因果、比较、总分和递进等思路，其中应用最为广泛的主要是归纳、演绎和递进 3 种，它们都遵循循序渐进的基本要求。

2. 内容以读者为中心

先来看一组以打折为表现中心的广告文案，图 1-9 所示为苏宁易购电商平台推出的时光盛典活动期间的广告。

这个广告文案围绕打折，从读者的角度出发，抓住读者的注意力，同时通过图案的多次重复来达到最终目标。事实上，在文案创作中要求以读者为中心，不仅仅表现在文字本身，由此延伸的相关内容也同样直接影响着文案的成败。

3. 重点突出文案主题

文案主题是整个文案的生命线，作为一名文案人员，其主要职责就是设计和突出主题。所以要以内容为中心，要下功夫，确保主题绝妙且突出。整个文案的成功主要取决于文案主题的效果。

▲ 图 1-9　苏宁易购推出的打折广告

在任何一个文案中，中心往往是最为醒目的，也是文字较为简洁的，在广告类文案中，有的甚至只有一句话，如图 1-10 所示。需要注意的是，创作者要想突出文案的中心内容，还要提前对相关的受众群体有一定的定位。

▲ 图 1-10　一句话式的广告类文案

4. 巧妙运用词组短句

在实际的阅读过程中，短句比长句所展示的信息更容易被接受，不仅仅是在文案创作领域，在其他的文字工作领域，比如报纸、杂志、公关文案等，文字的简洁和句子的有效也是基本要求。

善于运用词组短句是优秀文案创作者的重要标志。如图 1-11 所示，同样是一句话的内容，不同的表达方式所带来的效果是不同的。

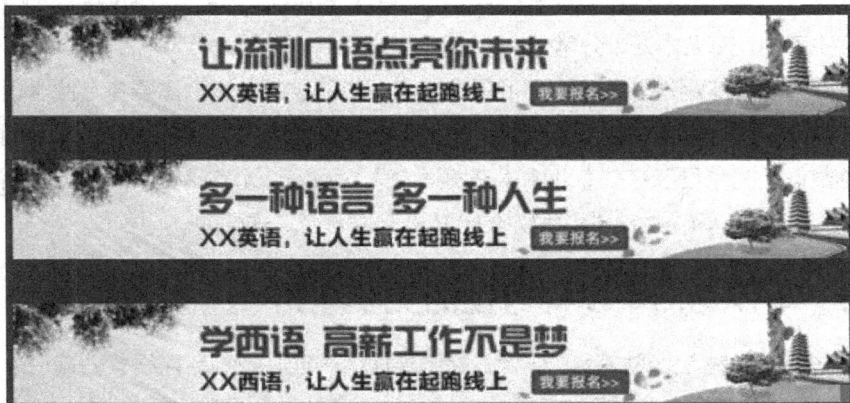

▲ 图 1-11　不同的短句表达的效果

单个短句的效果可能并不突出，但是在较长篇幅的文案内容中，就体现出了长句所不能达到的效果。文案中的长句往往会让读者精神疲劳、头昏眼花，并且容易遗忘之前的内容。成熟的文案，字数往往在 10 个字左右，少数较长的句子在 15 个字左右。

5. 以雅俗共赏为重点

文字要通俗易懂，能够做到雅俗共赏，这是对文案的基本要求，也是在文案创作的逻辑处理过程中，创作者必须了解的思维技巧之一。

从本质上而言，通俗易懂并不是要将文案中的内容省略掉，而是通过文字组合展示内容，如图 1-12 所示。

▲ 图 1-12　通俗易懂的文案文字

6．专业术语应简洁化

在某些特定领域和行业，对一些特定事物有统一称谓，就是平日所说的专业术语。在现实生活中，专业术语十分常见。

专业术语的实用性往往不一，但是从文案写作的技巧出发，需要将专业术语用更简洁的方式替代。专业术语的通用性比较强，但是文案中是否需要则应视情况而定。相关的数据研究也显示有些专业术语并不适合大众阅读，尤其是在快节奏的生活中，节省阅读者的时间和精力，提供良好的阅读体验才是至关重要的。

005　写作窍门：多种可控的文字能力

文案创作者是专业的文字工作者，除了要懂得一些必备的新网络营销知识外，还需要一定的文字水平，掌控写作窍门，这样才能更高效率、更高质量地完成文案任务。

对于文案创作者而言，在具体的写作窍门中，主要有 6 种可控的文字能力，相关内容展示如图 1-13 所示。

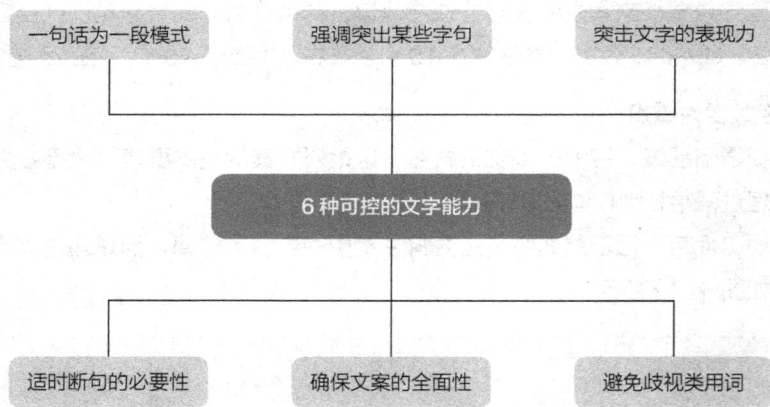

| 一句话为一段模式 | 强调突出某些字句 | 突击文字的表现力 |

6 种可控的文字能力

| 适时断句的必要性 | 确保文案的全面性 | 避免歧视类用词 |

▲ 图 1-13　6 种可控的文字能力

1．一句话为一段模式

从文字本身而言，重点突出是最为常见的要求，其中有一种技巧就是用一句话作为单独的段落，突出需展现的内容。

从文案的角度出发，把复杂的概念讲得很简单，这是一种智慧的体现。对于一个商业理论，其概念、模式、策略都是可以简洁处理的。一句话的段落模式能够突出内容，也能够使呆板的文案形式变得生动。如果所有的句子和段落长度都类似，就会将形式变得没有特色。如果突然出现一句话成为单个段落，读者的注意力就会被集中过来。

在文案中，更为常见的是一句话式的广告文案，文字精练，效果突出，甚至不需要前期的大段文字铺垫，就能够吸引读者的兴趣。图1-14所示为某个广告的文字展示。

装得下，世界就是你的

▲ 图 1-14 某个广告的文字展示

2. 强调突出某些字句

成功的文案往往表现统一，失败的文案则是原因众多。在可避免的问题中，字句的强调与突出不够是文案失败的主因。

字句的强调与突出在广告文案中是出现得最多的，比如文字加粗、变形、加色等。

3. 突出文字的表现力

在中国传统文化中，尤其是诗歌这种极为关注文字运用表现力的文字形式，一直有"诗句以一字为工，自然灵异不凡。如灵丹一粒，点铁成金也"的说法，可见文字运用的巧妙，直接体现了个人能力。

文案的要求没那么高，但是文字运用同样能够直接看出个人水平。众所周知，保持身材有一定的重要性，但是作为减肥领域的相关产品如何在文案上突出自身？或许可以借鉴图1-15所示的内容。

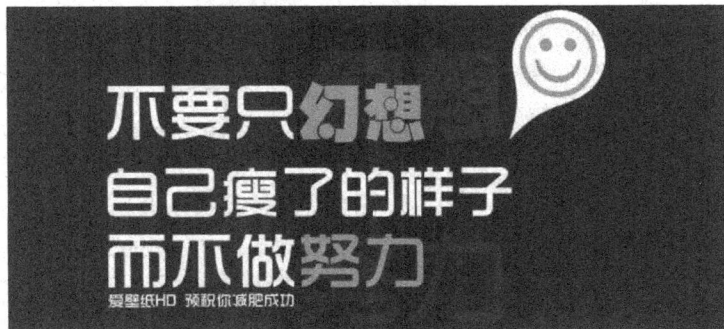

不要只幻想
自己瘦了的样子
而不做努力

爱壁纸HD 预祝你减肥成功

▲ 图 1-15 文案中文字运用的表现力

4. 适时断句的必要性

适时断句，主要是将整体内容的排版在字数上稳定在一个可以接受的范围内，这是其首要作用。除此之外，还要创造一定的韵律感。这种方式也常被应用于广告类文案，如图 1-16 所示。

▲ 图 1-16　有一定韵律感的广告文案

通过断句来突出相关内容，在长篇文案中采用得较多，主要是起到强调的作用。让整篇文案显得长短有致，这同样考验了文案创作者的能力。

5. 确保文案的全面性

文案内容信息的全面性主要是指多角度地对广告信息进行展示，满足受众对广告信息深度了解的需求。需要注意的是，除了全面性之外，还有一种方法就是通过重复播放来加深读者的记忆，它在目标上与全面性是一致的。

图 1-17 所示为益达口香糖微电影片段。

▲ 图 1-17　益达口香糖微电影片段

为了达到最终的效果，有些企业选择通过多则不同形式的文案来表现产品。在国内的广告文案中，通过一系列的广告来达成全面性展示的产品有很多，其中益达口香糖的系列广告以微电影的形式播放，在电影中多次重复地突出益达口香糖，吸引大众注意力的同时，也提升了益达口香糖的品牌效果。

6. 避免歧视类用词

在文案中，偏见也就是带有歧视意味的词语，是比较少见的败笔，但是也需要时刻注意。文案创作者需要避免使用带有偏见意味的词，尤其是被社会普遍视为带有偏见意味的词。常见的比如职业偏见、性别类偏见，为了避免这类问题，尽量在文案中不使用相关敏感词。

006 标题拟定：善用技巧引导流量

对于受众群体而言，每一个广告文案的标题在视野内停留的时间往往只有短短的一秒钟，是否要查看内文的决定性因素就在于标题是否足够吸引人。那么，在忙碌而信息泛滥的今天，如何用几个字就吸引住潜在对象，让其相信文案的内容值得一读？这就需要善用技巧来打造标题并引导流量。

从实用性出发，标题写作的技巧主要集中于 5 个方面，如图 1-18 所示。

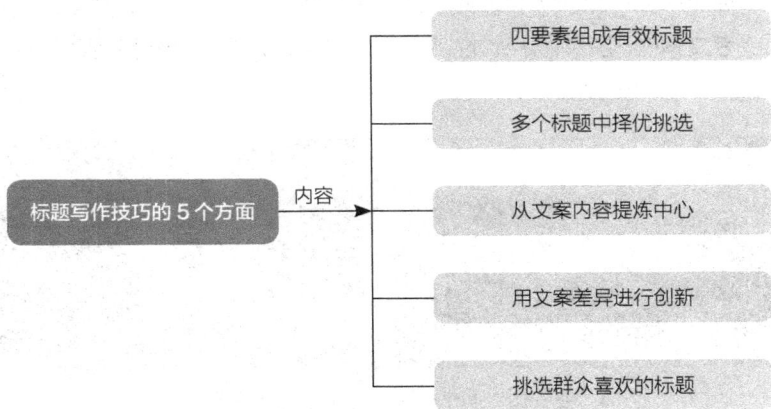

▲ 图 1-18 标题写作技巧的 5 个方面

1. 四要素组成有效标题

在文案标题的写作中，较为常见的有效标题主要由 4 个要素组成。可以根据要素对标题进行评分，进而来判断标题成熟度。标题四要素如下。

首先，标题要体现急迫感。借势营销是网络广告文案中常见的手法，尽管文案内容不见得一定有标题所表现的那么吸人眼球，但是至少在标题选择上要营造一种急迫感，引导受众点击。

其次，标题文字要新颖。标题要能够第一时间被受众注意到。

再次，标题内容要明确。对于标题而言，简单明了往往能给人留下深刻的印象。

最后，标题要言明产品的好处，要有吸引读者查看相关信息的作用。

在每一个文案标题拟定之后，都可以从这 4 个要素出发，来判断标题是否有效，以及实际的有效程度。需要注意的是，不仅是文案标题可以采用这 4 个不同要素来打造，其他类型的标题也同样适用，比如电子邮件标题、网页标题，甚至是项目标题等。

2. 多个标题中择优挑选

标题往往和读者的第一印象紧密相连，同样的内容用不同的形式来表现，读者的第一印象也会有所不同。假如读者对产品的第一印象是没什么意思，又或觉得与自己无关，那么，这则文案能够吸引销售对象的可能性就很小。

制作出能够赢得受众注意的标题，才是文案成功的关键点。要想做到这一点，不妨从多个备用标题中选择效果最为突出的那个。临时抱佛脚的方法不可取，作为文案创作者，需要常备一些标题范例，比如《文案创作完全手册》中的 38 个标题范例等。

在多个标题中选择最为优秀的那个作为主标题之后，还可以将其他的备选标题作为副标题或者文案的内文中心点。除此之外，也可以选择多个标题同时存在的方式表现内容，如图 1-19 所示。

▲ 图 1-19　多个标题共同引导受众获得信息

3. 从文案内容提炼中心

从内容本身出发提炼中心语句，与信息清单有类似的作用。它是将一连串与产品有关的词重新予以排列组合，进而组成有效标题。

从标题出发，根据整理的词汇清单内容来组合成为新的标题。如果是从长篇的文案内容中提炼出单一的标题，有 3 个主流方法可供运用，与之相关的分析如下所示。

（1）内容关联分析法

内容关联分析法是较为常用的一种创造标题的方法，它主要是根据标题与中心内容的关系和作用，直接选择重点词语来完成标题。

（2）位置关系分析法

先从文案内容的常规位置出发，到文章和段落的首、尾、中部找出重点语句，初步确定标题的中心。

（3）归纳提炼分析法

在文案内容较多但是主题较为集中时，可以在标题的构建上选择归纳提炼的分析方法。归纳提炼分析法一般有两种定义：一种定义为从文案内容的某些前提中得出相对统一结论的方法；另一种定义为从某些前提得出必然结论的方法。

4. 用文案差异进行创新

差异创新法常常被同行业的竞争对手拿来创造各类广告文案，图 1-20 所示为途牛旅游网、我趣旅行网的广告文案，针对其他旅行品牌如"去哪儿""去啊"进行文案调侃，可以从中感受到这种差异创新的特点。

▲ 图 1-20　差异创新的广告文案

差异创新的源头往往有一个范例，无论是广告文案本身，还是文案的标题部分，比如对于原定为"揭露华尔街的潜规则"的标题可以进行这样的创新："不能不知的潜规则，来自华尔街的秘密"。

文案是属于文字创意的工作，要想打造差异创新，就必须做到"语不惊人死不休"。所以做一个好文案很难，不仅需要具备广博的知识，而且要对文字有着相当精深的把握和运用能力。优秀的文案甚至能够成为网络段子，被无数人自主宣传。

当一个广告口号成为流行用语时，相关的差异创新型广告文案也会随之而来。这也从另一个方面证明了通过范例进行创新的必要性——既保留了真实的文案内容，又借助于范例的影响力，达成宣传的目标。

5. 挑选群众喜欢的标题

标题是文案的组成部分，无论采取哪种方式构建，其功能都在于引起受众注意，所以受众群体喜欢的标题才是好标题。从实用角度出发，标题或许并不需要设计得多么精妙，而是实用性强即可。

对于大部分的文案创作者而言，如果完成不了包含巧妙隐喻的高质量文案标题，那么简单直接也未尝不是一种选择。为了强求创意而进行创意构建，精心设计不一定就如意，如图1-21所示，简单的画面和文字或许就能够赢得意外的点击量。

▲ 图1-21　简单的画面和文字展现

在商业气息浓厚的文案领域，受众喜欢的其实是淡化商业味、传递温情、有幽默感的标题。这样的标题能够让受众感觉到自身不是一个潜在的商品消费对象，而是一个活生生的人。

随着网络的发展，大众的口味越来越多元化，并不是传统的标题写作已经不适用，而是特色化将是未来的主流。读者喜欢的才是好标题，讲究幽默感、平易化的广告方式将在未来占据更主要的文案标题空间。

007　文案定位：明确受众，精准营销

在网络营销中，对于企业而言，产品文案定位可以从两个方面考虑。首先是与产品相关的特色。无论是产品的实体特色还是消费者心理所反映的特色，都能够作为产品定位内容，比如产品的产地、形态、结构、成分、性能、风格、质量、商标等。

其次，当产品特色并不能够完全成为产品定位的唯一标准时，那么就需要从竞争对手的产品定位特色出发，尽可能通过差异化打造市场。

接下来看一个电商的例子，商家们也可以从中吸取一些经验教训并且用于网络营销。

在国内的凉茶饮料行业，王老吉和加多宝在竞争中选择的产品定位就很值得借鉴。

作为配方类似的同一类饮料，如何在产品定位上超过对方，成了两个品牌始终在琢磨的事情。图 1-22 所示为王老吉在 2016 年春节的产品定位。

▲ 图 1-22　王老吉在 2016 年春节的产品定位

　　相比于之前王老吉的产品定位"怕上火，喝王老吉"，其春节的产品定位显得更受欢迎。产品定位是需要根据不同的发展阶段、不同的发展目标和环境而进行及时更新的。在春节期间，买家们自然愿意图一份吉利，当他们发现广告语更加符合他们的期望值时，自然就会选择购买，这就是所谓的"明确受众"。

　　作为竞争对手，加多宝在产品定位方面也反应迅速，推出了金罐模式，争夺市场份额。图 1-23 所示为其产品在不同时期的多重定位。

▲ 图 1-23　加多宝在不同时期的产品定位

产品定位文案一般出现于产品设计之初，或在产品市场推广的过程中。从内容上而言，主要是通过广告宣传或其他营销手段，将产品的形象逐步在消费者心中确立起来，为消费者选择产品时提供思维上的决策捷径。

文案的创作重点需要根据产品定位的最终目的而定，所以除了对产品本身的定位分析之外，往往还要有相对应的营销定位等分析内容。从整体内容定位上分析，创作重点主要集中于 5 个方面，如图 1-24 所示。

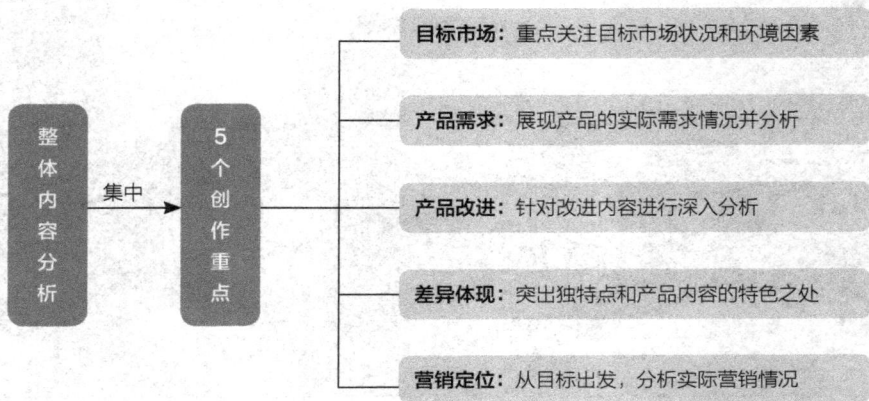

整体内容分析 —集中→ 5 个创作重点

目标市场：重点关注目标市场状况和环境因素

产品需求：展现产品的实际需求情况并分析

产品改进：针对改进内容进行深入分析

差异体现：突出独特点和产品内容的特色之处

营销定位：从目标出发，分析实际营销情况

▲ 图 1-24 文案的 5 个创作重点

008 文案风格：对准需求的精准文案

文案在网络时代有着不同的风格。在常见的文案中，较为实用的主要有 6 种风格，这些风格在广告文案中表现得更为明显，如图 1-25 所示。

有格局的精准文案

无装饰的精巧文案

突出式的简短文案

6 种常见的文案风格

通过故事引人入胜

注重韵律斟酌表现

华丽型的地产文案

▲ 图 1-25 6 种常见的文案风格

文案风格有很多，但是最能够吸引人眼球的是精准文案。因为它是从目标受众的需求出发，详细精准地分析定位从而创造出来的文案。

优秀的文案与产品结合后，会产生出原本无法想象的效果。由此可见，有格局的精准文案能够将产品本身的品质提升上去。对于读者而言，广告文案应该有深层次的内涵，而不是单调的代言词。

　　并不是每一个文案都能够成为有格局的文案，好的文案一定是深度挖掘目标群体的需求，结合产品自身差异化特质所达到的完美契合，最终的表现效果是能引起受众共鸣的。图 1-26 所示为烈酒与文案本身内容的契合。

▲ 图 1-26　烈酒与文案本身内容的契合

009　抓住卖点：新品销售的特色与亮点

　　在销售当中，卖点是产品销售经营的关键要素，只有卖点才能把产品变成商品，实现获得利润的根本目标。特别是在网络营销当中，层出不穷的科技革新与琳琅满目的各种商品决定了很多产品从一出现就会被淘汰，所以说卖点更是直接决定了产品未来市场的生死。

　　目前有一定影响力的六个核桃饮品，刚上市的时候根本无人问津，主要原因在于其价格比其他的饮料要高得多，在品种众多的饮料行业无法突出，对于顾客而言，远不如买牛奶实惠。这种状况持续到六个核桃卖点的成功打造，六个核桃也在短时间内就创造了少有的销售传奇。图 1-27 所示为六个核桃的卖点展示。

▲ 图 1-27　六个核桃的卖点展示

通过核桃的食用功效与饮料相结合来打造卖点，上市后的六个核桃很快就创造了爆发式的销售热潮。从六个核桃的案例中可以看出，抓住卖点是新品销售的基础条件，没有卖点就没有销售。

从新品销售的角度出发抓住卖点的相关文案需要从多方面入手，其中主要的内容如图 1-28 所示。

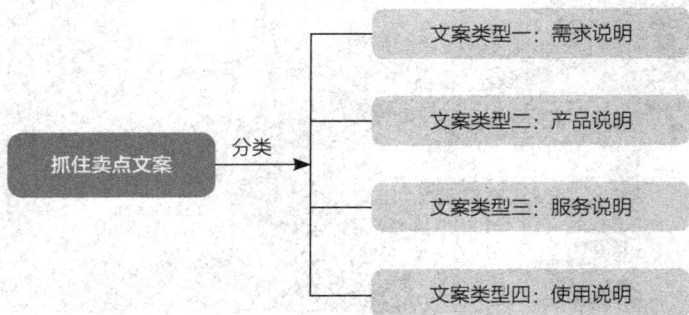

▲ 图 1-28　抓住卖点文案分类

1. 文案类型一：需求说明

在文案创作之前，首先要了解需求说明文案的对象，也就是受众群体。

一般情况下，新品的需求说明文案的受众并不是产品的直接受众，内容信息上也并不是为产品的直接受众所准备的，而是为能够直接接触到商品的各种销售人员或是设计等部门的工作人员而准备的。

> **温馨提示**
>
> 除了对文案的受众要有明确的意向之外，在需求说明文案撰写前，对产品方向和最终产品用户的把握要足够强，从产品目的、销售到每个链接的含义，都需要有较为准确的定义。
>
> 确切地说，当文案创作者开始写文档时，相关的内容和需要注意到的方面应该都已明确。

根据不同产品的不同要求，需求说明文案也会根据团队和产品的实际情况而确定详细程度。比如在互联网产品的需求说明文案中，需削弱文档的沟通能力，加强团队的直接交流，进一步简化流程，实现互联网化的快速反馈、快速迭代等。这种情况下，需求说明文案的内容会极大地简化。

2. 文案类型二：产品说明

产品说明文案属于较为常见的与产品相关的文案类型，主要是以文字的形式对某产品进行相对应的详细表述，使人能够更好地认识和了解产品的相关信息。

一般情况下，作为新品的产品说明文案，其直接的阅读者就是销售人员、运营商和最终的产品受众。

在创作文案之前，要对产品的相关说明内容进行整体把握，同时产品说明文案的内容要实事求是，不可为达到某种目的而夸大产品的作用和性能，这是制作产品说明文案的职业要求。而且创作者需要了解并明确的相关产品内容主要有相关性质、产品名称、具体性能、产品用途、主要构造、使用方法、实际原理、保养维修等几个方面。

产品的说明文案与其他类型的文案不同，往往有专门的封面设计，一般形式上以简洁为主。图 1-29 所示为液晶广告机的产品说明文案封面。

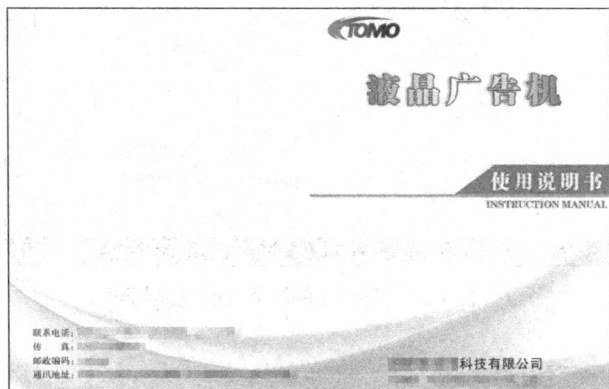

▲ 图 1-29 液晶广告机的产品说明文案封面

对于新品而言，产品的说明文案主要是针对产品的最终用户而言的。在内容上要求语言简洁，开头部分常常用概说的方法简要地阐明其性质特点，有的甚至全文都用概说的方法。

需要注意的是，根据不同的产品的功能、用法，其产品说明文案的写作方法也有较大的区别，但是文案的直接作用和目标是统一的，就是让读者能够尽可能直接快速地读懂信息。

3. 文案类型三：服务说明

服务说明文案往往与产品说明文案共同使用，主要是服务行业向相关用户介绍自己所提供服务的性质、对象、收费情况及申请或使用这种服务的办法、条件等而使用的说明书。

根据内容的不同，服务说明文案主要分为服务介绍说明、服务办法说明两种文案方式。一般情况下，服务办法说明更加深入清楚一些。

对于新品而言，服务说明的重要性需要根据产品的实际属性而定。一般情况下，文案内容是由产品相关服务直接导向最终受众的。

从全面性的角度出发，文案内容的写作可以同时涉及介绍说明和办法说明两种方式，其目标统一，就是让读者能够尽可能直接地读懂信息。

服务说明文案比较常见于酒店、互联网企业等以提供服务为主的公司产品。与产品说明文案类似，往往有专门的封面设计，一般形式上以简洁为主。图 1-30 所示为某酒店的服务说明文案封面。

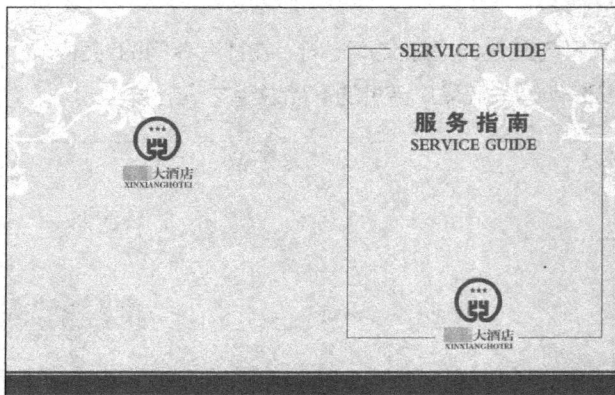

▲ 图 1-30　某酒店的服务说明文案封面

4. 文案类型四：使用说明

使用说明文案也可以被称作使用手册或用户使用指南，是常见的便捷式的产品信息集合体。图 1-31 所示为海尔手机的用户使用指南封面。

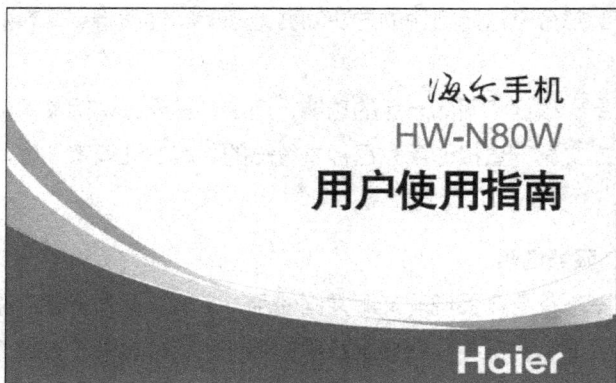

▲ 图 1-31　海尔手机的用户使用指南封面

相较于其他新品内容说明文案，使用说明文案显得更加多种多样，其写作格式也不拘一格，不可一概而论。其涉及的产品领域，从虚拟到现实不定，但其整体上的目标是一致的。

新品的使用说明文案，往往根据产品属性的不同而难易不定。现在社会产品丰富多样，功能较为复杂，大众接触各种产品及其使用说明书的机会是比较多的，所以要想全面性地完成使用说明文案有一定的难度。

对于文案创作者而言，在进行文案创作之前，需要了解产品说明文案与使用说明文案的不同，再进行相关的内容结构设计。

010　打造卖点：成就新品的广阔市场

在这个追求创新的新网络营销时代，打造卖点甚至比抓住卖点更为重要，但从层次上而言，打造卖点是以抓住卖点为基础的。

成功打造卖点的企业有很多，尤其是在目前的市场环境中，其中不少产品已经逐渐由新品成长为品牌。图 1-32 所示为主打高贵概念卖点，产品面向成功人士的劳斯莱斯汽车品牌。

▲ 图 1-32　主打高贵概念卖点的劳斯莱斯汽车品牌

大众喜欢独特的东西，这种大众心理是文案创作者必须了解的，因为其在市场营销中也同样存在。如果产品相关的文案与大多数的产品一样，那么产品就不会受到关注，买的人就不会多，肯定也就卖不出好价钱。

对于新品而言，打造卖点并不是一朝一夕的事情，需要从多个角度共同发力。即使产品有着独一无二的价值，也不能缺少文案的帮助。在实际的运作中，打造卖点相关的文案类型主要分为产品开发评价文案和产品创业策划文案。

1. 文案类型一：产品开发评价文案

（1）【文案内容分析】

产品开发评价文案在内容上往往包含了新品卖点的相关文案内容，比如需求说明、产品说明、服务说明和使用说明等。产品开发评价文案是新品文案中较为重要的部分，直接决定了产品后期的销售预期情况。

（2）【文案创作重点】

作为新品的产品开发评价文案，首先需要对新品进行定位。根据来源的不同，新产品至少可以分为两种：一种是纯粹的新开发的新式商品；还有一种是根据原有产品进行创新而出现的新品，比如商家已经生产了常见的洗衣液，接着又开发出了各色香味洗衣液，这种新产品就是普通洗衣液的延伸创新，同样拥有新产品概念。

在文案的具体创作重点上，产品开发评价部分主要集中于 5 个方面，也是文案内容的核心要点，分别是产品背景、产品定位、性能预期、成本预算和开发安排。

2. 文案类型二：产品创业策划文案

（1）【文案内容分析】

在主流的产品创业策划文案中，以大学生创业策划文案和市场型创业策划文案最为常见。两者存在一定的区别，尤其是针对新品上市的创业策划内容。

和大学生创业策划文案相比，市场型创业策划文案更加严谨，同时要求更高，在内容的深度与广度上的表达也更加突出，是策划文案的中心内容。对于新品而言，能否在产品创业策划方面取得成就，直接关系到产品能否投入市场。

（2）【文案创作重点】

为了打动文案的受众，将新品推广出去，在文案的创作过程中，无论是大学生创业策划文案，还是市场型创业策划文案，都需要注意把握重点内容。根据对互联网上大量相关文案的分析可以发现，创作重点主要集中于 5 个方面，如图 1-33 所示。

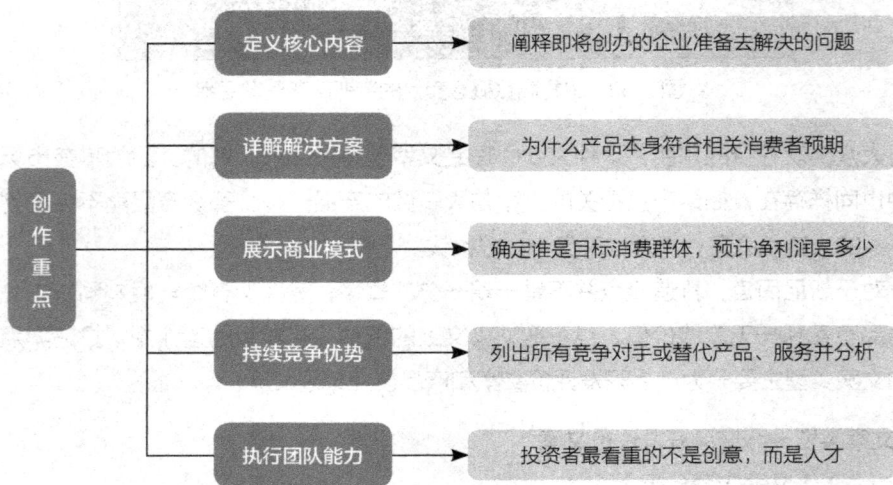

▲ 图 1-33　创作重点

第2章

活动策划：
企业的盈利手段

新网络营销时代，同样也需要一些针对商品销售的活动来刺激消费者消费。任何得到受众信任的活动都需要精细策划与设计。本章从规范、要点、目的、成本、细节、时间、地点等角度来分析关于销售活动的策划内容。

学前提示

要点展示

- >> 011 熟悉规范：策划书的常见规范
- >> 012 牢记要点：活动策划的 6 个要点
- >> 013 明确目的：明确活动策划的目的
- >> 014 成本核算：清楚整个活动的花费
- >> 015 初步策划：进行活动整体构思
- >> 016 细节掌握：明确活动的所有细节
- >> 017 活动时间：确定活动的举办时间
- >> 018 活动地点：选择活动的最佳地点
- >> 019 宣传方式：对活动进行大力宣传
- >> 020 活动流程：确定活动的具体流程

011　熟悉规范：策划书的常见规范

在新网络营销当中，有时候商家为了吸引新客户、留住老客户，会开展一些关于商品的活动。这些活动有线上策划线上操办的，也有线上策划线下操办的。但无论是哪一种，活动前必须进行活动策划。这一节的内容就是介绍活动的策划流程。

活动策划者在进行活动策划的过程中，首先需要撰写活动策划书，下面就来了解活动策划书常见的撰写规范。

1. 第一个规范：活动名称

一般来说，在策划书上，活动名称主要包含 3 点内容，如图 2-1 所示。

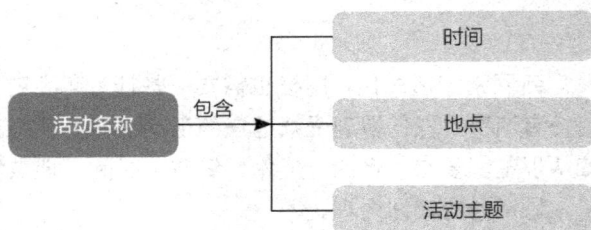

▲ 图 2-1　活动名称所包含的内容

2. 第二个规范：活动主题

在活动策划书上一定要明确活动主题，不然企业管理者就不能快速抓住重点，既浪费管理者的时间，又可能让活动策划者"白费心思"。一般来说，活动主题最好控制在 300 个字以内，要包括活动的目的、意义，势必要用最精简的语言，让企业管理者快速了解整个活动的核心内容。

3. 第三个规范：活动开展内容

在活动策划书中，活动开展内容包含 4 个部分，如图 2-2 所示。

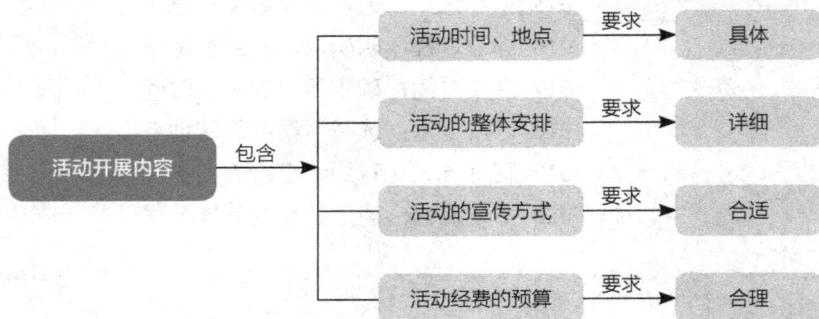

▲ 图 2-2　活动开展内容所包含的 4 个部分

4. 第四个规范：活动要求

在活动策划书的结尾部分，详细写出整个活动的要求，即举办活动的注意事项，避免开展活动时出现可预料的错误。

012 牢记要点：活动策划的 6 个要点

活动之所以要策划，是为了让活动变得有意义、能为企业达到某些目的。活动从开展到结束，整个过程中的人员配备、活动地点、活动宣传等方面都是需要一定成本的，若企业不进行一番好的策划就盲目开展活动，那么很有可能出现活动成本增加、活动效果不明显等不利状况，到时企业真可谓是"赔了夫人又折兵"。

因此，企业需要牢记活动策划的要点，根据要点来进行活动的策划工作。下面就来了解活动策划的要点。

1. 第一要点：制定活动总体方案

新网络营销的商家们在进行活动的细节策划之前，将总框架大致描绘出来是十分重要的，这样在之后的步骤完善中，能提供一个大致的方向。

一般来说，在活动总体方案中至少要列出 7 个事项，如图 2-3 所示。

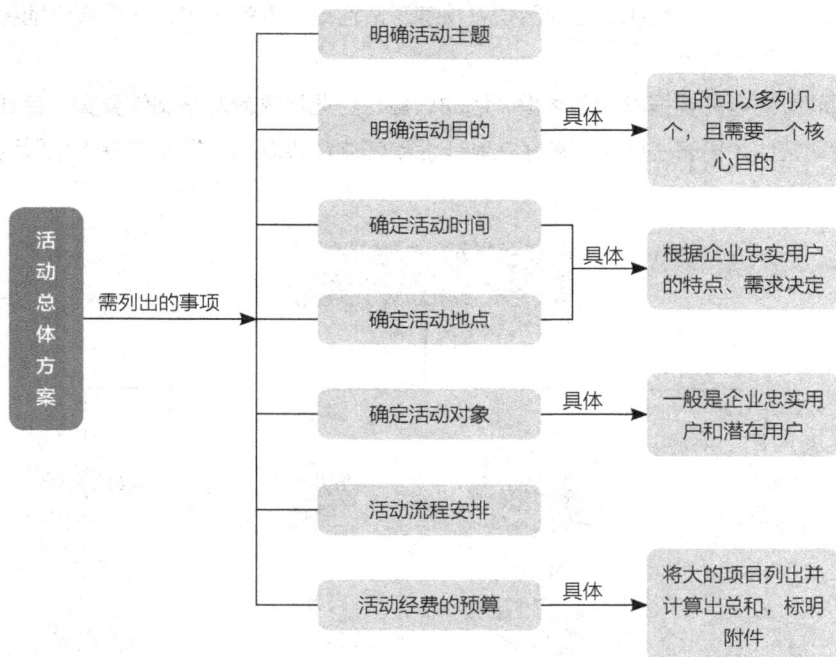

▲ 图 2-3 活动总体方案中需列出的事项

活动在进行前期准备的时候，要满足 3 个要求，如图 2-4 所示，其他细节方面的内容，就无须花费太多心思了。

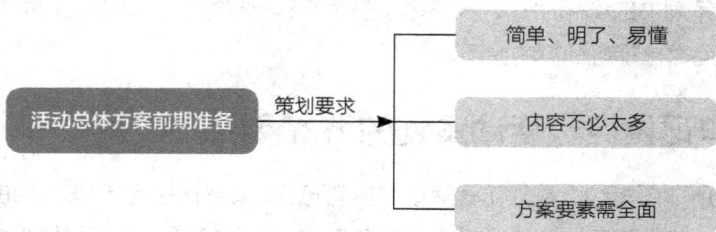

▲ 图2-4 活动总体方案前期准备

💡 温馨提示

　　企业所推出的商品是会跟着需求而不断产生变化的，其中不可控的因素太多，商家不可能完全掌握消费者的消费心理。在活动中，商家需要根据这种市场的变化，顺势推出能吸引消费者注意的活动。这也是前期策划不必事无巨细的原因。

2. 第二要点：了解活动整体预算

　　对于活动策划者来说，需要将活动的经费去向罗列清楚，只有这样才能把控好活动经费的支出情况，也能让企业管理者快速了解活动经费的去向，从而放心地将活动经费交给活动策划者。

　　活动策划者需要根据活动类型、活动项目、企业具体情况来制作真实、合理、详细的活动整体预算表。活动策划者在制作活动整体预算表时，需要秉持4个原则，如图2-5所示。

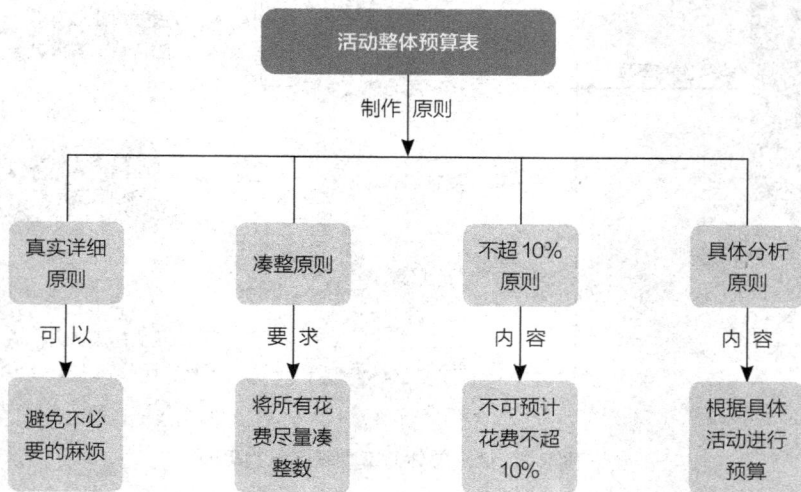

▲ 图2-5 活动整体预算表制作原则

　　不可预计花费在活动整体预算表中是必须得有的，因为策划者在策划活动的过程中并不能保证实际活动与总体方案完全相符，多少会有一些变动，由此，不可预计花费对策划者而言是一种应对突发情况的方案。在凑整原则中，不可预计花费发挥了重要的作用。

3. 第三要点：明确活动工作安排

　　制定活动工作安排表也是活动策划者所需要关注的问题，更是活动策划不可缺少的一环。活动策划者需要将工作落实到3个部分，如图2-6所示。

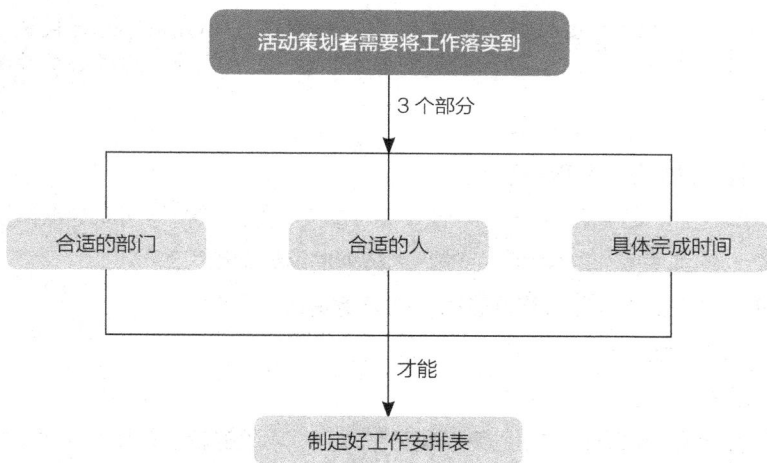

▲ 图2-6　活动策划者需要将工作落实的部分

　　活动策划者在进行工作安排时，需要细化工作表，严谨地将工作分配到合适的部门，且要制定好合理的、具体的完成时间。

　　一般来说，活动工作安排表需要包括两个部分，如图2-7所示。

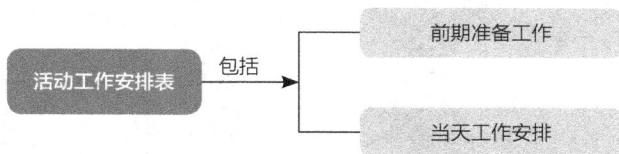

▲ 图2-7　活动工作安排表

> 💡 **温馨提示**
>
> 　　活动策划者在进行工作安排时，最好是将时间安排精确到分钟，越精确越好，这样可以缓解工作落实慢的状况，避免活动当天出现不可控的事情。

4. 第四要点：确认活动具体流程

　　在活动策划中，活动具体流程表也是一个重要要点，活动策划人需要将活动当天的流程安排到位，将它们逐一列举出来，让领导、操作人员知道活动大概的整体流程，这样的活动才会更加严谨，更加容易举办成功。

> 💡 **温馨提示**
>
> 　　活动具体流程表需要根据活动内容进行合理制定，不能简单地套模板，应做出一个与众不同的流程，且各个流程之间的时间一定要精确，能将整个活动顺利地衔接起来。

5. 第五要点：制作活动调查问卷

　　活动结束之后，还应制作一个评估调查问卷，向员工、参与活动的媒体投放，了解他们对活动的满意度，以便为以后的活动策划提供经验和思路。

　　活动策划者在制作评估调查问卷时，需要明确两个内容：

　　（1）评估的目的；

　　（2）评估的内容。

　　活动策划者需要根据评估目的来制定评估内容，常见的就是对整个活动进行评估，找出活动整体开展过程中的优缺点，积累经验，这样今后的活动才会更加完善。

　　一般来说，活动策划者可以针对 4 个方面进行评估，如图 2-8 所示。

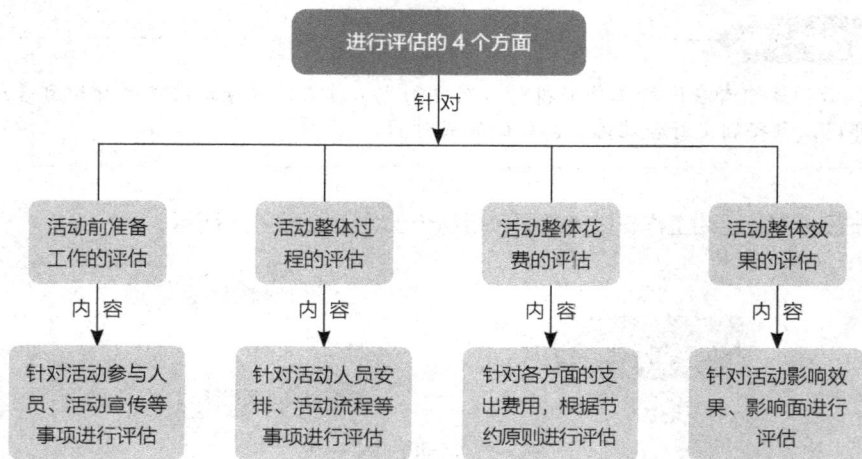

▲ 图 2-8　进行评估的 4 个方面

以某新品发布会为例，针对活动整体效果，通过制作一个简单的评估调查问卷来进行评估，其中评估调查问卷可以从 5 个方面进行调查，如图 2-9 所示。

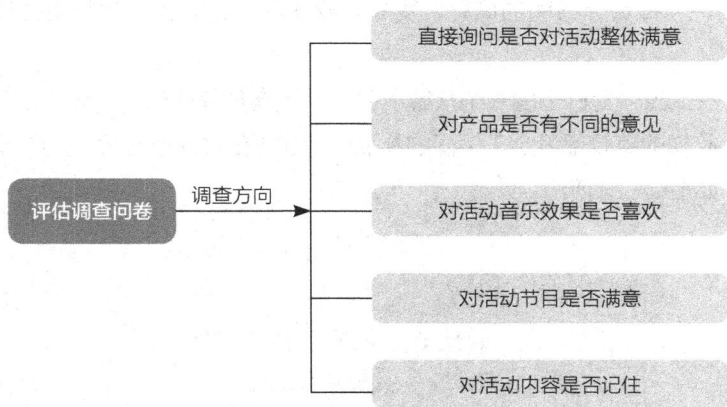

▲ 图 2-9 评估调查问卷

> 💡 **温馨提示**
>
> 　　值得注意的是，评估调查问卷中的内容不要太长，应尽量简短，且评估调查问卷需要根据活动内容来设计问题。

6. 第六要点：准备活动应急方案

活动总方案至少应在活动开展 1 个月前进行策划，由于无法预测活动当天会发生什么事情，所以活动策划者需要做出一份备用的活动应急方案，来应对活动当天可能会发生的变化。

一般来说，备用的活动应急方案与活动总方案大致相同，只是对一些不可控制的因素做了额外考虑。

例如，总方案的活动场地是在室外，可能活动当天会下雨，则可在备用方案中将活动场地改成室内或者是在室外加一个雨棚；有可能在活动当天会遇到情绪比较激动的受众，需要有应对的措施，或者聘用保安维护现场安全等。

013　明确目的：明确活动策划的目的

一般来说，活动目的不同，选择的活动类型也会不同。反过来讲，不同的活动类型也是为了达到不同的活动目的。活动策划者如果熟悉各种活动类型背后的活动目的，对于根据活动目的策划活动类型也会有启发。下面就以几个活动类型为例，来了解其背后的活动目的。

1. 类型一：众筹型活动

众筹是如今比较火热的一种营销活动，它是在特定的时间内向受众提供新产品的性能、特色、背景等方面的信息，发起筹款活动，若筹款成功则向筹款人赠予各种礼物。

例如，在淘宝众筹网上的一个众筹项目"××全能净化仪"，设定了几个筹款阶梯，对每个阶梯的筹款都设定了不同的礼品，而这样的设定也是吸引用户予以支持的一个原因，如图 2-10 所示。

▲ 图 2-10　众筹项目

此众筹活动也明确说明了自己筹款的目的，如图 2-11 所示。

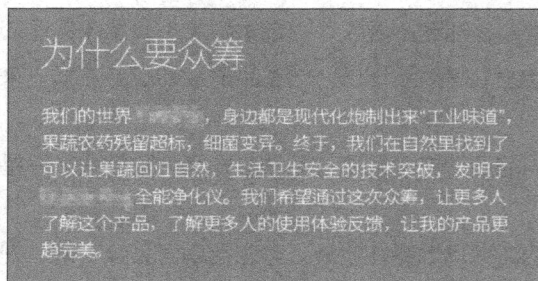

▲ 图 2-11　众筹目的

💡 温馨提示

活动策划者需要有自行判断的能力，看自己策划活动的目的是否属于众筹活动，若属于则可策划一个众筹活动；若不属于则需要活动策划者再次考虑并选择合适的活动类型。

下面来了解众筹活动背后所折射出的活动目的，如图 2-12 所示。

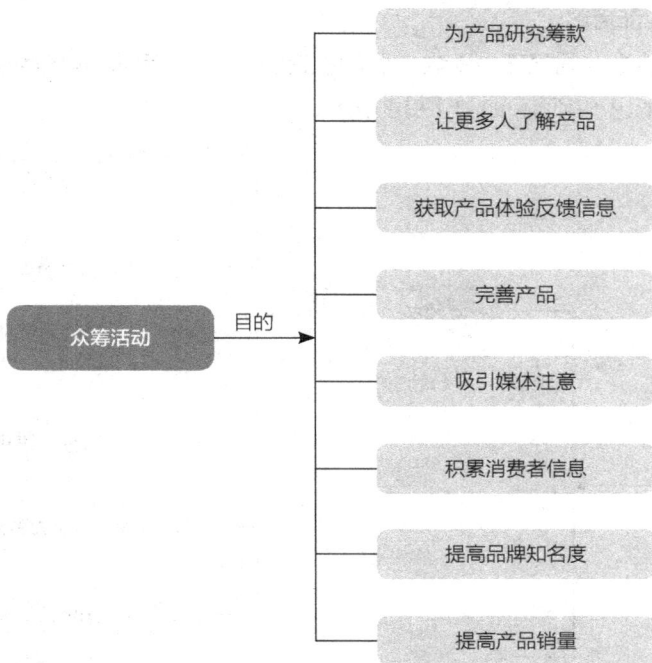

众筹活动 —目的→ 为产品研究筹款 / 让更多人了解产品 / 获取产品体验反馈信息 / 完善产品 / 吸引媒体注意 / 积累消费者信息 / 提高品牌知名度 / 提高产品销量

▲ 图 2-12　众筹活动的目的

2. 类型二：促销型活动

促销型活动，顾名思义，就是指以产品促销为目的的活动类型。这类活动的策划要求其实并不高，一般在活动策划书中将以下 4 个方面的内容撰写清楚就可以了：

（1）促销力度；

（2）促销背景；

（3）促销时间；

（4）促销目的。

当然，促销型活动的目的不只是促销产品，还可有其他的，如图 2-13 所示。

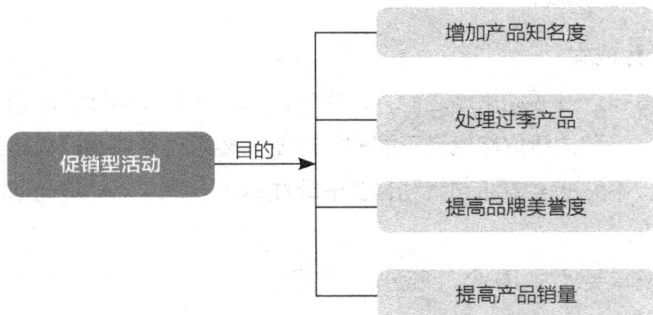

促销型活动 —目的→ 增加产品知名度 / 处理过季产品 / 提高品牌美誉度 / 提高产品销量

▲ 图 2-13　促销型活动的目的

3. 类型三：内部活动

一般企业会以公司员工为受众，举办内部活动。内部活动一般分为两种，且两种类型的活动目的也不相同，如图 2-14 所示。

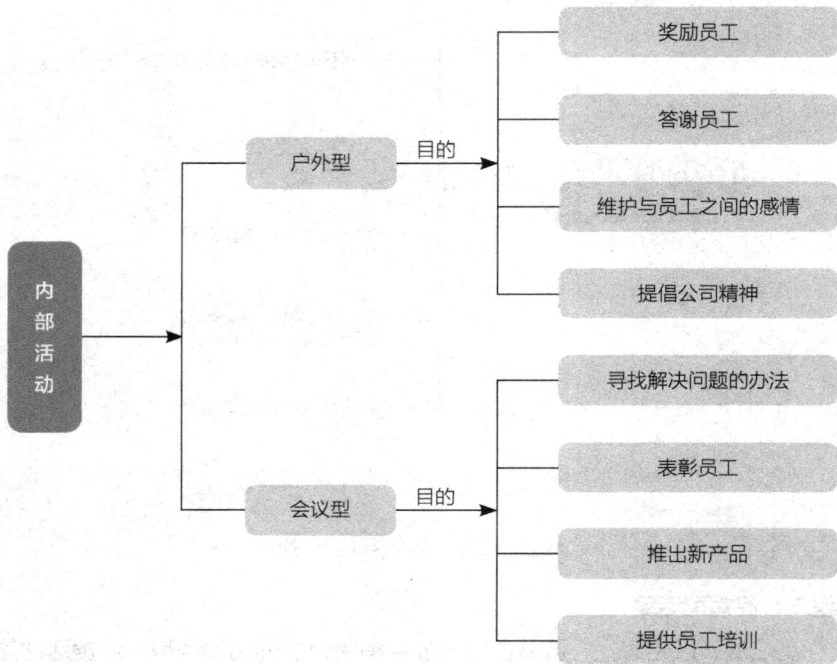

▲ 图 2-14　内部活动的目的

014　成本核算：清楚整个活动的花费

在进行活动策划之前，活动策划者需要清楚一个活动大概的花费，这样才能拟定一个资金保证给企业管理者，进而获得活动资金。而活动策划者需要按照活动资金预算来进行整个活动的策划。

1. 提前估算大致成本

活动策划者在进行活动策划之前，必须先估算出成本，当然，活动内容不同，活动成本的估算要素和估算价格也是不同的，这就需要活动策划者拥有丰富的经验才能胜任估算工作，不然就需要活动策划者在估算成本的过程中，与其他部门的人员多多沟通，征集意见。

一般常用成本要素为 10 个，如图 2-15 所示。

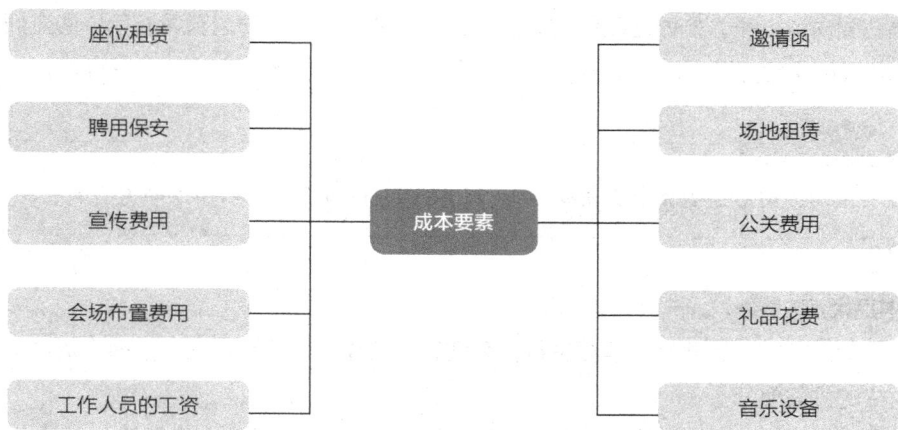

▲ 图 2-15　成本要素

2．精确细算具体成本

活动策划者估算出大致成本后，还需要进行成本细算，进一步保证活动成本的精准性。

活动策划者需要根据自己策划的活动类型、想要的效果来考虑各个方面的花费。活动策划者最好在选择产品、节目等各方面多举出几个成本细分表并进行对比，看哪个场地、哪些节目更适合活动主题，同时又能节约成本。

015　初步策划：进行活动整体构思

活动策划者在确定了活动目的和活动成本之后，就需要进行初步的活动策划，慢慢将活动策划成型。

1．组织合适的策划团队

活动策划者在进行活动策划工作之前，千万不要自己一个人埋头苦干，不然策划出来的活动很容易出现纰漏。

活动策划者需要组织一个团队，一起完成一个活动的策划，团队人数根据活动规模来确定：

（1）一般小型活动在 10 人以下即可；

（2）大型活动要根据活动的具体要求确定。

活动总策划者需要根据团员的性格、爱好、技能来分配任务，只有这样团队人员在处理问题时才会比较有效率。

在团队中，还需要通过多次会议来征求团队成员对各方面的意见和看法，以及考虑是否要求助外援，例如活动策划专业人士、公关公司、活动运营导演等，通过他们专业的技能来给活动添彩。

> 💡 **温馨提示**
>
> 活动策划者还需要考虑活动安全、相关许可证等因素，确保活动完美展开。

2. 构思活动的整体细节

　　组建活动策划团队后就需要进行构思活动的工作。活动整体构思是整个活动策划过程中的关键部分。

　　活动策划团队在构思的过程中，需要考虑 9 个问题，如图 2-16 所示。

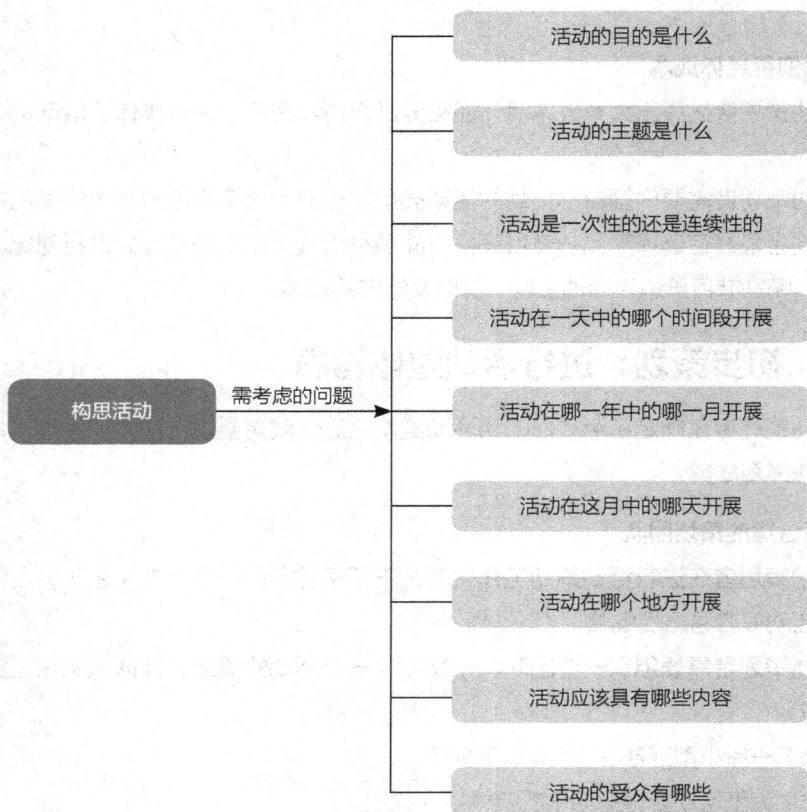

▲ 图 2-16 构思活动需考虑的问题

温馨提示

　　以上提到的问题只是一个小范围的思路，活动策划团队需要根据具体问题做出具体的活动构思，届时需要思考的问题也会不一样。总之，在构思活动的过程中，一定要让活动流程有头有尾地进行。

3. 确定活动类型

　　活动策划团队还需要确定好活动类型，活动类型一般都是根据活动目的来确定的，达到同样的目的可以采用多种活动类型，届时就需要活动策划团队从以下 3 个方面进行活动类型的选择：

　　（1）活动目的适合哪些活动类型；

　　（2）根据活动主题再一次挑选活动类型；

　　（3）根据企业经济能力选择活动类型。

　　例如，如果企业的活动目的是提升品牌形象，可以选择新闻发布会型活动、促销型活动、娱乐型活动、奖励型活动、众筹型活动等；如果活动主题比较严谨，则可选择新闻发布会型活动、众筹型活动；如果企业经济能力不强，则可选择众筹型活动。

4. 计算策划的整体时间

　　在策划活动的过程中，总会遇到各种各样的问题，例如，难以找到合适的活动场地、难以联系到合适的娱乐节目等。解决问题是需要时间的，因此，活动策划团队需要将活动策划时间整体性地计算出来，避免出现时间不够用的状况。

　　活动策划团队在计算策划时间时，需要考虑以下 3 个问题：

　　（1）确定从策划、布置到举办活动的整体时间；

　　（2）计算每个活动项目需要花费的时间；

　　（3）解决已知问题所要花费的时间。

016　细节掌握：明确活动的所有细节

　　众所周知，细节决定成败，明确活动细节是活动策划的最后一个步骤。下面就来了解活动细节方面的知识。

1. 预留应急的时间

　　活动策划需要预留一部分时间来检查潜在问题、活动整体准备情况，若发现问题也可用预留时间进行解决。

一般来说预留时间可为 1 ~ 3 天，在预留时间中需要做两件事，如图 2-17 所示。

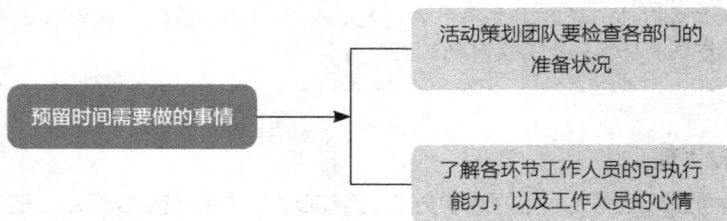

▲ 图 2-17　预留时间需要做的事情

2. 明确客人的主次

活动策划者需要将邀请的客人列在表格中，再确认客人是否能如期到达，且活动座位有前后顺序，一般需要将最重要的客人安排到最靠前的位置，然后按客人的主次进行座位的安排。

在邀请客人之前，可以拟出两份客人名单，第一份名单是主要客人，第二份名单是其他客人，若主要客人中有人不能如期达到，则可以立刻邀请其他客人进行补位。

3. 调配人员的要求

调配人员需要注意 4 个方面的要求：

（1）衣着方面的要求；

（2）行为举止方面的要求；

（3）礼节方面的要求；

（4）处事风格方面的要求。

017　活动时间：确定活动的举办时间

对于活动策划来说，时间是比较核心的一个部分，时间选择是否合适决定了活动策划的成功程度。下面就来了解一下在活动策划中关于时间的选择。

1. 选择合适时间的作用

时间对于活动策划来说，具有非常大的影响，若时间选择不当则会影响活动的举办效果；若时间选择恰当，则会成为推动活动成功的利器。时间在活动策划中的作用如图 2-18 所示。

例如，活动时间安排在工作日的晚上，出席者第二天多需要上早班，容易出现出席者逗留时间短的情况，逗留时间太短则很难让活动在出席者心中留下深刻的印象，活动效果也会不佳。

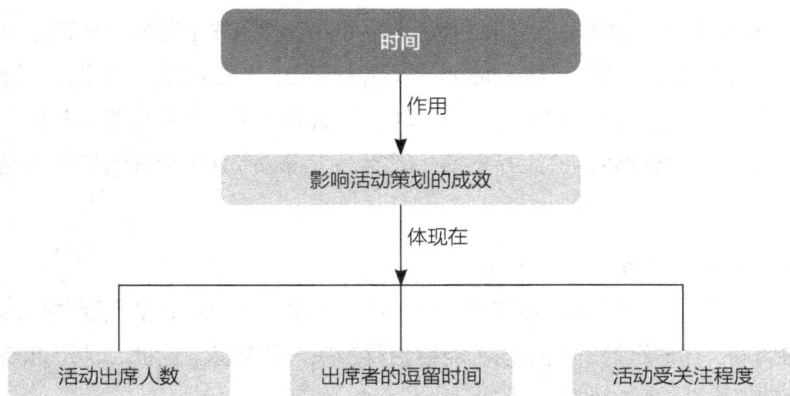

▲ 图 2-18　在活动策划中时间的作用

2. 活动时间的不同阶段

一般来说，活动时间分为 3 个阶段，如图 2-19 所示。

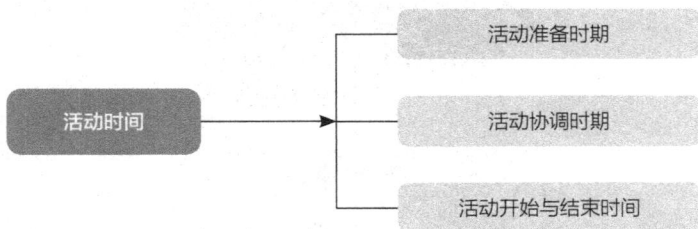

▲ 图 2-19　活动时间的 3 个阶段

> **温馨提示**
>
> 在活动策划书、邀请卡、宣传广告中，一定要将活动开展与结束时间撰写清楚，这样既能让企业管理者了解活动的具体时长，又能提醒出席者准时出席活动。

3. 活动时间的具体考虑因素

活动策划者在确定活动时间的过程中，需要考虑的问题包括举办活动的具体日期、是晚上还是白天举行、具体的起止时间等。

018 活动地点：选择活动的最佳地点

一般来说，新网络营销的活动地点分为两种，一种是线上网站，一种是线上策划报名、线下组织活动。其中，线上地址无须花太多心力，但线下地点是否合适决定了活动策划的效果，若在合适的地点进行活动，则活动效果会非常显著；若在不合适的地点进行活动，则活动效果会大打折扣。因此，在活动策划中合理的地点也是成功的核心要素。

1. 选择合适地点的作用

地点选择在活动策划中是必不可少的一环，若没有这一环，那么活动就会出现无从下手的情况，届时再好的活动也不能给企业带来一丝利益。因此，活动地点的选择是活动策划者需要上心的要素。

2. 地点的具体考虑因素

活动策划者在进行活动地点的选择时，需要考虑的方面有很多，首先要考虑的因素就是根据活动类型来选择地点，如图 2-20 所示。

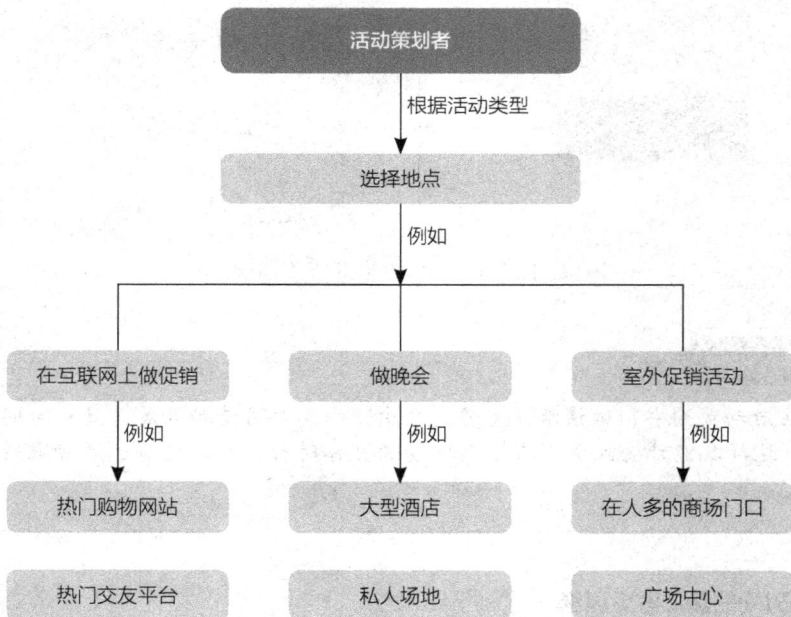

▲ 图 2-20 活动策划者根据活动类型来选择地点

活动策划者在选择活动地点时，还需要考虑成本问题，如图 2-21 所示。

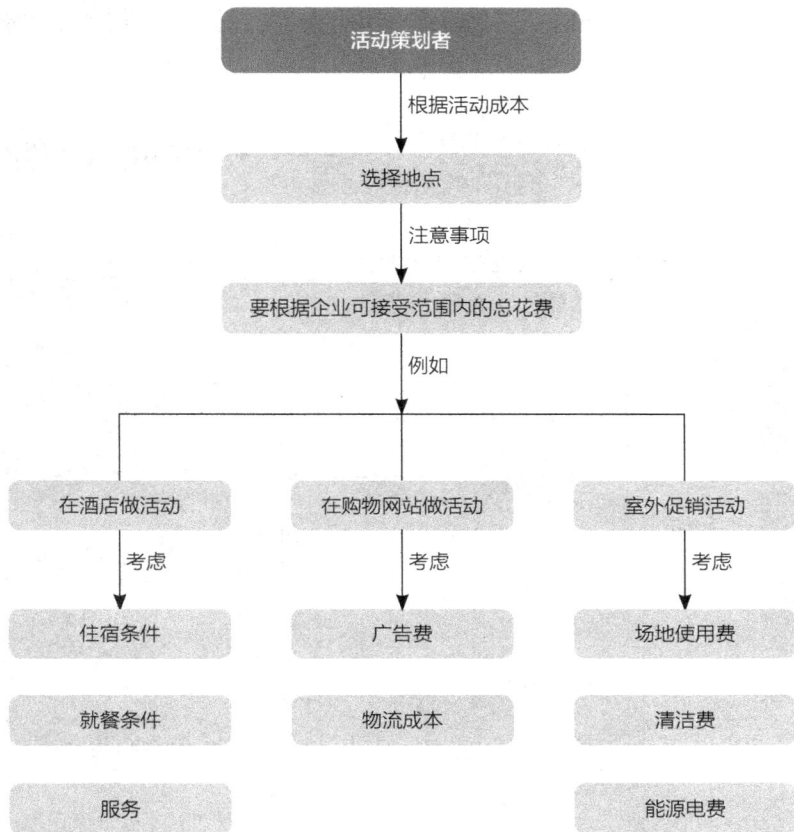

▲ 图 2-21　需要考虑成本问题

活动策划者在选择活动地点时，还需要考虑地址问题，如图 2-22 所示。

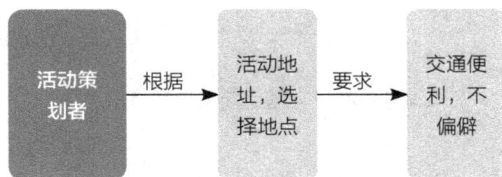

▲ 图 2-22　需要考虑地址问题

💡 温馨提示

　　活动策划者在选择地点时，千万不要随便选择，一定要从各方面进行考虑，包括地点的人流量、地理位置，势必挑选出一个最适合活动的地点。

活动策划者在选定地点后, 还需要从其他角度考量已选地点的合适性, 如图 2-23 所示。

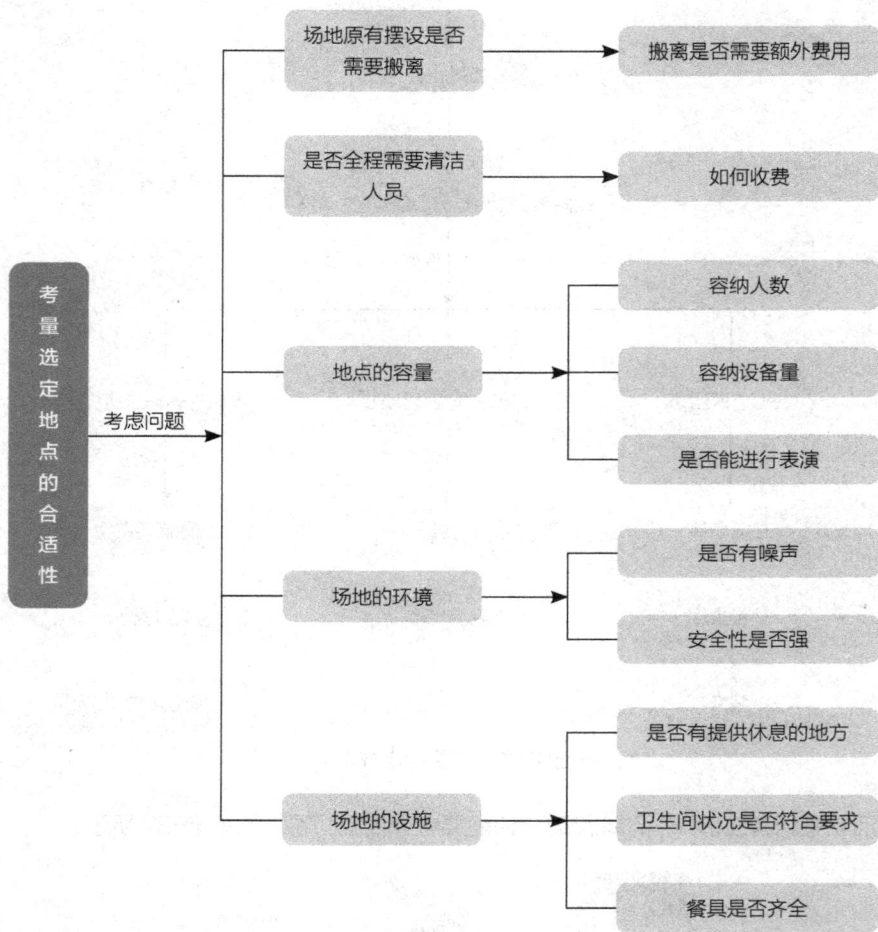

▲ 图 2-23　考量选定地点的合适性

019　宣传方式: 对活动进行大力宣传

在新网络营销当中, 活动宣传方式多种多样, 活动策划者若想在众多宣传方式中选出一个最适合活动的方式, 则需要从 3 个方面考虑, 如图 2-24 所示。

除此之外, 活动策划者还需要对活动宣传方式有一定的了解, 才能从客观上进行选择。下面就来了解活动宣传的常见方式。

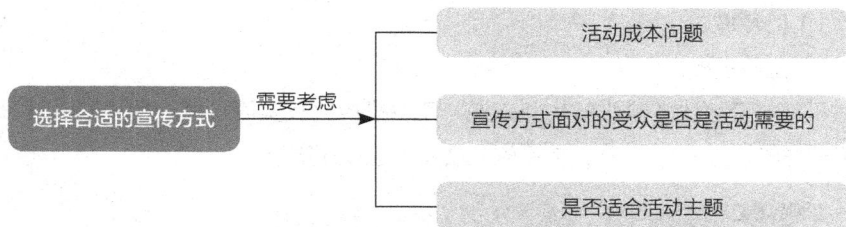

▲ 图 2-24　选择宣传方式时需要考虑的因素

1. 利用微信朋友圈进行宣传

　　有不少活动策划者将活动放置到微信朋友圈中做宣传，这样既能节省一定的成本，又能将自己的人际资源都利用起来，产生一定的口碑效应，如图 2-25 所示。

例如，在微信朋友圈中发布活动，让大家转发活动并"@"3位好友，这样的宣传就是一种增加口碑的方式。

▲ 图 2-25　微信朋友圈宣传

2. 利用热门互联网载体宣传

　　一般热门互联网载体是指像微博、微信、QQ、淘宝网、京东网等网民们喜欢逗留的地方。活动策划者可以将活动宣传广告投放到这些载体上，比较容易获得人流量。例如淘宝网、京东网这类购物网站，它们需要收取一些广告费用，由于广告投放的位置不同，收取费用的方式与价格也不同，活动策划者需要根据活动成本来进行选择。

　　而像微博、微信、QQ 这样的社交软件，投放宣传广告有两种方式，如下所示：

（1）付费投放；

（2）免费投放。

对于那些资金比较紧张的企业来说，免费投放比较实用，每个社交软件其投放位置是不一样的，以 QQ 为例，其投放位置如图 2-26 所示。

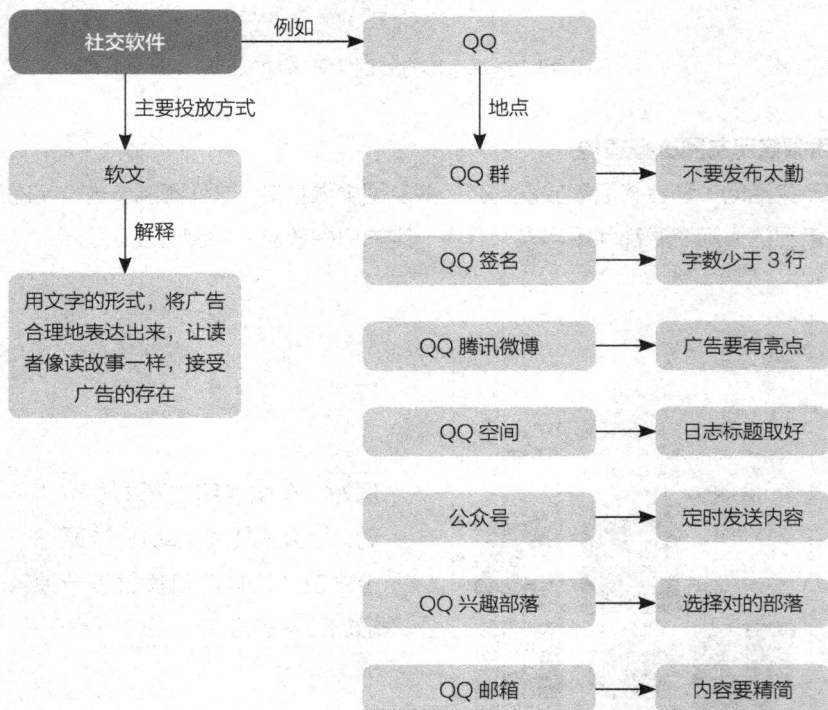

▲ 图 2-26 QQ 宣传广告的免费投放位置

对于那些资金比较宽裕的企业，可以选择淘宝网、京东网这样的购物聚集地来宣传促销类的活动，如图 2-27 所示。

3. 在确定地点发宣传单宣传

活动策划者可以通过市场调查，了解哪个地方的人流量比较大且企业目标客户比较多，在这些地方发宣传单。发宣传单的时间最好避开工作日，且在 9：10—11：00 和 15：00—16：30 这两个时间段发宣传单的效果比较好一些。

▲ 图 2-27　付费广告

　　活动宣传单上的设计不要太过复杂，要么简单大方，让人一眼望去非常舒适；要么就幽默风趣，做得比较特别一些，让人们拿到手上就忍不住阅读。不过总体来说，在新网络营销中，运用发宣传单的方式效果并不是特别好。

020　活动流程：确定活动的具体流程

　　活动流程是否合理、是否精细能影响整个活动在执行过程中的运行度。下面就来了解活动策划流程是如何制定的。

1. 制定活动流程时的要点

　　活动策划者在制定活动流程时，千万不能随意将一些毫无关系的流程环节拼凑在一起，若是拼凑流程，那么活动策划书定然不会被采纳。

💡 温馨提示

　　所谓"活动流程"，是指将一个个环节紧密衔接起来从而形成一个活动，使得活动在整个运行方面具有逻辑关系。

　　下面就来了解制定活动流程时需要掌握的 4 个要点，如图 2-28 所示。

① 顺序有秩 —— 具体 —→ 前后顺序需要有逻辑性

例如

调动活动气氛 —→ 进行活动游戏 —→ 在活动中宣传产品 —→ 抽奖

② 流程全面 —— 具体 —→ 将活动内容展现全面

例如

策划活动时需要将活动定位、形式、主题等方面都考虑一遍

③ 方法合适 —— 具体 —→ 活动操作方面需要合适

例如

跨省运输活动中需要的产品，若选择错误的运输方式很有可能会影响活动的开始时间

④ 正确衡量 —— 具体 —→ 衡量活动流程的标准

例如

运输产品的过程中，需要轻拿轻放，不然产品会受到损害

制定活动流程 —— 4 个要点

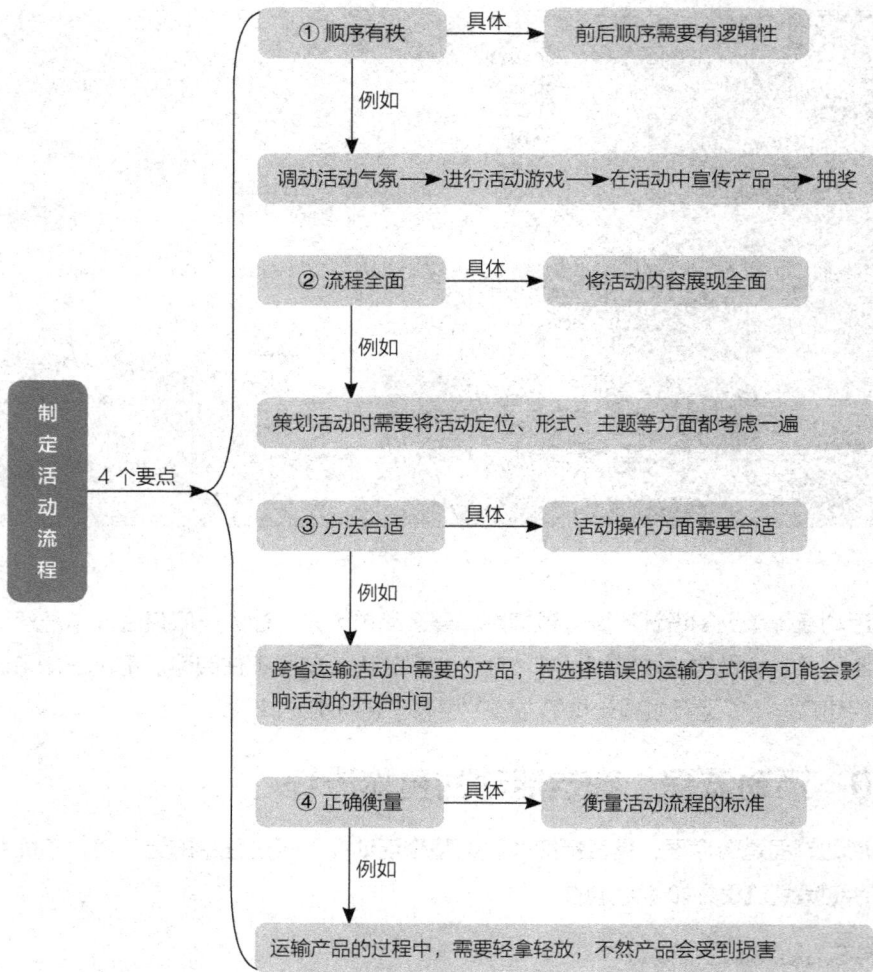

▲ 图 2-28　活动流程 4 个要点

2. 制定活动流程时的要素

这里说的活动策划流程，不单是指活动执行流程，还包括了活动策划整体流程，将整个活动从策划到执行都结合在一起，才能策划出一个容易引人关注的活动。下面就来了解活动策划者在策划活动整体流程时需要考虑的要素，如图 2-29 所示。

```
                  ①活动定位 ──包括──┬─────── 活动目的
                      │                │
                    例如              └─────── 活动氛围
                      ↓
若活动的目的是提高产品知名度，则活动氛围可以轻松愉快，由此活动
可以定位为娱乐促销型

                  ②活动形式 ──具体──→  根据产品类型考虑
                      │
                    例如
                      ↓
产品为凉茶，则可以举办"踩指压板"活动，两人一组，两组比赛，以
到达终点时用时最短的一组为胜利者，胜利者可获得一瓶凉茶以及企业纪
念品，这就是引导参与者流汗之后立即喝凉茶，使之注意到凉茶，了解
企业产品

                  ③活动主题 ──具体──→  根据活动形式来考虑
                      │
                    例如
                      ↓
由于是两人一组的游戏，那么就可以促进朋友之间的关系为主题来吸引
人们的注意力，这对情侣非常有效果，既能让情侣拿到礼品，又能增添
情侣之间甜蜜的回忆，对于情侣来说是非常有吸引力的
```

活动策划流程 ──整体要素──

```
                  ④活动细化 ──具体──→  制定游戏规则
                      │
                    例如
                      ↓
一轮比赛限时 20 分钟，主持人可以在比赛的过程中邀请观众参与下一轮
的游戏，且直播正在参与者的状况

                  ⑤工作安排 ──具体──→  活动整体工作安排
                      │
                    例如
                      ↓
将活动的时间、地点、参与人群、准备、宣传等各方面都考虑清楚

                  ⑥宣传口号 ──具体──→  根据主题做口号
                      │
                    例如
                      ↓
不管是爱情、友情还是其他"情"，大胆来战，就能升温

                  ⑦应对意外 ──具体──→  另做一份游戏备用方案
                      │
                    例如
                      ↓
考虑天气缘故，可以在举办活动的地方搭建一个雨棚
```

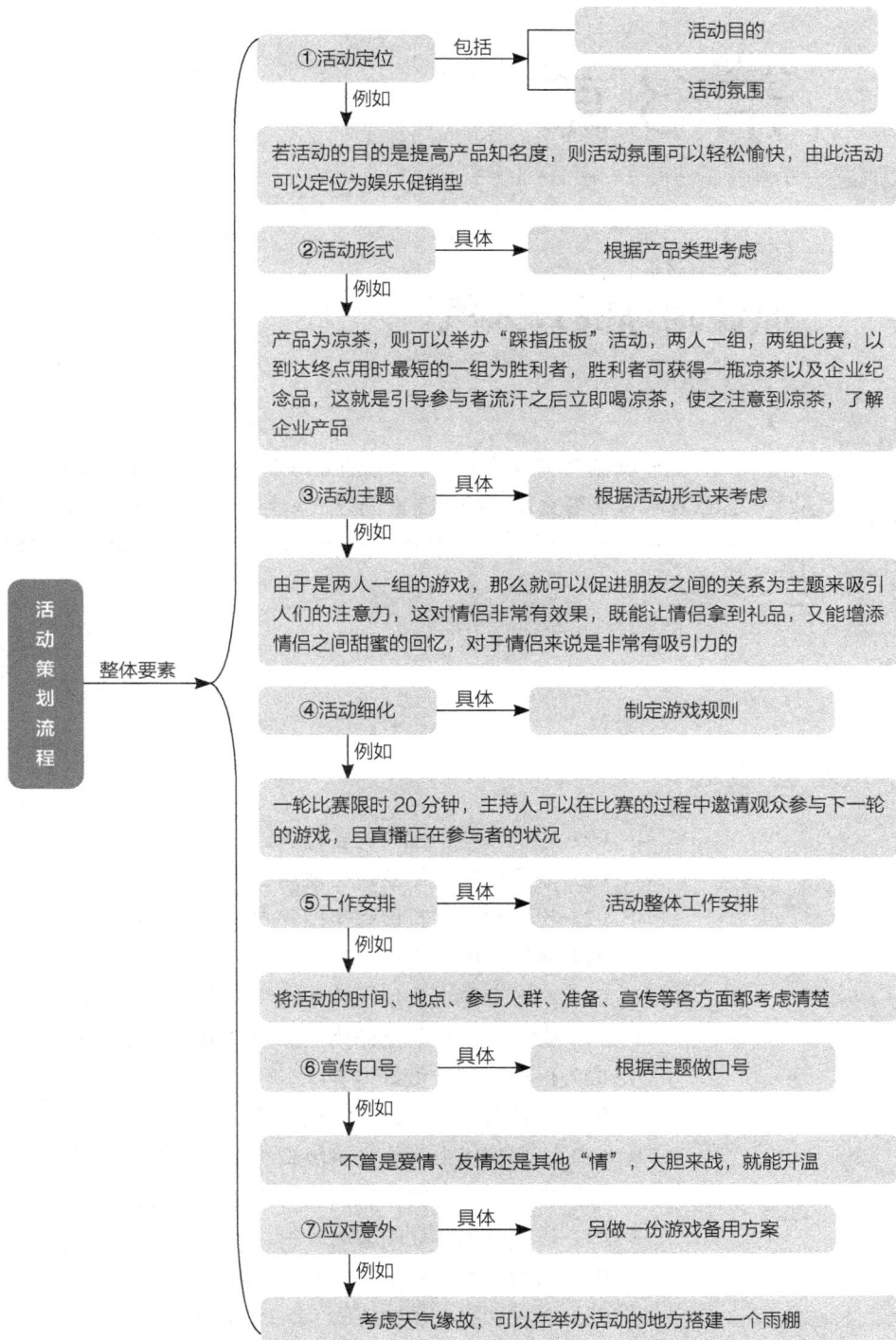

▲ 图 2-29　活动策划流程需要考虑的整体要素

第 3 章

图文设计：
抓住眼球提升人气

学前提示

在新网络营销过程中，软文版面的设计可以直接决定读者是否会认真欣赏整篇文章。所以商家们应该学习各种软文格式的设计方式。这一章将通过图片、动图、排版、模板等详细介绍各种设计方式。

要点展示

021 图文多样：图文的多种表达形式

新网络营销的平台众多，但无论是哪一种平台或媒介，软文营销都是避无可避的。而在软文当中，图片与文字的组合是十分常见并且科学的形式。好的软文内容可以极大地带动电商与粉丝之间的良性互动，提升粉丝的满意度，加强粉丝对电商企业的忠诚度。

如果广告内容只是枯燥的纯文字，很难第一时间抓住读者眼球并让人产生读下去的欲望。因此，优秀的文字内容是广告绝不可少的因素。对于互联网内容创业者或相关企业来说，需要记住的是，优质的图文内容是打造爆款的关键所在，下面将介绍新图文内容的几种形式。

1. 综合式内容

新网络营销的商家在通过微信、自媒体平台等新媒体向读者传递信息的时候，可以采用综合式的内容。这种内容因为内容形式的多样性，具有较强的吸引力，能够给读者提供极好的阅读体验。

顾名思义，综合式的内容就是将图片、文字、图文、语音、视频等形式的内容综合起来运用在一篇文章里。这种形式的内容集几种形式的特色于一身，兼采众家之所长。

这种综合形式能够给读者极致的阅读体验，让读者在阅读文章的时候不至于觉得枯燥乏味。新媒体内容运营者运用这种形式传递平台的正文，也能够为自己的平台吸引更多的读者，提高平台粉丝的数量。图 3-1 所示为以英语口语教学为主的微信公众号"考虫口语每日跟读"平台上的综合式内容。

▲ 图 3-1 "考虫口语每日跟读"平台上的综合式内容

2. 图片式内容

新媒体内容运营者在微信、自媒体平台上推送图片形式的正文，指的是在整篇文章中，其正文内容都是以图片来表达的，没有文字或者文字已经包含在图片里面了。图 3-2 所示为某微信公众号推送的几篇图片式内容的文章。

▲ 图 3-2　某微信公众号推送的图片式内容的文章

3. 图文式内容

图文形式，顾名思义就是将图片与文字相结合的一种形式。在微信和自媒体平台，正文的呈现形式可以是一张图，也可以是多张图，这两种不同的图文形式，呈现出的效果也是不一样的。

如果新媒体内容运营者在微信和自媒体平台发布的是一张图消息，那么点开文章，可以看见的是一张图片配一篇文字。如果新媒体内容运营者在微信和自媒体平台发布的是多张图的消息，那么点开文章看见的就是一篇文章中配多张图片。

总而言之，无论是哪一种模式，商家都应该彻底理解图片对新网络营销的重要性。在软文的编辑过程中，将有趣或是精致的图片穿插于文章，确能起到吸引用户眼球的作用。

022　长条图文：学会适当使用长图文

长图文是使得各种新网络媒体平台的图片获得更高关注度的一种好方法。长图文将文字与图片融合在一起，借文字描述图片内容的同时使文字所要表达的意思更生动、形象，二者相辅相成，配合在一起，能够提高文章的点击率。

一般这种长图文形式的图片都有专门 APP 提供制作，比如 zine、color 多彩手账、

mori 手账、motif 米田等,这些都是手机软件,很好上手。当然,一般来说,这种长图文式的软文都出现在微博平台、微信公众号、微信朋友圈、QQ 空间里。

先来看一个例子,如图 3-3 所示,这个长图文式软文是微博上一位著名的营销号发布的。他利用长图文的优点,也就是图片与文字相互结合的方式讲述了一个发生在他身边的小故事,而在这个故事中又融入了一些广告元素,引起人注意的同时又使广告潜移默化地影响了读者。

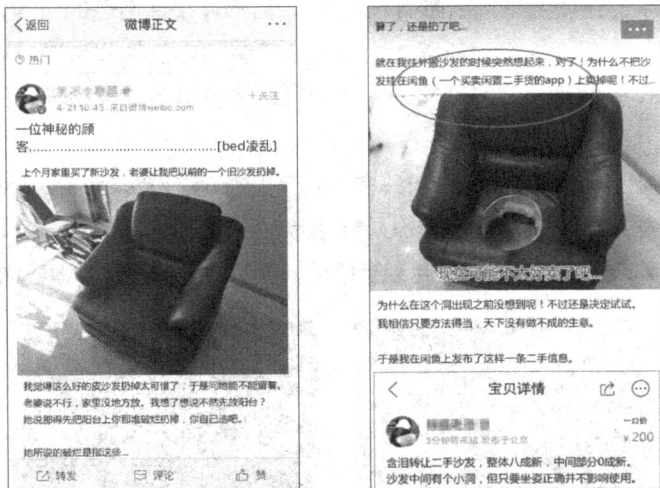

▲ 图 3-3　在微博平台上出现的长图文式营销广告软文

再看另一个例子,有一个名为"吾皇万睡"的微信公众号,如图 3-4 所示。

▲ 图 3-4　"吾皇万睡"长图文部分内容欣赏

该公众号有时候会发布一些长图文形式的文章，以图片加文字的漫画形式描述内容，阅读量非常高。

023　图片后期：打造有美感的图片

新网络营销人员在进行营销宣传的时候，是离不开图片的。图片是让商家在微信和自媒体平台上的文章内容变得生动的一个重要武器，会影响到文章的阅读量。

因此，商家们在使用图片给微信、APP 和自媒体平台增色的时候，也可以给图片适当地进行一下后期加工。新媒体内容的运营者给自己的图片进行后期加工后，可以让原本单调的图片变得鲜活起来，让图片更加有特色，吸引更多的读者，甚至成为爆款图片。

现在用于图片后期加工的软件有很多，如强大的 PS（即 Photoshop 软件）、能通过手机使用的美图秀秀、Snapseed 等，后两个软件如图 3-5 所示。内容运营者可以根据自己的实际技能水平选择图片后期软件，通过软件让图片变得更加夺人眼球。

▲ 图 3-5　美图秀秀和 Snapseed 的界面

024　爆款 GIF：使用小动画增加趣味

很多新媒体平台在插入图片的时候都会采用 GIF 动图形式，这种动起来的图片确实能吸引不少读者。GIF 格式的动图让图片更有动感，相对于传统的静态图，它的表达能力更强大，更容易让文章和图片成为读者关注的焦点。静态图片只能定格某一瞬间，而一张动图则可以演示一个动作的整个过程，自然其效果会更好。

图 3-6 所示为一个名叫"爆笑 gif 图"的公众号发布的 GIF 格式的图片，图片内容非常搞笑。

▲ 图 3-6 "爆笑 gif 图"发布的 GIF 格式图片

GIF 的动图除了微信公众号以外，在微博上也十分常见。跟其他平台不同，微博可以直接上传动图，点开就可以观看，十分方便。

很多营销号都会通过发有意思的动图来吸粉，甚至还用动图来演示产品的使用方式，这也不失为一种软文写作的优秀技巧。

025 巧妙营销：使用图片的宣传技巧

在新网络营销中，相比纯文字信息，图片文章的形式更加受用户群的欢迎。因为人们现在上网大多是为了利用空闲时间放松头脑，鲜有人愿意去读大段大段的纯文字。所以通过加入图片来进行表达或者描述品牌，会更容易收到想要的效果。

在微信和各大自媒体平台上，运营者可以将与产品相关的图片放到平台上，以实现广告目的。

运营者发产品广告图片时，可以配上一篇相应的广告文案，放入微信和自媒体平台的推送信息。因为这种广告是软性的，能够在潜移默化中将产品信息植入到读者的眼中、脑中，从而让读者对产品形成一定的认知。这样软性的广告植入法比直接用纯文字打广告更容易让读者接受。

图 3-7 所示为微信公众号"女菌爱挖宝"推送的一篇文章，但是它其实是一篇软性植入广告文章，最后引出的是其推广的产品——散粉。

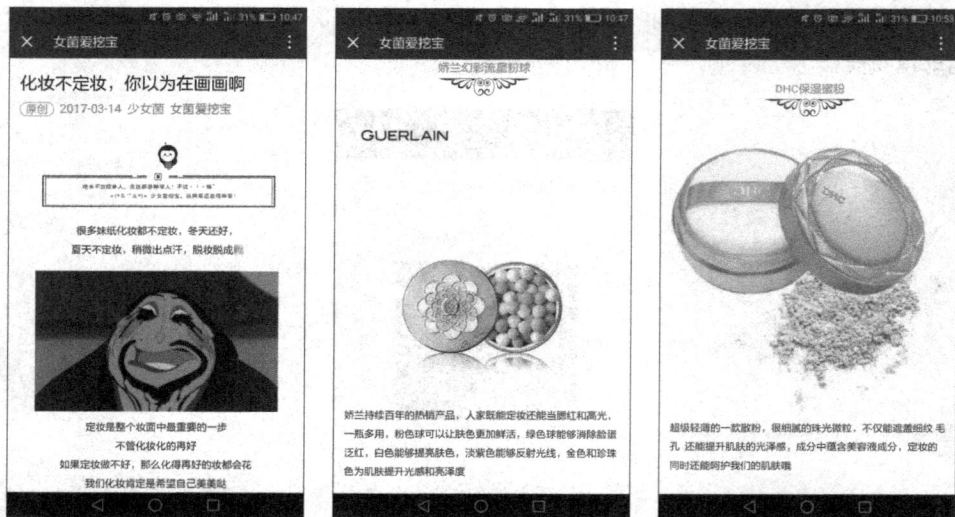

▲ 图 3-7 "女菌爱挖宝"公众平台软性植入广告的案例

026 添加水印：防止盗用，保护好版权

新网络营销的商家，要想使网络新媒体平台的图片引爆读者的眼球，成为"爆款"图片，那么给图片打上标签也是需要注意的一个问题。给图片打上标签，即新媒体内容运营者给微信和自媒体平台上的图片加上专属于运营者标志的水印。水印可以是公众号名称、自媒体平台名称等。

新媒体内容运营者如果要给图片加上专属标签，可以在微信公众号和自媒体平台的后台进行操作。接下来以微信公众号为例，介绍一下具体的添加专属标签的操作方法。

（1）进入微信公众平台，点击"公众号设置"按钮，如图 3-8 所示。

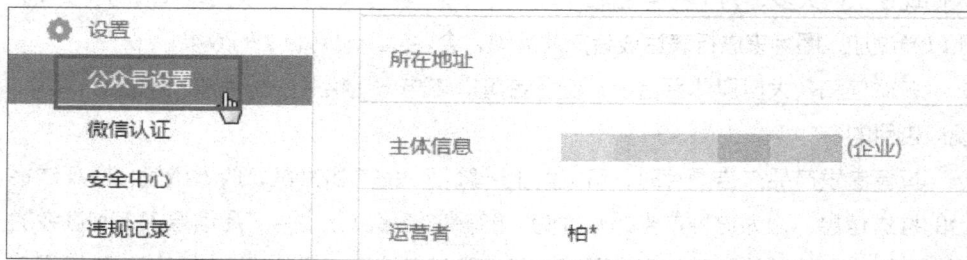

▲ 图 3-8 点击"公众号设置"按钮

（2）执行此操作后，即可进入"公众号设置"页面，之后点击"功能设置"按钮，就能看到设置水印栏，如图 3-9 所示。

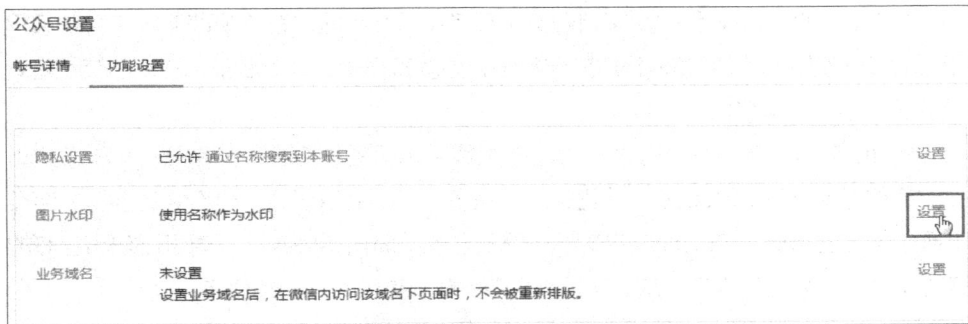

▲ 图 3-9　设置水印栏

（3）点击"设置"按钮，就会跳出相应的"图片水印设置"页面，如图 3-10 所示，从图中可以看到，图片水印的设置有使用微信号、使用名称、不添加 3 种形式。

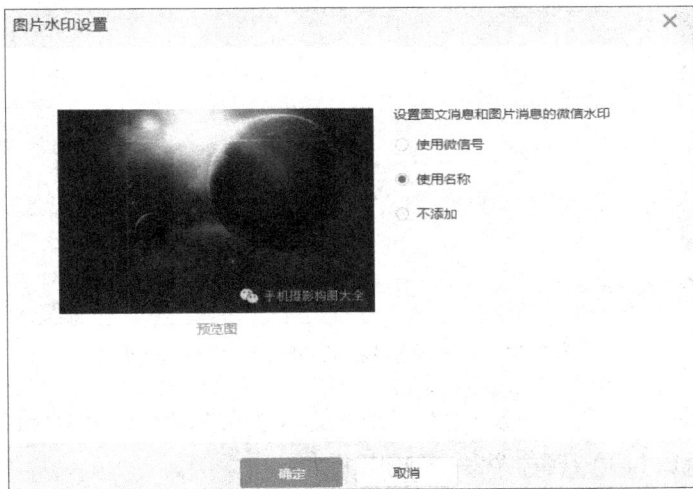

▲ 图 3-10　图片水印设置界面框

既然我们的目的是要给图片打标签，那我们就可以选择忽视第三种形式，在第一种和第二种形式中根据自己的想法选择一种设定微信图片水印的形式，然后点击"确定"按钮即可。

027　版权声明：做好内容版权声明

内容的核心是 IP，IP 在狭义上是指内容的知识产权（Intellectual Property），意指"权利人对其创造的智力劳动成果所享有的财产权利"。各种发明创造、艺术创作，乃至在商业中使用的名称、外观设计等，都可以被认为是权利人所拥有的知识产权。

如今，一些比较大型的视频网站都采用了买断版权的内容变现战略，将特殊版权与强力 IP 相结合，以增加付费用户的数量，如腾讯视频、QQ 音乐、爱奇艺等都喜欢用买断的方式来操作。

例如，2016 年 2 月，腾讯视频独播上线《再见美人鱼》，如图 3-11 所示，首日的播放量便接近 5 000 万。《再见美人鱼》采用"免费试看＋付费观看全集＋会员下载"等盈利模式，来实现内容变现。腾讯视频买断内容版权后，便可以利用已有的各种资源来全力宣传内容，从而实现流量最大化，这是其成功的要点。

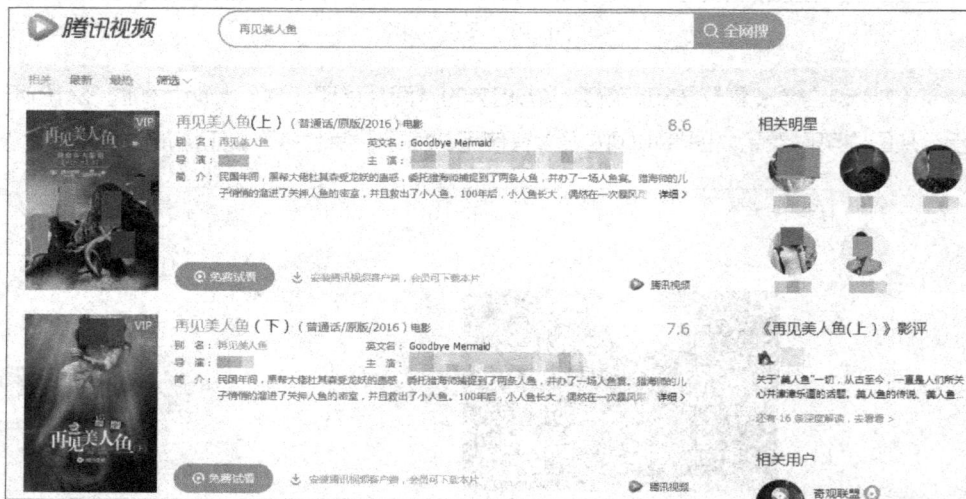

▲ 图 3-11　腾讯视频中的收费电影《再见美人鱼》

据悉，腾讯还花费 30 亿元取得了 NBA 的国内网络传播权，也就是说，其他视频网站如果再播放 NBA 赛事，就是一种侵权行为。

买断版权确实可以获得不少的内容和 IP 粉丝，如腾讯买断 NBA 的版权后，那些喜欢看 NBA 的人就只能通过腾讯来观看了，这将大大地增加腾讯的流量。当然，这些流量带来的内容变现收入如何去弥补买断版权的成本，还值得各大电商平台去探索。

除了买断版权以外，获得版权和做好版权声明也是很有必要的。因为各大商家在各种网络新媒体平台发布的软文可能也需要用到一些图片或是文字，这时，商家应该积极和作者联系，尽量争取到版权，然后在文章的最后标注好所引用的内容，以及这些内容的来源。

028　栏目设计：提升版式视觉的技巧

视觉是人类获取信息、观察事物的能力，在视线所及的范围内，人们利用视觉所察觉到的结果是极具选择性的。这是因为在大脑的意识支配下，眼睛会依据一定的习惯对所看到的事物和信息进行分类、筛选，最终形成视觉效果。新网络营销的商家们应该抓住这一点，将文章排版得更加科学。

而栏目设置作为艺术设计的一部分，是让文章能够成功吸引读者眼球的基础。读者在阅读文章时，会根据一定的视觉习惯对平台首页的栏目进行有目的的选择。对于视觉习惯而言，其最重要的要求表现在两个方面（主要是针对视觉效果而言）：

（1）便于理解；

（2）便于使用。

在栏目设置上，同其他设置一样，要遵循一定的视觉习惯，这主要体现在两个方面，具体分析如下。

（1）横向和纵向

这主要是从栏目设置的文本方向上来说的，基于人的眼睛在横向上的移动相对于纵向移动来说明显要迅速和不易疲惫，大部分的栏目设置应尽量横向排列。

（2）上下和左右

这是决定人们关注位置和关注程度的关键所在，从视觉习惯上来说，人们的视线转移路径一般是从左至右、从上到下，因此，在不同的平台上，由于其包含的信息和界面不同，其整体栏目的设置位置也不同。

在微信、APP 平台上，由于手机屏幕所展示的信息有限，因此，在进入公众号界面或 APP 界面后，网络营销人员首先需要设置一些容易吸引读者注意的信息。

网络营销人员只有吸引了读者的注意，才能使他们有耐心关注平台内容，也就是通过栏目设置引导读者进入各个内容界面，比如，在界面上部设置容易吸引读者的图文内容，而把栏目设置放在下方。

对于栏目设置而言，从艺术性和视觉上来说，必须吻合视觉习惯，而从实际操作上来说，栏目设置的重点在于方便读者浏览，这主要表现在 3 个方面，具体分析如下。

1. 特征一：简洁性

简洁的平台界面能方便用户查看。在微信、APP 和自媒体平台，栏目设置是非常简单的，特别是在微信公众平台上，一般的自定义菜单栏由 3 个栏目组成。

如果在主栏目下还有其他分类内容，为了界面的简洁，其子栏目一般都进行隐藏设置，用户只要点击主栏目即可弹出子栏目。

2. 特征二：人性化

具有人性化特征的栏目设置，主要体现为在某些平台上，用户可以根据自己的习惯和兴趣设置令自己满意的界面，这一特征在 APP 平台上体现得尤为明显。图 3-12

所示为今日头条的界面栏目和设置。

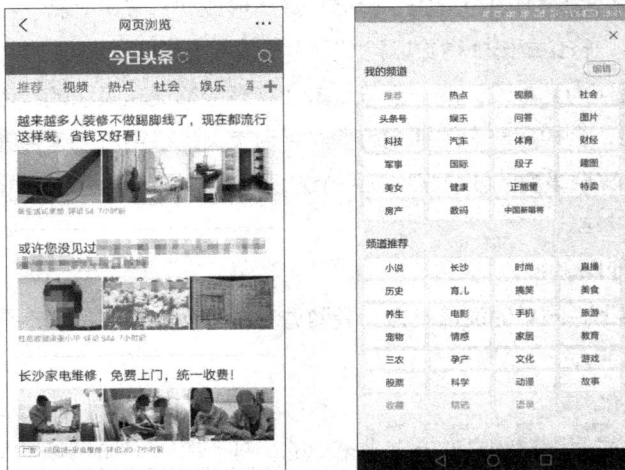

▲ 图 3-12　今日头条界面栏目和设置

在该平台，用户可以根据自己的喜好和阅读习惯来选择增减栏目和调换栏目顺序。

3. 特征三：有序性

在微信、APP 和自媒体平台，无论是主栏目还是子栏目，都是按照一定的顺序进行排列的，而不是杂乱无章地呈现出来。图 3-13 所示为"手机摄影构图大全"APP 的界面设置。

从图 3-13 可以看出，整个界面设置得十分有序，浏览起来十分方便，能够让用户一眼就找到自己想要的东西。

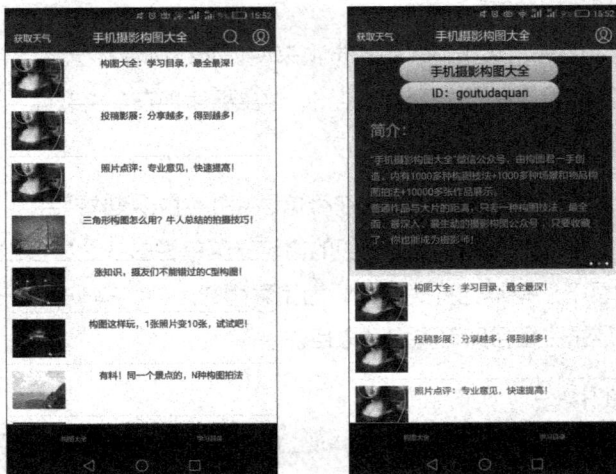

▲ 图 3-13　"手机摄影构图大全"APP 的界面设置

029 巧用模板：开头结尾版式的作用

在新网络营销中，能用于图文设计的模板还是比较多的，这里介绍一个比较常见的、经常用于开头结尾处的版式——分割线。分割线是在文章中将两个不同部分的内容分隔开来的一条线。虽说它叫分割线，但是它的形式不仅仅是线条这种形式，还可以是图片或者其他的分割符号，用户可以根据自身需要任意选择。

分割线可以用于文章的开头部分，也可以用于文章的结尾部分。以微信公众号中的文章为例，如图 3-14 所示，公众号"手机摄影构图大全"的这篇文章就在文章中用了分割线。

▲ 图 3-14　"手机摄影构图大全"文章中设置的分割线

在微信公众号后台，其图文编辑栏中就设有分割线功能，但是它的分割线功能中提供的只有"分割线"一种类型，如图 3-15 所示。

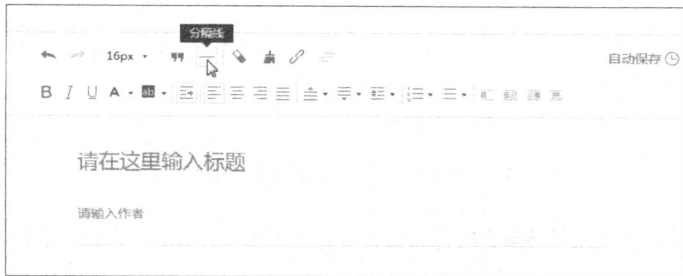

▲ 图 3-15　微信公众平台的编辑功能中的分割线功能

营销人员可以借助分割线将文章的内容分开来，这样能给读者提供一种提醒功能，同时也能增加文章排版的舒适感，给读者带来更好的阅读体验。对于微信公众平台提供的分割线类型少的问题，新媒体内容运营者可以借助其他编辑器来选择更多的分割线类型。

030 文字间距：符合软文版式的文字间距

对于网络营销人员来说，要想打造一篇优秀的营销软文，对文字间距的把握很重要，尤其对于习惯用手机浏览文章的微信用户来说。文字间距要适宜主要指的是文字排列（这里以横向排版为例）的距离要适宜，具体如图 3-16 所示。

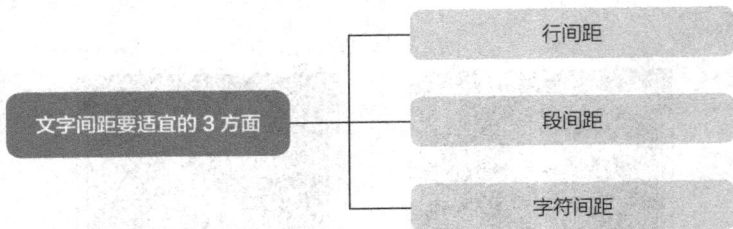

▲ 图 3-16　文字间距要适宜的 3 方面

1.　第一点：行间距

行间距指的是文字行与行之间的距离，行间距的大小决定了每行文字纵向间的距离，行间距的宽窄也会影响到文章的篇幅长短。

以微信公众号为例，在微信公众号后台群发功能—新建图文消息—图文编辑栏中，设有行间距排版功能，其提供的可供选择的行间距宽窄有 7 种，具体如图 3-17 所示。

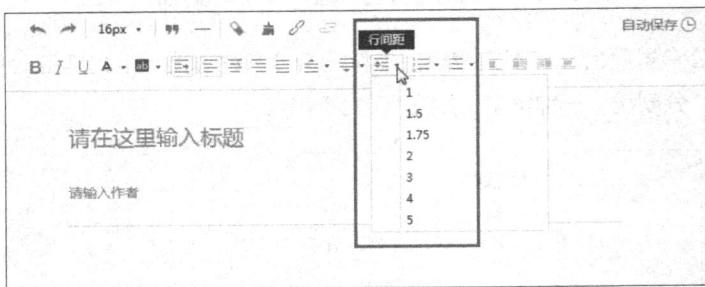

▲ 图 3-17　微信公众平台后台的行间距排版功能

对于行间距设置，笔者经过研究发现，将其控制在 1.5 ~ 2 倍之间，排版后的视觉体验会较好。

2.　第二点：段间距

文字的段间距指的是段与段之间的距离，段间距的大小决定了每段文字纵向间的距离。

在微信公众号后台群发功能—新建图文消息—图文编辑栏中，设有段间距排版功能，且分为段前距与段后距两种，这两种段间距设置都提供了 5 种间距范围供选择，如图 3-18 所示。

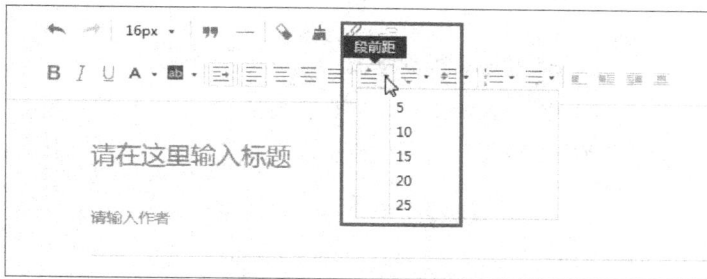

（a）

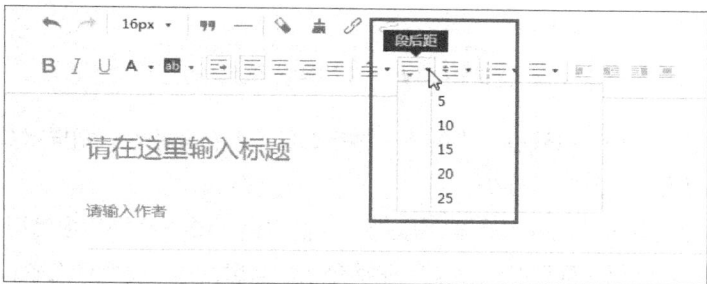

（b）

▲ 图 3-18　微信公众平台的段前距与段后距设置

运营者可以根据自己平台的读者的喜好去选择合适的段间距。运营者要弄清楚读者喜好的段间距风格，可以通过给读者提供几种不同间距版式的文章让读者进行投票选择来确定。

3. 第三点：字符间距

字符间距指的是字与字的横向间距，字符间距的宽与窄会影响到读者的阅读体验，也会影响到整篇文章篇幅的长短。

在微信公众号的后台，并没有可以调节字符间距的功能按钮，所以运营者如果想要对公众平台上的文字进行字符间距设置的话，可以先在其他的编辑软件上编辑好，然后复制和粘贴到微信公众平台的文章编辑栏中。

在这里，笔者以 Word 为例，讲一下文字的字符间距。在 Word 中字符间距的标准有 3 种，分别是标准、加宽、紧缩，如图 3-19 所示。

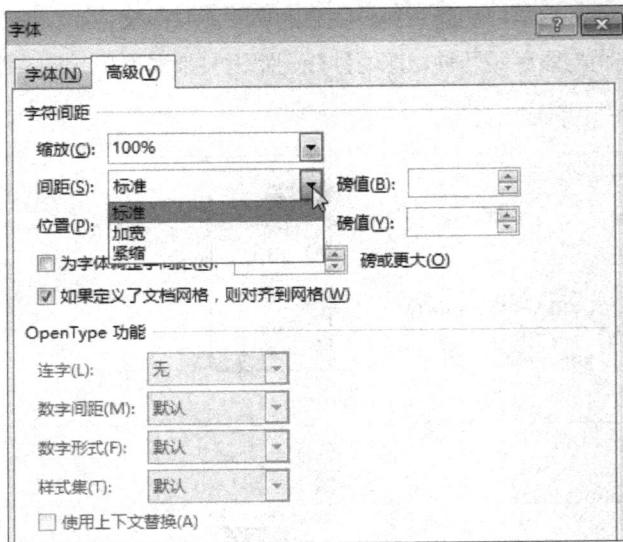

▲ 图 3-19　Word 中的字符间距的标准

　　这 3 种字符间距可以根据个人的喜好进行调整。字符间距宽，同样字数的一段话，所占的行数就会多，反之则会少。

　　除了微信公众号可以在后台排版以外，其他平台所要发表的文章都可以在 Office 软件当中排版妥当后，再复制粘贴发表在平台上。当然，不论使用什么软件进行排版，都要注意文章的行间距、段间距和字符间距。

　　文字的字符间距对文章的排版是有一定影响的，并且会影响到读者的阅读体验，也会对文章是否能成为"爆文"有一定的影响。所以，新媒体内容运营者一定要重视对字符间距的调整。

031　首行缩进：让图文版式独具一格

　　在中文排版中，首行缩进是十分重要的一点。它决定了读者能不能准确地找到文章的分段。所以为了让文章看起来层次分明，商家们一定要记得将文章进行首行缩进，让读者一眼就能看见逻辑清晰的文章，这样他们才真正愿意读下去。

　　还是以微信公众号为例，在微信公众号后台的群发功能—新建图文消息—图文编辑栏中设有首行缩进的功能，如图 3-20 所示。

　　有时候运营者在编辑内容的时候，可能对一段文字在排版的时候已经设置了首行缩进，但是在手机上显示的却是左对齐，这不免让人觉得很奇怪。

　　其实这个问题是很容易解决的，运营者只要将在 Word 中编辑好的文本内容先"清除格式"，之后再进行"首行缩进"的设置操作，就不会出现已经进行过首行缩进设置而显示在手机上的时候却依然是左对齐的情况了。

▲ 图 3-20　微信公众号后台的首行缩进功能

032　实用工具：超实用的秀米编辑器

在新网络营销中，其他平台文章的发布基本不需要用到特别的软件，但是微信公众号的发布却需要，所以，接下来笔者介绍几款常见的微信公众号编辑器，助你轻松搞定微信公众平台文章的内容编辑与排版。

秀米编辑器是一款优秀的内容编辑器。接下来，笔者介绍一下秀米编辑器的排版操作流程。

（1）进入秀米官方网站，登录秀米，在秀米主页点击"图文排版"按钮，如图 3-21 所示。

▲ 图 3-21　点击"图文排版"按钮

（2）执行此操作后，进入"我的图文"页面，点击"添加新的 2.0 图文"按钮，如图 3-22 所示。

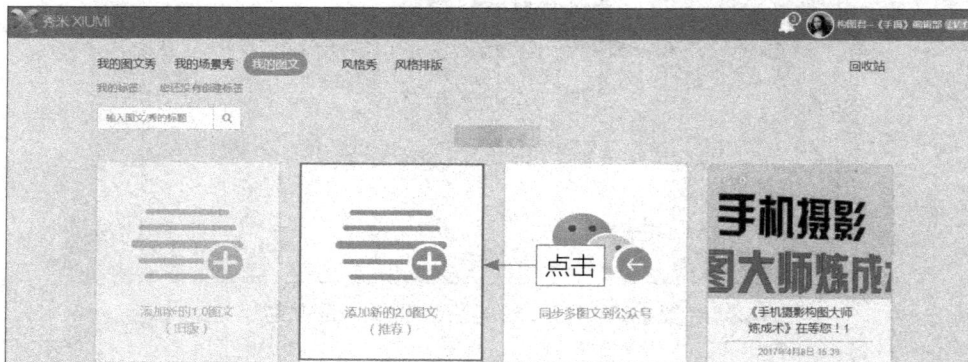

▲ 图 3-22　点击"添加新的 2.0 图文"按钮

（3）执行操作后，进入相应的"系统模板"页面，然后，点击"我的图库"按钮，进入相应的编辑页面，如图 3-23 所示。

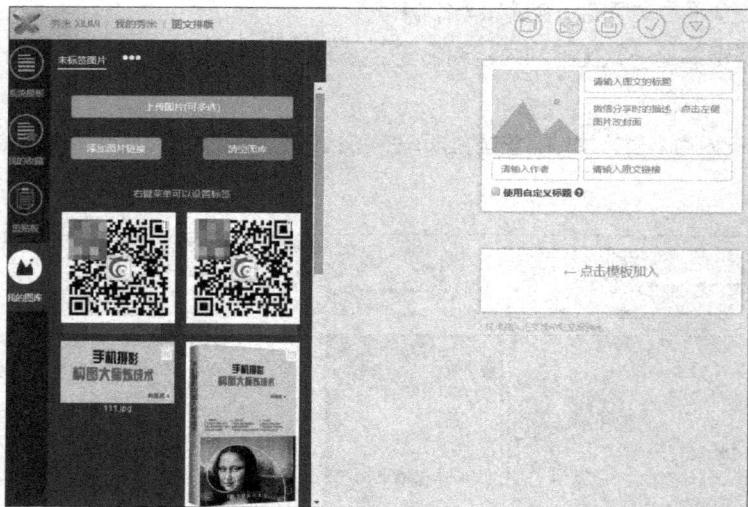

▲ 图 3-23　相应的编辑页面

（4）上传一张图片作为推送消息的封面，并输入图文标题和描述等相关内容，如图 3-24 所示。

（5）点击"系统模板"按钮，进入"系统模板"页面，在该页面点击"标题"按钮，即可出现各种标题模板，运营者可以选择自己想要的目标运用该模板，其效果如图 3-25 所示。

▲ 图 3-24　输入相关内容

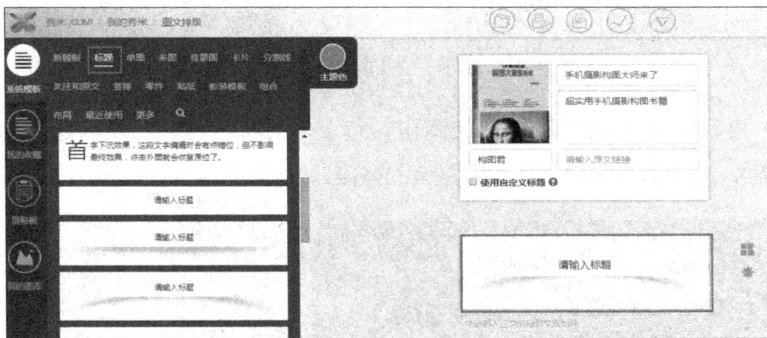

▲ 图 3-25　运用标题模板效果

（6）运营者可在该标题目标中输入相应的标题，之后点击下方的文本框，如图
3-26 所示，添加文章的文案。

▲ 图 3-26　点击文本框

（7）文章的文案输入完成并检查好之后，运营者可以点击"◎ | 同步到公众号"按钮，如图 3-27 所示。

▲ 图 3-27　点击"◎ | 同步到公众号"按钮

（8）执行此操作后，就会出现同步进度条，如图 3-28 所示，等进度条达到 100% 之后，文章即已成功同步到运营者的微信公众号。

▲ 图 3-28　同步进度条

033　多种功能：多功能的 135 编辑器

135 编辑器主要用于简单的长图文编辑，其主界面如图 3-29 所示。

▲ 图 3-29　135 微信编辑器页面

图 3-30 所示的两张微信公众平台的图文截图,是借助 135 排版编辑器进行图文编辑的效果,这样编辑出来的公众号文章,排版显得非常工整,对于文章成为热门文章非常有帮助。

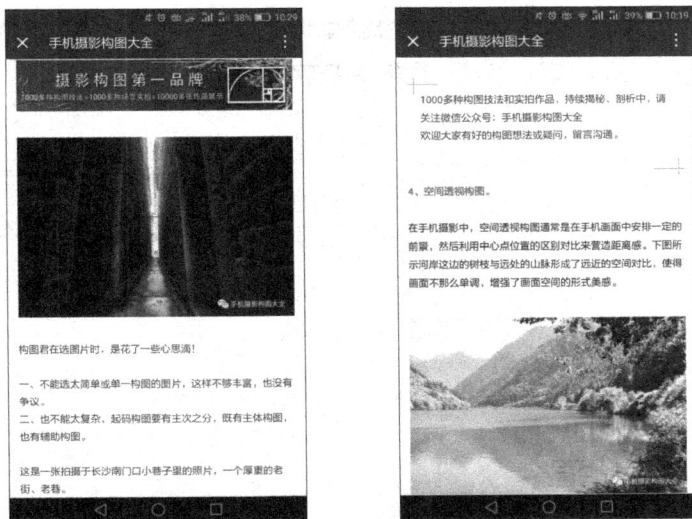

▲ 图 3-30　借助 135 排版编辑器排版的文章

034　超个性化:受欢迎的 i 排版编辑器

i 排版编辑器也是一款很不错的内容编辑器,用户通过微信扫一扫功能进行注册,就能在电脑端进行操作了。图 3-31 所示为 i 排版编辑器的首页。

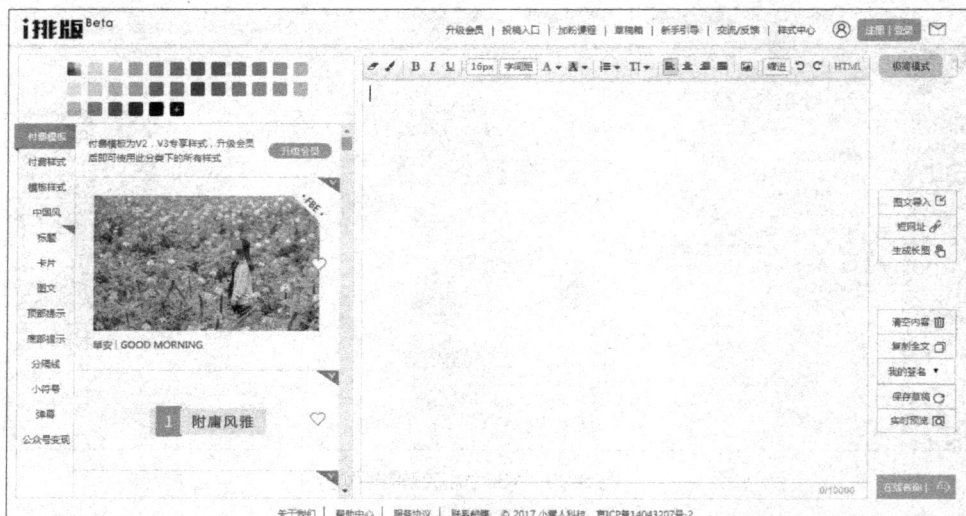

▲ 图 3-31　i 排版编辑器的首页

　　i 排版编辑器可以一键排版，而且其最大的特色是可以设计签名，运营者可以将设计好的签名和二维码一起放在图文的最后。

　　以上所介绍的 3 个 APP 都是针对微信排版较为方便好用的 APP，商家可以根据自己的喜好自行选择，设计出好看打眼的微信软文。

第4章

H5 制作：
营销场景创意展现

学前提示

在新网络营销中，H5 的出现无疑为各大商家增添了新的商机。它操作简便、画面精致，深受大众的喜欢。这一章内容主要通过 H5 页面的制作与典型案例分析，介绍如何将 H5 页面运用在商业营销当中。

要点展示

035　制作平台：企业 H5 微场景的制作利器

在新网络营销中，H5 页面是绕不开的一个重点内容。而且现在对于很多品牌和企业来说，H5 页面都是十分方便的营销工具。由于 H5 页面应用广泛，现在在网络上用来设计 H5 页面的平台也越来越多。下面介绍几个设计 H5 页面的平台，如图 4-1 所示。

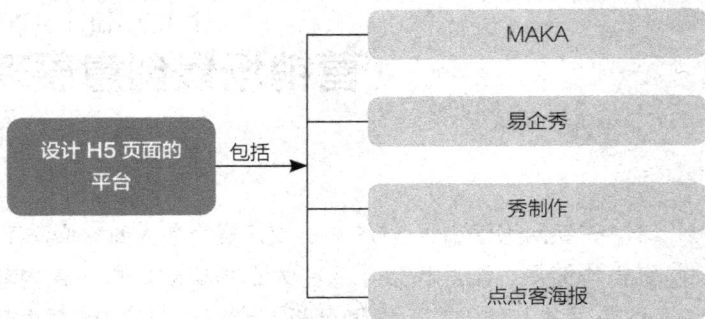

▲ 图 4-1　设计 H5 页面的平台

除了以上几个平台以外，其实还有很多平台可供用户选择。但这几个平台都是 Web 端使用，暂时没有推出 APP。也就是说，它们无法在手机上使用，不过电脑操作毕竟更加方便，素材来源也更广泛一些。接下来笔者就以 MAKA 为例，简单介绍一下 H5 页面的制作平台。图 4-2 所示是 MAKA 的主页面。

▲ 图 4-2　MAKA 的主页面

MAKA 中有多种模板,如图 4-3 所示。用户可以选择套用这些模板来制作 H5
页面。

▲ 图 4-3　MAKA 中的模板

当然,这种一整套已经设计好、只需改动一些字和画面的模板大部分是要付费使
用的。用户还可以直接进入编辑页面,如图 4-4 所示,利用 MAKA 提供的素材自己
制作出独一无二的模板来。

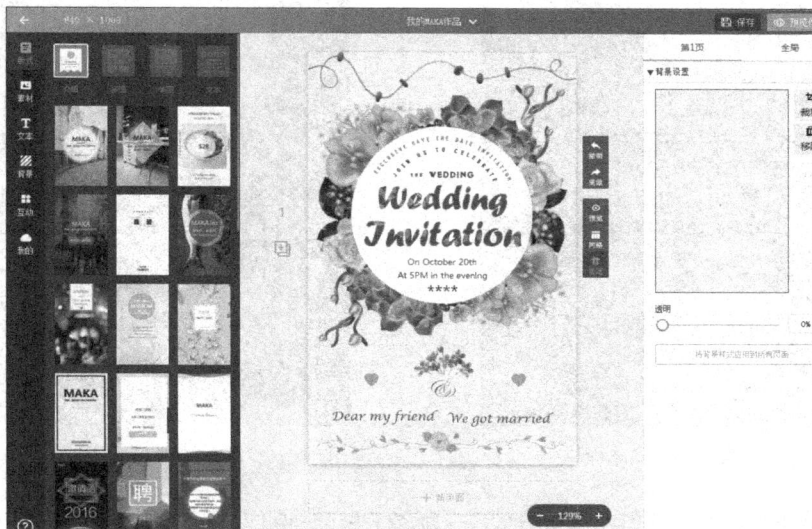

▲ 图 4-4　MAKA 的编辑页面

编辑页面可以编辑的内容有很多，大致可分为 5 个板块。一是版式，如图 4-5 所示，它包括最基础的添加图片和文字，还可以插入表格，方便用户填写个人信息。二是素材，如图 4-6 所示，可用以整理数据类型的资料，包括添加一些小装饰物。三是文本，如图 4-7 所示，提供各级标题的样式和字体。四是背景，用以更改背景颜色和纹理。五是互动，如图 4-8 所示，提供很多小功能，比如投票、抽奖、倒计时等。

▲ 图 4-5　版式板块

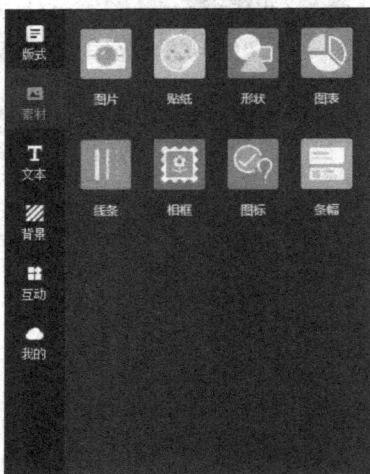

▲ 图 4-6　素材板块

▲ 图 4-7　文本板块

▲ 图 4-8　互动板块

其实 H5 页面的操作步骤十分简单，就像 PPT 的制作过程一样，只要勤加摸索，上手是非常快的。

036 交互设计：考虑 H5 的所有细节流程

　　交互设计指的是那些与使用者有互动的小环节。它能够让用户参与进来，而不仅仅是当一个旁观者。而且在交互设计中，很多细节位置的设计也需要设计者注意，互动时要有质感，让用户有身临其境的感觉。这些交互设计不仅仅指那些抽奖、点赞等较明显的参与方式，还包括屏幕手势和它所带来的界面交换，比如摩擦、吹气、双击等。

　　交互设计对于新网络营销来说是十分重要的。它可以使得用户和商家产生互动，吸引他们对产品的好奇心，从而达到营销的目的。

　　著名国际品牌巴宝莉曾经推出过一个 H5 页面，它堪称是互动型 H5 页面的"教科书案例"。为什么这么称赞它呢？因为互动型 H5 页面用过的所有互动方式，它几乎都用到了。而且页面的设计也是承袭其一贯的大牌风格，低调奢侈，华丽优雅，如图 4-9 所示。

▲ 图 4-9 巴宝莉的 H5 页面

　　进入巴宝莉的 H5 页面后，首先得"摇一摇"，如果想进入英国伦敦的清晨就必须点击屏幕。英国伦敦一贯被人称作"雾都"，所以这里的画面无一例外地展示出了大雾弥漫的美丽，用户可以通过摩擦屏幕来驱逐雾气，这样就能使伦敦美景一览无余。此外还能点击伦敦大桥底下流动的泰晤士河让它泛起阵阵涟漪，最后点击屏幕，到达中国上海。

　　巴宝莉的这个 H5 页面通过空间结构让用户感受到了异域风情和唯美画面，又允许人为操作让用户参与其中，仿佛真的经历了伦敦一日游，让人欲罢不能，用户自然会对品牌产生巨大的好感，这实在是不可多得的优秀案例。

同样，青岛啤酒所制作的 H5 宣传界面，也以其丰富的创意以及精致大气的高科技场景设计博得了大众的喜爱，如图 4-10 所示。

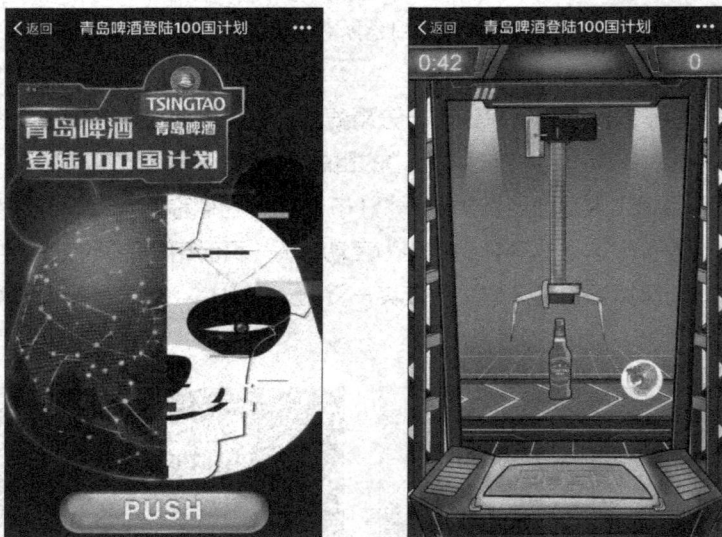

▲ 图 4-10　青岛啤酒的 H5 页面

这个 H5 界面主要是利用现在大众很喜欢的"抓娃娃"游戏作为灵感，让用户被这个有意思的游戏所吸引，进而与品牌产生互动，最后玩游戏成功的人还可以获得企业寄出的啤酒。

商户们可以吸取以上案例的经验，利用各种交互设计，做出融情于景的优秀的 H5 页面，让品牌被大众熟知，从而不断拉动销量。

037　程序测试：认真检测和体验所有流程

在 H5 页面制作完毕之后，商家应该仔细检测和体验一遍所有流程，去寻找中间所存在的问题，然后想办法去补救与完善，力保最后投入市场的 H5 页面不存在任何技术上的失误。

在新网络营销中，一个好的 H5 页面必须让人获得十分顺畅的使用体验，同时还要兼顾有趣的内容，这样才能让用户愿意看完全部内容。所以商家在测试 H5 页面的时候，必须使用这两个评价标准来对 H5 页面进行严格的评估。

在这里笔者介绍一个制作精良的 H5 页面，可以作为测试者评价自己作品的标准，它叫作"老爸，给我 10 块钱"，如图 4-11 所示。

（a）

（b）

（c）

（d）

▲ 图 4-11　"老爸，给我 10 块钱"H5 页面

　　这款小游戏点击进去就可以向父亲要钱，无一例外，任何一种借口都会被无情揭穿然后挨一顿揍，可只要向父亲道歉便会出现最后那张对父亲表示感恩的页面。这款H5 页面不仅创意惊人而且页面跳转也十分快速流畅，不至于让用户等得不耐烦。

希望每一位商户都能够找到适合自己品牌的广告方案和内容，制作出高品质的上乘之作。

038 页面版式：使用流行的 H5 排版方式

在新网络营销中，H5 页面的设计排版对浏览人数有较大影响。排版得体的页面会吸引很多人浏览观看并且主动分享至社交平台，如果排版不够精致好看，则会导致用户没有耐心或兴趣看完页面，自然就达不到营销的目的。H5 页面排版有很多种形式，如图 4-12 所示。

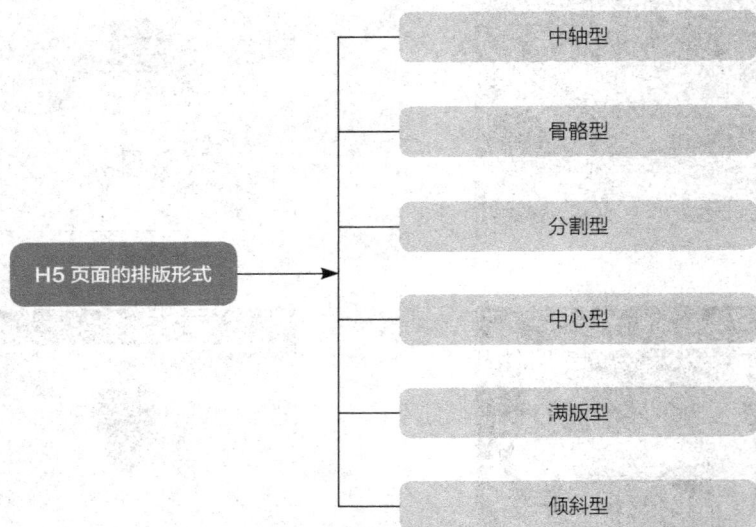

▲ 图 4-12　H5 页面的排版形式

上述版式都符合美学原则。其实 H5 页面的排版方式和公众号的排版方式等差别不大，如果一定要说出具体的差异，那就是 H5 页面的字要更少、更精简一些，不会有大片文字的出现，主要还是以图片元素为主。下面介绍一下以上 6 种版式。

1. 中轴型

中轴型的排版其实采取的是轴对称的方式来放置图片。图中元素所占的比例较大，而它刚好又居中，就可以使用中轴型排版。中轴线一直用于建筑当中，所以用中轴型排版的好处就是规整、大气并且富有冲击感。图 4-13 所示就是利用中轴型排列的两个 H5 页面。

▲ 图 4-13　用中轴型排列的 H5 页面

2. 骨骼型

　　骨骼型排版的方式应该是最简约大气的方式。它将文字和图片用最严谨和规整的方式进行排列，没有太多花里胡哨的装饰物。图 4-14 所示就是用骨骼型排列的 H5 页面。这种类型的 H5 页面在新网络营销中主要用于男士服装等物品的宣传。

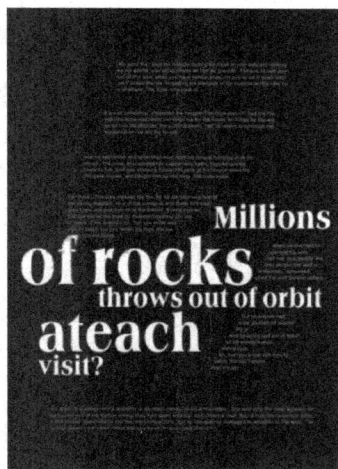

▲ 图 4-14　骨骼型排列的 H5 页面

3. 分割型

　　分割型主要采用了视觉冲击的方式，利用泾渭分明的两种颜色来分割版面。一方面可以使画面显得立体不单调，另一方面也可以使画面比较拥挤的图片显得更加层次分明。

4. 中心型

中心型很好理解，就是元素出现在页面正中心。一般图片比较空洞、页面元素并不多的时候，较多选用这种形式。这种形式最大的好处就是可以突出主题元素。

5. 满版型

满版型，顾名思义就是利用元素将整个页面填充得满满的。但是一般来说，满版型只是填充得比较满，比如图片中某个元素占比较大，看起来整个版面是大气的，但不是说整个屏幕的所有元素全部杂乱无序地堆在一起。

6. 倾斜型

倾斜型就不那么循规蹈矩了。它利用倾斜的线条让整个版面看起来更活泼生动，也更加富有冲击力。当然，在 H5 页面中具体选用哪一种模板，商家还是应该根据品牌的风格特色以及每一页所需要表达的内容来确定。

039 视频内容：在 H5 页面中添加视频

在新网络营销中，用视频作为营销载体已经是十分常见的方式了，甚至现在的 H5 页面中不仅可以插入图片、文字、表格等，还可以插入小视频。笔者以 MAKA 为例，介绍一下 H5 页面中插入视频的方法。

步骤 ① 进入 MAKA 编辑界面，点击"创建空白 H5"按钮，如图 4-15 所示。

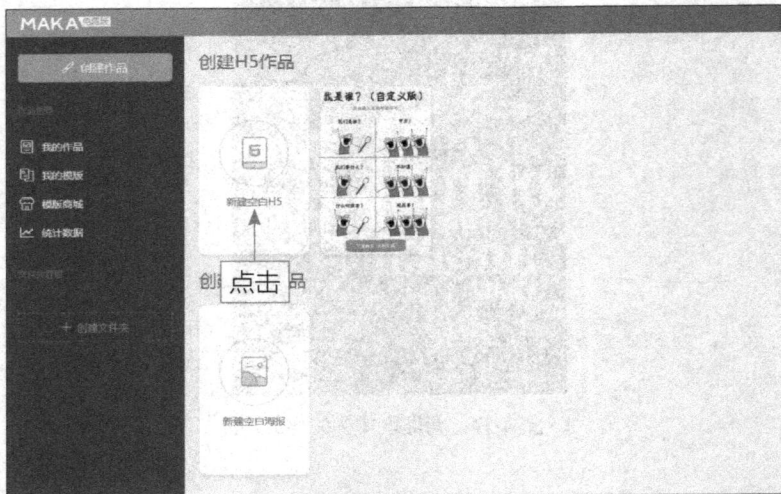

▲ 图 4-15　点击"创建空白 H5"按钮

步骤 ② 进入空白文档界面，点击左侧任务栏中间的"互动"内容，并且点击"视频"按钮，如图 4-16 所示。

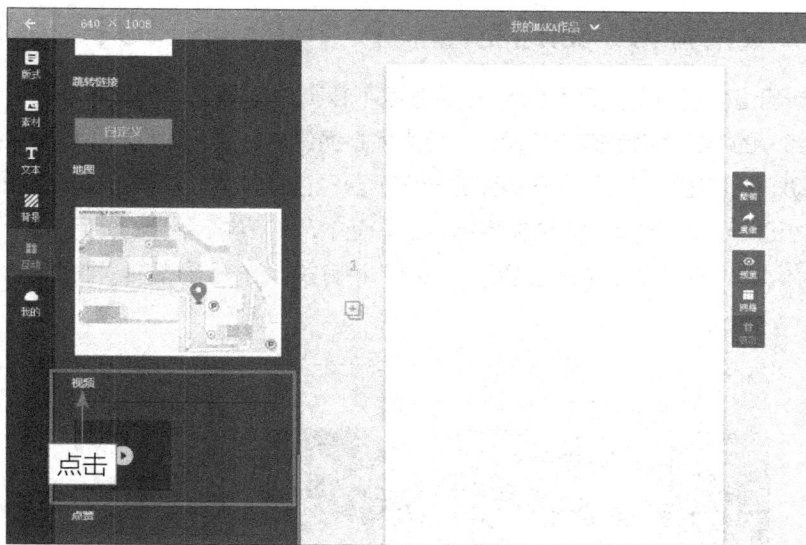

▲ 图 4-16 点击"视频"按钮

步骤 ③ 在"视频通用代码框"内粘贴视频的代码，如图 4-17 所示。优酷、土豆等
网站视频文件里面都会有这个代码。完毕后保存即可。

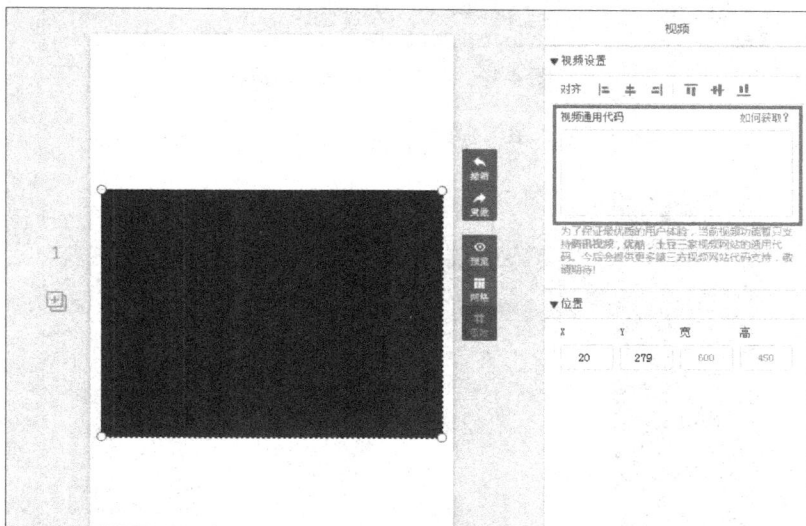

▲ 图 4-17 在"视频通用代码框"内粘贴视频的代码

视频被用于 H5 页面已经非常常见，很多新开展网络营销的商家都会选择将品牌
的宣传视频插入 H5 页面，让用户可以更加直观地感受到商品的魅力。

040 应用弹幕：如何制作一个"10 万 +"的 H5 弹幕

对新网络营销来说，商家与用户之间的双向互动有利于品牌的宣传与销售，虽然现在大部分的 H5 页面都有交互设计，可大多是通过动作来达到互动，鲜有直接言语上的互动。现在出现了一个 H5 页面的制作平台，它可以添加弹幕，进而让所有用户都加入讨论，这个平台叫"凡科微传单"。下面介绍一下这个平台的使用方式。

步骤 ① 进入网页并且登录，找到"微传单"栏目并点击"前往管理"按钮，如图 4-18 所示。

▲ 图 4-18 点击"前往管理"按钮

步骤 ② 在"模板商城"中点击"从空白创建"按钮，如图 4-19 所示。

▲ 图 4-19 点击"从空白创建"按钮

步骤 ③ 进入编辑页面之后点击页面右边任务栏中的"弹"字打开弹幕开关，如图
4-20 所示。

▲ 图 4-20　点击页面右边任务栏中的"弹"字

步骤 ④ 打开弹幕之后可以在右边的任务栏中对弹幕进行设置，任务栏如图 4-21
所示。

▲ 图 4-21　任务栏示意图

　　弹幕是现在十分流行的互动方式，深受年轻人的喜爱。新网络营销永远都要跟随
当下的潮流，这样才不会被时代淘汰。

041　在线表单：在 H5 页面中插入表单让用户填写

　　在 H5 页面中，除了可以对商品进行展示以外，还可以添加与用户进行互动的一

些小细节，比如问卷调查或是报名表单之类的。在新网络营销中，有很多需要用到表单填写的地方，比如给顾客办理会员卡、提交免费课程体验的报名表，或是需要买家给品牌一些适当建议等。接下来笔者以 MAKA 平台为例，详细介绍一下如何在 H5 页面中插入让顾客填写的表单。

步骤 ❶ 进入 MAKA 编辑界面，展开侧面任务栏中的"互动"，并且点击"表单"按钮，如图 4-22 所示。

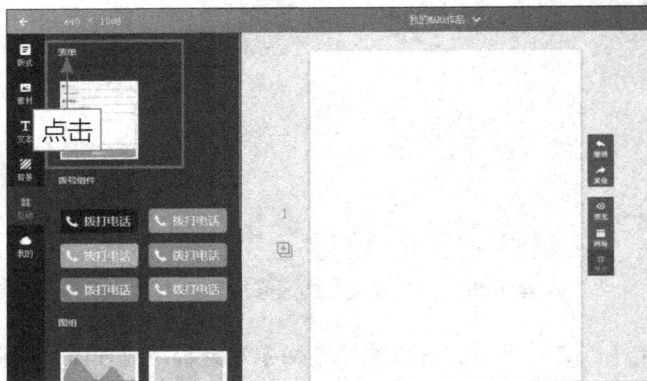

▲ 图 4-22 点击"表单"按钮

步骤 ❷ 表单出现后，可以在右侧任务栏中调整和更改表单情况，表单设置效果图如图 4-23 所示。

▲ 图 4-23 表单设置效果图

步骤 ❸ 还有内容需要插入的话可以点击"添加表单项"按钮，进入界面修改表单内容，还可以加入选项，制作调查问卷，"新表单"界面如图 4-24 所示。

▲ 图 4-24　"新表单"界面

042　活动上线：做好客服工作和实时监控

在 H5 页面制作完毕之后，商家可以通过各大平台将 H5 页面投入市场，比如微信朋友圈、公众平台、微博等。一般关于 H5 页面的平台除了可以制作 H5 页面以外，还可以对 H5 页面进行监管，比如 H5 页面的浏览次数、访客人数和分享次数等。图 4-25 所示为 H5 页面的监控后台。

▲ 图 4-25　H5 页面的监控后台

当然，图 4-25 所显示的数据是某一个账户所有 H5 页面相加后的后台数据，如果想知道其中某一个 H5 页面的具体数据，也可以点击标题后方的"查看数据"，如图 4-26 所示。

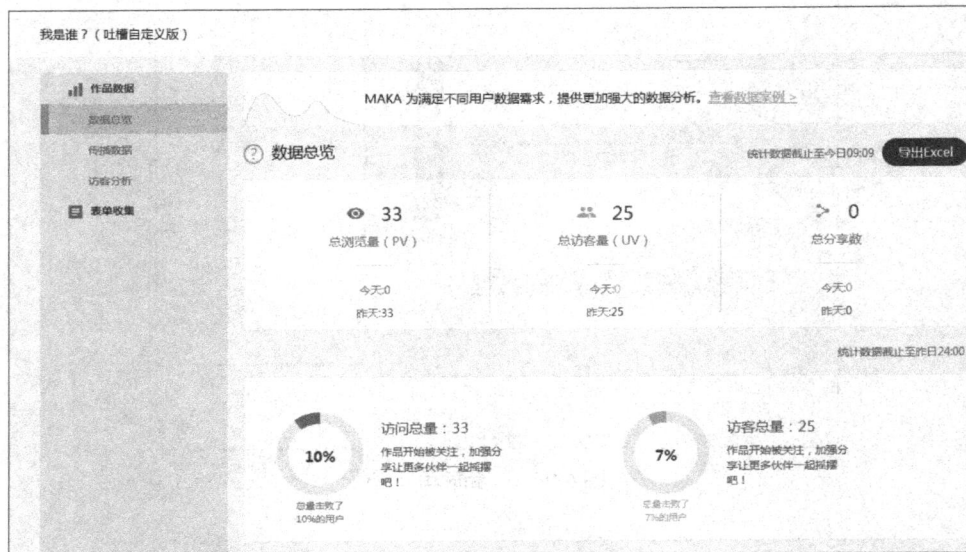

▲ 图 4-26　某一个 H5 页面的具体数据

如果用户想要更精确的数据，可以选择使用专业的数据监控和分析平台。现在网络上也有很多关于数据跟踪的专业性平台，很值得一试。不过一般用于商务类的数据统计，用 H5 制作页面便可以完成。

当然，商家也可以在 H5 页面当中附上品牌的客服电话，方便消费者前来咨询和给予商家一些关于品牌的意见。

043　投票活动：投票众筹互动活动，吸粉首选

H5 页面的互动类型除了填写表单、发弹幕等，还可以进行投票活动。一般新网络营销的商家们都会使用投票活动来让客户全面了解其品牌所出售的商品。比如一家品牌店是做彩妆生意的，那么商家可以列出口红的不同系列与不同色号，分别仔细介绍，最终让用户选出其最喜欢的一款。

这看似是普通的投票活动，实则潜移默化地将系列口红和品牌推销给了所有做完问卷调查的用户。接下来介绍一下在 H5 页面中如何添加投票的功能。

步骤 ❶ 在右侧的任务栏中打开"互动"栏目，并且点击"投票"按钮，如图 4-27 所示。

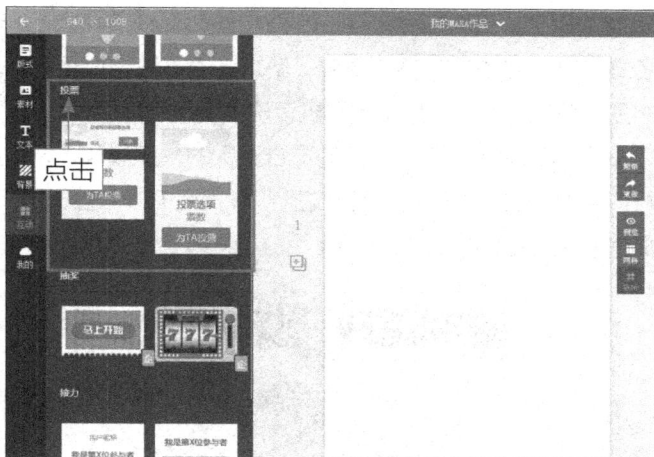

▲ 图 4-27　点击"投票"按钮

步骤 ② 出现"投票"的任务框之后，可以在右侧的任务栏中对项目进行编辑和设计，如图 4-28 所示。

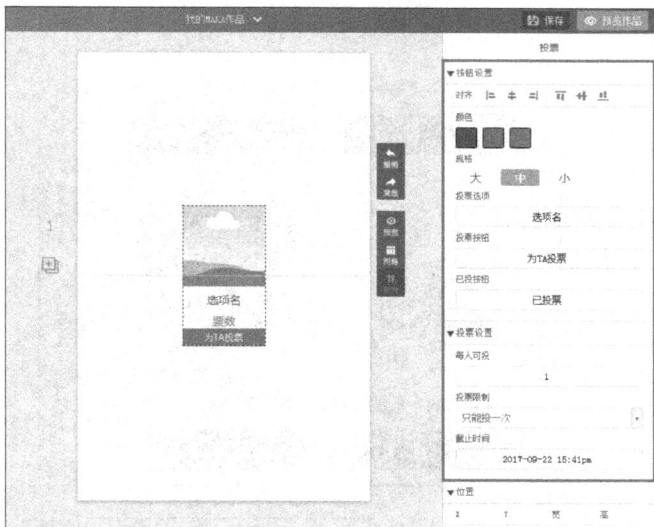

▲ 图 4-28　"投票"编辑栏目示意图

044　促销活动：吸引消费者购买的实效促销策略

在新网络营销时代，很多销售平台为了吸引客流量进而获得大规模收益，都会采取一些"让利"行为，比如开展一些促销类的活动。而这些促销类的活动都是需要进行宣传的，用 H5 页面来做宣传也是不错的选择。

举一个促销类的例子。天猫在某一年的"双十一"促销节推出了一款 H5 页面，它主要围绕一首歌进行，这首歌节奏感很强，听众会忍不住一直循环往复地听。可是如果想听歌就必须不停地摇手机，只有摇手机音乐才会继续播放。

而且整首歌的歌词是围绕"双十一"的广告进行的，播放久了，播放多了，商家自然就达到了打广告的目的，也让更多看过这个 H5 页面的人开始关注天猫"双十一"的活动。天猫促销 H5 页面如图 4-29 所示。

（a）

（b）

▲ 图 4-29　天猫促销 H5 页面示意图

当然，除了天猫以外，还有很多购物平台或是品牌都在促销期间策划过 H5 页面用于宣传，商家们应该多去看看那些 H5 页面的设计，吸取别人策划当中的特色和优点，将这些内容消化后做出独一无二的、具有营销力度的 H5 页面来。

第 5 章

视觉营销：
注重美感提升销量

学前提示

在新网络营销中，产品与品牌层出不穷。很多时候，很多商品之间的功效可能差别并不大，但独特的品牌设计理念能够吸引用户驻足，因为人永远都是愿意追求美感的。这一章从 LOGO、口号、包装、描述、陈列、色彩、广告等方面详细描述了视觉美感的重要性。

要点展示

045　品牌LOGO：企业营销最好的广告位

现代社会物质生活水平飞涨，客户在挑选商品的时候已经不再只限于实用性或是质量等评判标准了，商品甚至是品牌的整体设计风格都已经成为非常重要的购物体验。

在新网络营销中，能够吸引客户第一眼注意到品牌的东西就是企业的LOGO，它一般都会被放在各大营销网站最显眼的地方，如图5-1所示。所以，LOGO设计得合不合理、好不好看，也可以成为用户会不会点进去浏览一番的重要因素。

▲ 图5-1　购物平台上的LOGO展示

甚至有些LOGO已经成为某个品牌的重要符号，很多人在选择商品或品牌时，都会通过LOGO来判断品牌，客户可能不知道品牌的正式名称到底是什么，但他们几乎都认识名牌LOGO，比如奔驰的标志，如图5-2所示。

▲ 图5-2　奔驰的标志

如果直接报上"梅赛德斯"这一大名，可能有很大一部分不懂车的门外汉都不知道它指的到底是什么，可如果给他们看这个LOGO，大概90%的人还是认识"奔驰"

这个大名鼎鼎的汽车品牌的。

所以，就现在的趋势来说，LOGO 在一个品牌中的作用越来越显著，甚至在新网络营销中，LOGO 可以算得上是品牌的免费广告位。

由于 LOGO 可以说是一个品牌的名片，这也就注定了它将会陪伴品牌一直走下去，不能随意更换，所以企业在设计 LOGO 之初就应该慎重考虑，如何使 LOGO 兼具美感和实用性？当然，这里的实用性指的是简洁好记，图 5-3 所示就是一些比较典型的 LOGO，客户只要看见它们就会立刻知道是哪个品牌。

▲ 图 5-3　一些比较典型的 LOGO

接下来我们来分析一下品牌在设计 LOGO 的时候所要遵循的原则。

1. 注重协调性与简洁性

在中国古代建筑中，建筑师十分注重"中轴线"原则，即整个建筑的设计应该是对称的、均等的。这种建筑形式之所以被主流所认同，是因为具有协调性的东西可以最大限度地让人感到身心愉悦，看上去舒服、干净、生活感强。

所以一般来说，LOGO 的设计最基本的一个原则就是协调性强。其实一般的国际大品牌都会选择简单均衡的方式设计 LOGO，这样能够显出商品的高贵与大气。很多时候，简单比繁复更加让人心动，比如香奈儿，如图 5-4 所示。

▲ 图 5-4　香奈儿的 LOGO

2. LOGO 需和品牌风格相衬

每个品牌都有自己的商品定位，比如护肤品中的悦诗风吟和城野医生。从商品定位角度上来说，悦诗风吟主推植物纯萃取，所以它的 LOGO 设计得非常清新，就像是一个盘子中装满了植物，人们会直观地感受到护肤品的柔和性和无刺激。城野医生是药妆品牌，商家同样也抓住了这一重点，LOGO 设计得很像一个护士帽，并且在上面别出心裁地放上了一个"十"字，暗含"医生"的意思，如图 5-5 所示。

▲ 图 5-5　悦诗风吟和城野医生的 LOGO

商家在设计 LOGO 的时候可以将重点放在企业的整体定位上，这样才能将 LOGO 中广告位的价值发挥到最大。

3. 注重文字排版

现在很多企业的 LOGO 直接设计为企业名称，这样免去了顾客对图片和文字的双重记忆，而且文字通过花体字写出来十分美观。图 5-6 所示就是将品牌名称作为 LOGO 的品牌。

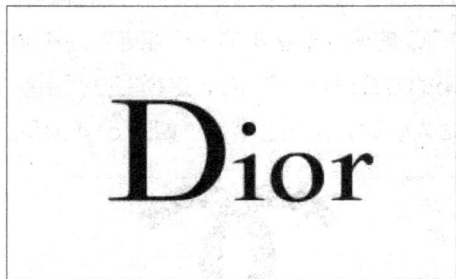

▲ 图 5-6　将品牌名称作为 LOGO 的品牌

再如，佰草集也将品牌名称设计成 LOGO，如图 5-7 所示。

▲ 图 5-7 佰草集的 LOGO

046 宣传口号：做好产品代言，加深品牌印象

宣传口号，顾名思义就是用一句话对某个品牌进行总结，而且必须简单好记，最好还能够押韵。图 5-8 所示是脑白金的广告，上面标明了这个产品的宣传口号。

▲ 图 5-8 脑白金的广告

这句宣传语众所周知，听过之后会不断在大脑中进行单曲循环，深深地刻印在受众的脑海中。让用户留下深刻的印象，其实这就是宣传语应该起到的效果。接下来分析一下好的宣传语应该遵循哪些原则。

1. 越简洁越好

由于宣传标语需要人们在短时间内听到或是看到，自然是越简洁越方便记忆。一般的品牌都会选择简洁的宣传语，图 5-9 所示是耐克的宣传口号。

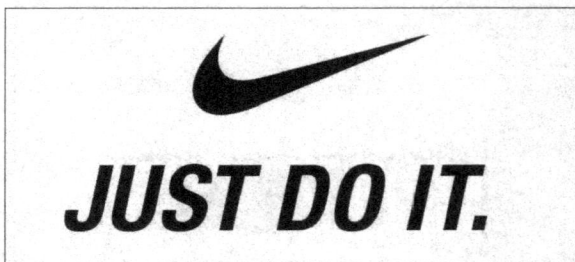

▲ 图 5-9　耐克的宣传口号

这个宣传口号只有 3 个单词，配合 LOGO 的标识能马上营造出一种决绝无退路、奋勇向前的气氛，也很符合耐克这个运动品牌的定位。

2. 在宣传口号中点出品牌范围

有一些名牌在构思宣传口号时，会将品牌功能在其中予以点明，这样就能立马让买家知道品牌所销售的范围。比如 58 同城的"找工作，上 58"，就很明显地指出了 58 同城的其中一个功能就是给用户提供工作岗位。图 5-10 所示是海澜之家的宣传口号。

▲ 图 5-10　海澜之家的宣传口号

海澜之家这个品牌主要销售男装。其广告语就直截了当地指明了这一点，宣传这个品牌是"男人的衣柜"。在女装盛行的现代社会，这个广告语确实还是很吸引男士驻足的。

3. 带韵脚更方便记住

在幼年时期背诵诗歌的时候，小朋友们都会比较喜欢韵脚明显的诗词，因为它们朗朗上口更加便于记忆。不押韵的诗词连读都可能读不太顺畅，更别说背诵了。

其实宣传口号也是同样的原理，有韵脚的广告词念起来更顺口，多重复几次也就记住了。比如恒源祥毛线的广告词"恒源祥，羊羊羊"。对这一句广告词很多人应该都十分熟悉，一般听到上半句就会顺口补出下半句来。

当然，任何一种宣传口号，如果不经过新网络营销不断寻找平台推广产品，设计得再好也无用。所以好的宣传口号应该和新网络营销结合起来，不断地推送给用户，让买家有浏览的机会，这样才能真正给大众留下深刻印象。

047 产品包装：品牌设计要独具个性

其实不管是 LOGO 也好，产品包装也罢，都必须围绕产品定位来设计。就拿服装来说，它是低调奢华，还是青春靓丽？针对的是哪个年龄段的人？针对男人还是女人？价位如何？这样一些需要思考的定位问题都会反映到产品的包装上。

所以说每一个品牌在设计自身包装时，都要结合品牌的特点，找出自身独特的个性，首先让产品包装就给人们耳目一新的感觉，这样才能让人们印象深刻。图 5-11 所示是德芙巧克力的广告。

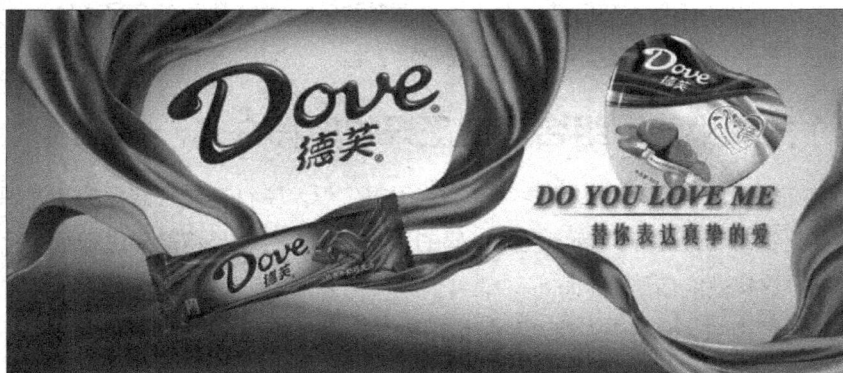

▲ 图 5-11　德芙巧克力的广告

从上面这幅图中，可以得到一个很直观的体验，那就是"丝滑"。这也是德芙这个品牌一直在追求的质感。这种质感不仅仅体现在口感上，同样体现在包装的设计上。让巧克力幻化成为咖啡色的丝绸柔柔软软地随意飘散，没有吃之前就可以通过视觉感受到"丝滑"，就这一点来说，德芙巧克力的产品包装设计是十分符合产品定位的。

图 5-12 所示是纪梵希的细管小羊皮系列。作为一个国际奢侈品牌，纪梵希这款口红的设计也相当奢华。之所以叫作"小羊皮"，是因为口红管是用羊皮皮革包裹压上去的。这个包装无疑在口红界投下了一个重磅炸弹，一上市就被疯狂抢购。"奢侈品"3 个字在这支口红上体现得淋漓尽致。

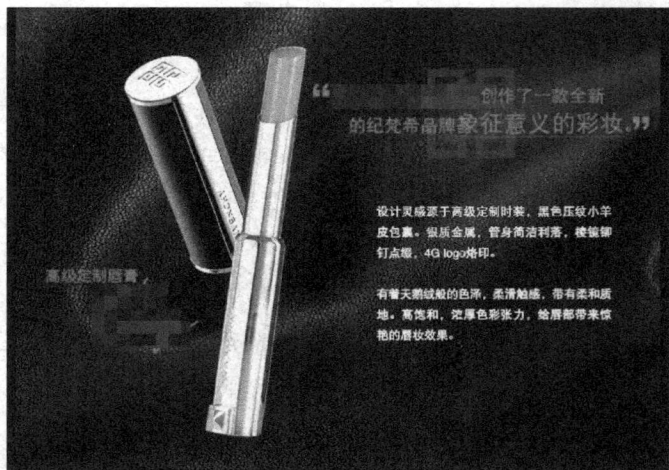

▲ 图 5-12　纪梵希细管小羊皮系列

新网络营销当中，商品的总量实在是太杂太多、让人挑花眼。商家若是想让自己的商品脱颖而出，就必须在包装上做出一些质的改变，才能从同类商品中脱颖而出，这样才能开拓市场，在网络营销当中占得一席之地。

048　关联销售：组合营销最好的推荐方式

商家在进行网络营销的过程中，不能将思想仅仅停留在某单一商品的销售思维当中，这样是很难带动整个店铺商品的销售的。最好的方式就是将商品进行组合营销，捆绑售卖，这样就能带动其他商品的销售了。

在网络营销中，一般来说有两种关联销售的方式，如图 5-13 所示。

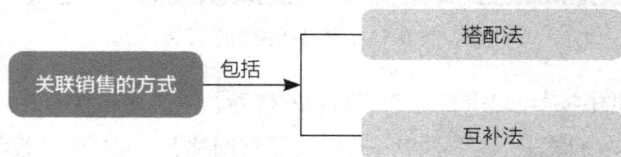

▲ 图 5-13　关联销售的方式

1. 搭配法

搭配法一般出现在服装和日用品当中。也就是说，用户有购买意愿的商品和商家推荐购买的商品是一套，比如上衣和裤子、鞋子和袜子、化妆水和乳液等。

图 5-14 所示是一家卖女装的淘宝店铺。

本来这条链接售卖的是模特上身这件蕾丝衫，但在商品详细介绍的过程中，店家将里面那件连衣裙的链接也放入了介绍清单。客户在不断对比和观察中会发现这件上衣确实和推荐的裙子比较搭，其他衣服配上去好像都有些不太好看，于是很有可能选择购买一整套衣服。

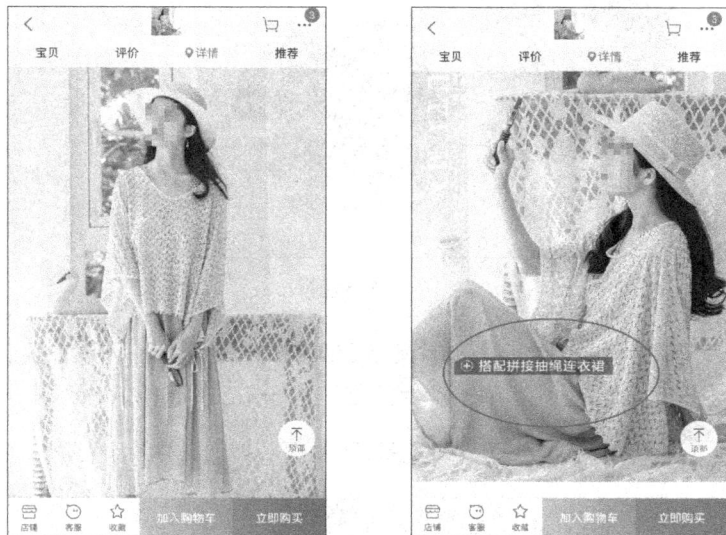

▲ 图 5-14　一家卖女装的淘宝店铺

其实这件上衣真的没有办法搭配其他衣服吗？当然不是。商家主要是利用了美学的陷阱，让客户欣赏到服装组合搭配出来的美感。其实这个美感很有可能是来自模特，也有可能来自摄影技术，不管是哪一种，都很好地契合了客户追求美的需求。让客户体会到美，就是组合销售的成功。

2. 互补法

互补指的是那些可以相互补充的商品，比如充电宝和充电线等，这同样与美学分不开，因为直白地说，很多时候，美就等于高质量。外观设计得越精致，就证明商家对这些商品越上心。

如图 5-15 所示，上面那支颜色略微夸张的就是魅可这一口红品牌近几年来推出的"作妖色"。

这个口红乍一看很奇怪，看起来好像根本没有办法涂着出去见人。可是正是这种奇怪的颜色，反而在潮流界掀起了一股巨浪，很多女性纷纷购买。究其主要原因，还是因为这个"作妖色"能和其他口红色号搭配使用，创造出各种奇特又好看的色号。图 5-16 所示就是"作妖色"和普通口红叠涂后的效果。

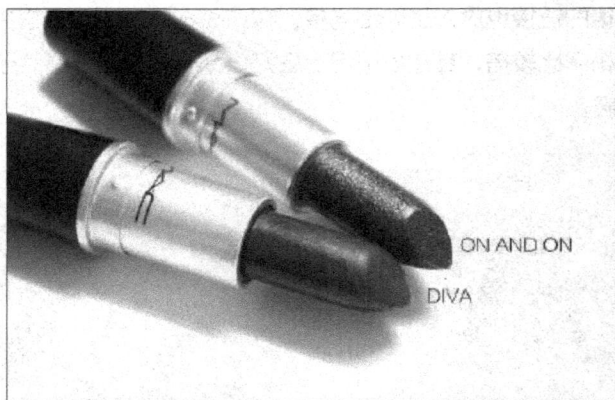

▲ 图 5-15　魅可的"作妖色"口红和普通口红

很多买家看完效果图后纷纷被这个好看又独特的颜色吸引，所以在买口红的时候都会附加买上一支"作妖色"，来创造属于自己独一无二的唇色。

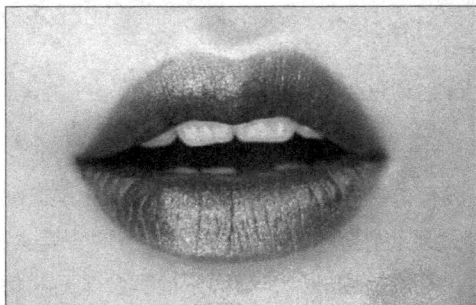

▲ 图 5-16　"作妖色"和普通色号叠涂后的效果

无论是现在提到的组合营销还是其他一些营销方法，在琳琅满目的新网络营销当中，商家都应该在商品的外貌上下功夫，努力去创造更多抓人眼球的商品，这样才能吸引客户注意。

049　首页促销：让关键内容展示一目了然

在新网络营销当中，店铺对客户给予适当的让利十分必要。当品牌商品在网上进行促销活动时，商家同样不能忘了线上店铺布局的设计，既要结构清晰、能够突出重点内容，又要美感十足、彰显品牌的身份和品位。

图 5-17 所示是京东上关于各种电器的促销活动。

由于这次促销活动主要针对即将开学的大学生，所以推销界面设计得十分有活力而又清爽干净，给人生机蓬勃的感觉。下方则是领取各种购物券的地方，一般来说，购物券的发放主要还是为了刺激消费。

▲ 图 5-17　京东的促销界面

当然，除了要设计得美观大方以外，需要促销的商品也必须按各种分类方式放置，将整个界面布置得一目了然。

图 5-18 中就将需要促销的商品分了很多不同的类别。比如在第一个精选会场中，按照销售商品的内容分门别类，将所有参加促销的商品分为手机、电脑办公、图书音像、生活旅行等好几个分会场。而第二个分类就更简单了，直接用品牌予以划分。

▲ 图 5-18　会场内的各种分类

当然，只是一味地降价并不能完全吸引到客户的注意，毕竟随着生活水平的提高，人们对于打折促销之类的活动也没那么敏感了，特别当促销首页设计得土气又凌乱时，总容易让人质疑打折的原因。

而首页如果能够设计得漂亮又整洁，让人一眼就能找到自己想要的商品，同时，商家还能给出让利促销的原因，并且这些理由足以让人信服，那么显而易见，这样的促销活动会更加受大众的欢迎。

050 商品描述：吸引顾客，进行有效分流

在新网络营销当中，客户在关注某个商品的第一时间就会去查看它的商品描述。商品描述是对某个商品总体的描述，让消费者对产品有大致的了解。那么，商品描述具体包括哪些方面呢？答案如图 5-19 所示。

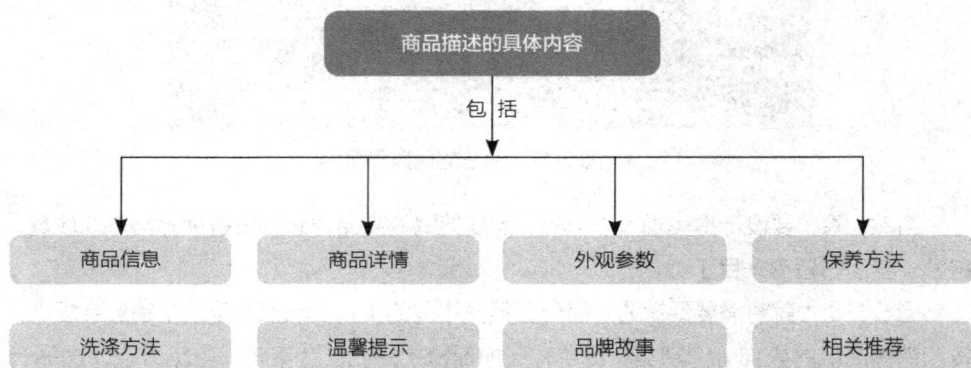

```
            商品描述的具体内容
                 │
               包 括
                 │
   ┌─────────┬─────────┼─────────┬─────────┐
   ▼         ▼         ▼         ▼
商品信息    商品详情    外观参数    保养方法

洗涤方法    温馨提示    品牌故事    相关推荐
```

▲ 图 5-19　商品描述的具体内容

1．商品信息

商品信息指的是商品最基本的因素，包括名称、货号、材质、重量、品牌、产地等，如图 5-20 所示。

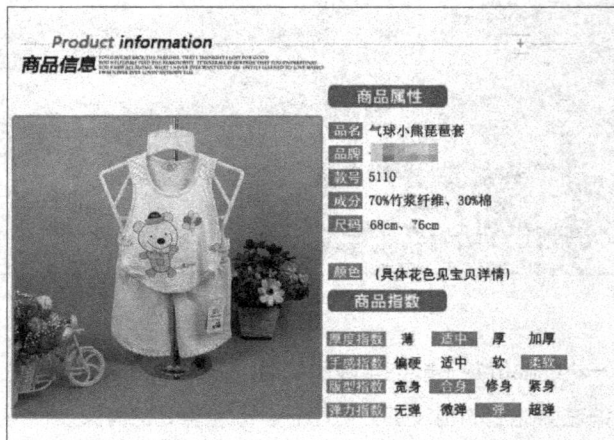

Product information
商品信息

| 商品属性 |
品名	气球小熊蓬蓬套
品牌	
款号	5110
成分	70%竹浆纤维、30%棉
尺码	68cm、76cm
颜色	（具体花色见宝贝详情）

商品指数

厚度指数	薄	适中	厚	加厚
手感指数	偏硬	适中	软	柔软
版型指数	宽身	合身	修身	紧身
弹力指数	无弹	微弹	常	超弹

▲ 图 5-20　商品的基本信息

2．商品详情

商品详情这一部分比较复杂，一般内容比较全面，而且也会带上很多设计美观的图片，具体内容如图 5-21 所示。

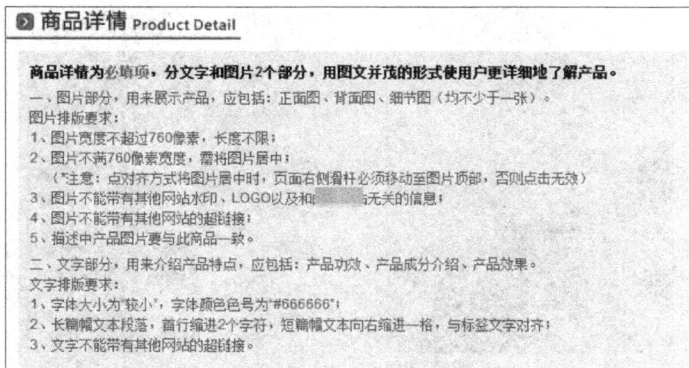

▲ 图 5-21　商品详情中需要提到的具体内容

3．外观参数

外观参数是一个必填项，在这个部分，商家应该用客观的文字来描述商品的外观，包括一些比较有特色的部分和具体尺寸。在描述中一定要注意语句的真实性，千万不能出现图文不符的情况。

4．保养方法

这一点属于选填项，一般只有材质比较特殊的商品，比如皮革等，才需要这一步骤，但对于特定商品来说，这是绝对不可忽视的一点。

5．洗涤方法

同样属于选填项，一般衣物、家用纺织品等需要这一部分。

6．温馨提示

这一部分是填写一些商品的特殊要求或是十分需要注意的地方。比如，一般的药物介绍上都会写着"请放置在小朋友拿不到的地方"。这一点并不是什么客观因素，而是商家主观上对于客户的贴心提示。

7．品牌故事

一般比较经典的品牌都会在产品介绍中附上品牌故事，历史悠久的品牌故事能够赢得顾客的信任。

8．相关推荐

在介绍过程中，最后可以向客户推荐一些和所查看商品配合使用的其他产品。一般商家会将链接附在图片当中，用户点击进去后就可以看见，如图 5-22 所示。

▲ 图 5-22 附上其他商品链接的产品介绍界面

一般来说，在设计商品描述页面时，无论是哪一个模块，店家都应该注重美观性，采用图文搭配是一个十分正确的选择。将商品介绍放入图片当中主要是为了吸引买家的注意。谁都不愿意去阅读冗长的文字，而将介绍提炼后放入图片当中，就能够被更多人读到了。

图 5-23 所示是两款耳机的商品描述，第一张是纯文字，第二张是图文结合。明显第二张比第一张更能够让人产生阅读的欲望，排版也更加清晰，描述更易懂。这就是图文结合的好处。

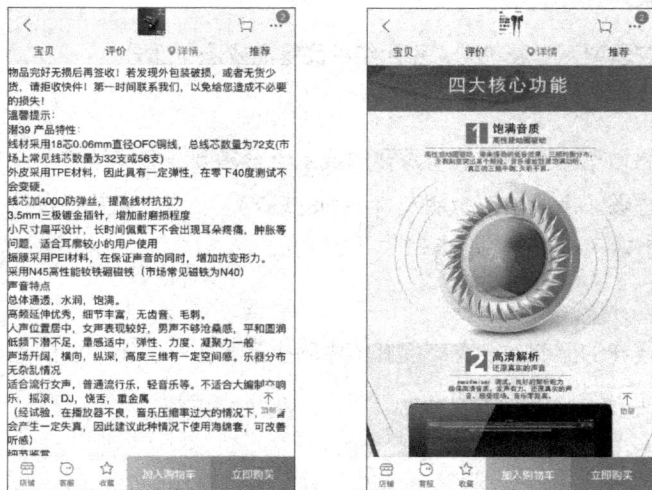

▲ 图 5-23 关于耳机的商品描述

当然，图文的设计排版也是商家应该注重的要素。一般来说，设计风格都会与品牌的定位契合，是大气还是青春，是温柔还是火热，这些都要归结于企业的具体风格。

051 商品陈列：将商品更加美观地呈现给顾客

在新网络营销中，商品陈列也是一门十分讲究的学问。商品陈列页面设计得越漂亮、越符合普通大众的视觉审美，自然光顾的客户就会越多。那么，线上店铺有哪些科学又美观的商品陈列方式呢？

1. 同类分类法

这种分类法是"强迫症患者"的最爱。它按照商品的类型分门别类。比如一家售卖零食的小店，膨化类食品放在一起、坚果类食品放在一起、糖类食品放在一起，用这样的方式让消费者对店铺所售卖的范围和具体商品一目了然，图 5-24 所示就是一家售卖电器的店铺，商家将商品按照不同类型分开，这是手机模块的一部分。除了陈列清晰以外，这种方式还便于客户在同类型商品中快速选择最中意的一个。这是一种十分整洁又清晰的陈列方式。

▲ 图 5-24 同类商品放置在一起

2. 对比法

这里的对比法指的是颜色的对比。这种排列方式最常用于服装类。有些喜好整洁的店主可能会将颜色相近的衣服放在一起，觉得这样看上去比较规矩也比较好看。但同色系的衣物堆在一起可能会让消费者一时判断不出这些服装的区别，有一些款式比较基础的可能就被忽视了。将颜色不同的商品放在一起对比效果则会比较明显，消费者也可一眼判断出自己喜欢的类型。如图 5-25 所示，这些颜色不同的衣服放在一起，每一件都特色鲜明，易于辨识。

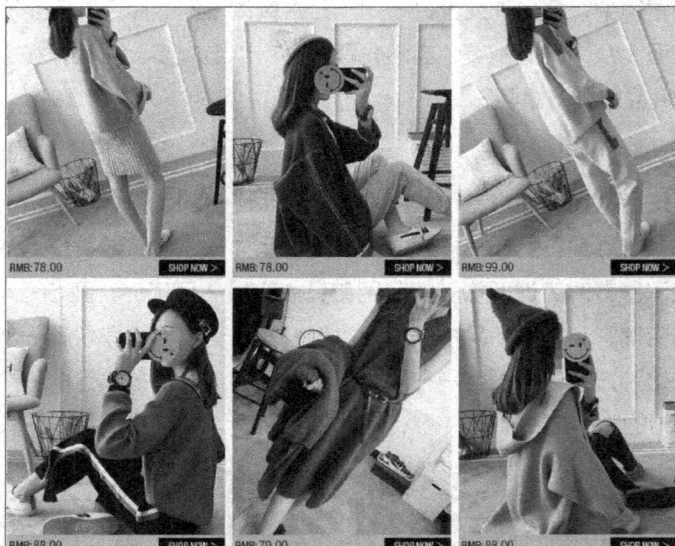

▲ 图 5-25　颜色不一样的衣服放置在一起

3. 突出重点法

在商品布置的过程中，可能会出现"单看展示图片不知道店家想出售的商品是什么"的情况。那是因为陈列出来的图片中信息太多太杂，没有突出售卖商品的特色。这是一个一定要避免的问题。因为大部分在网上购物的消费者都是抱着一定目的去逛店铺的，图片中信息指代都不明确，又怎么能要求消费者为之驻足呢？

其实除去重点突出以外，从美学角度上来说，图片信息较少反而美感会更强，有留白的地方，会显得更加干净舒服。

所以，在新网络营销中，商家不仅要学会如何营销，还应该具备一定的欣赏水准和摄影技巧，这样才能使品牌的品位看上去更高。

052　导航设置：梳理产品线，做好细分类目

这里的导航并不是传统意义上的 LBS（基于位置的服务）系统，而是指店铺首页的分类区域。它可以帮助用户在最短的时间内找到他们需要的商品，导航页面如图 5-26 所示。

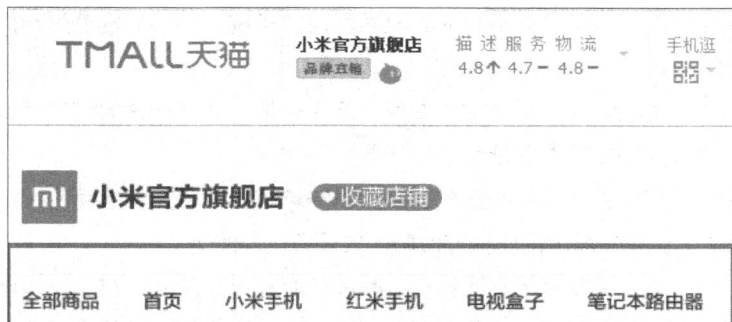

▲ 图 5-26　小米官方旗舰店的导航页面

导航部分如果设置得好，可以为消费者节省很多时间，使之不需要像无头苍蝇一样把商品页面从上拉到底，而是直接通过导航找到所需要的商品。

所以商家一定要将这一部分整理清晰，不能出现任何逻辑混乱的问题。因为一旦分类出现问题，就会导致消费者找不到自己想要的商品。

一般来说，导航的设置越详细越好，这样就能够面面俱到、照顾到顾客的任何需求，但是也不能重复得太多，不然过犹不及，太过烦琐就和没有导航没什么太大区别了。

当然，导航上面除去按照商品种类分类以外，还需要有一些特殊模块，比如特价区的导航按钮、包邮区的导航按钮等。增加这些让利模块能够促进店铺的浏览量与销售量。

当然，导航页面在设计时也必须遵循美观大方的原则，在特殊的节假日可以做一些适当的装饰，比如在"双十一"购物节的时候，很多天猫店铺的导航前面都增加了图 5-27 所示的 LOGO，大气又独特，美感也很强。

▲ 图 5-27　"双十一"时期的 LOGO

053　色彩搭配：运用色彩视觉有效传递信息

从新网络营销角度来说，吸引客户与留住客户是最重要的问题，所以许多商家都在店铺和商品的设计上花了很多心血。其实就设计来说，色彩的构造是一门十分基础却又复杂的学问。

精致的色彩搭配会让人觉得赏心悦目，产生兴趣。而搭配得太过粗糙或土气，则会让人不免蹙眉，失去想要仔细看看的心情。

其实店铺和产品关于色彩的搭配都是大有乾坤的。很多品牌店铺的配色都与其产品的定位有关。比如护肤品品牌悦诗风吟，如图 5-28 所示。

进入它的网店，可以很明显地看出，整体色调都是绿色的。其实这是因为悦诗风吟这个品牌主打的就是"植物萃取"，而且最经典的系列产品配料也是取自绿茶，名为"小绿瓶"。

而除了绿色以外，这个品牌还有其他颜色的系列产品，比如白色、蓝绿色、浅蓝色、深蓝色等。可是很明显的是，所有这些产品都是偏冷色调的，并没有跳出一个突兀的大红色或是黄色。这样的配色比较低调，主要是想让消费者浏览时比较舒服，不至于被太多颜色晃花眼睛。

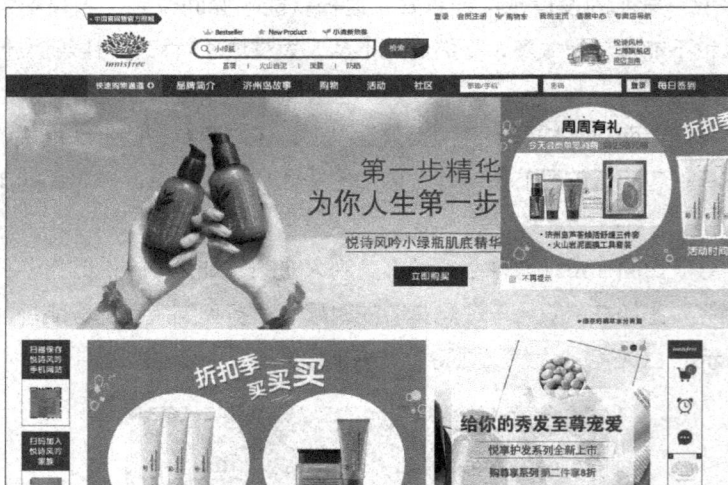

▲ 图 5-28　品牌"悦诗风吟"的店铺界面

当然，除去这种比较清新的色调搭配以外，也有一些品牌会故意使用差异很大的颜色进行碰撞，制造出富有生机的感觉。一般运用这种配色的，都是少女系的服装品牌，如服装品牌阿依莲，主打的是少女系服装，图 5-29 所示就是阿依莲的一家门店，可以看出衣物配色十分大胆。

需要注意的是，一般店铺的设计中，哪怕是使用大胆的撞色系设计，大面积的主色调也不要超过 3 种，不然会让人感觉页面十分凌乱，反而会接收不到商品想传递的主要信息。

▲ 图 5-29　服装品牌阿依莲门店

　　所以，商家在对品牌进行推广之前，一定要将品牌的整体定位思考清楚，因为它
会影响企业品牌的设计风格，甚至包括整家网络店铺的装修色彩搭配。

054　广告设计：建立标准，图片突出品牌感

　　除了 LOGO、包装等，页面上的广告设计同样也可以看出商家的整体品位和品牌
的设计理念。现代社会，经济状况乐观之后，很多人都会追求"高品质"的生活，同样，
他们也希望所有购买的商品都可以体现出"高端"的品质，这样才能突显生活情致。
所以商家推出的商品无论属于什么定位，都应该尽量设计得清爽高端，不要拖沓又土
气。图 5-30（a）、图 5-30（b）所示是两个设计风格完全不同的香水广告。

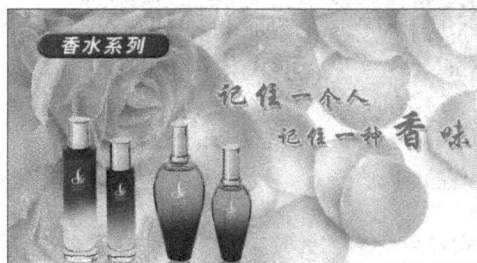

（a）

（b）

▲ 图 5-30　香水广告

　　很明显，如果一个消费者想上网店购买香水，他看见图 5-30 中的两幅广告后，
很大可能会选择图（b）品牌店的，因为相比之下，图（b）的广告图片设计得更显
品位。

图（a）中的香水可能是主推玫瑰香，可是香水瓶的设计看起来却和背景上的玫瑰有较大的违和感，颜色搭配也不够协调，并没有香水该有的内涵与柔和，不能突显出品牌的概念和品位。图（b）的构图就好多了，浅绿的瓶身和背景中的鸟巢相得益彰，远方还有一只小鸟衔枝而来。

很明显，这个香水的香型肯定和某种香草有关系，是大自然清新的味道，其定位十分明了，设计完全能够表明香水系列的意义。

当然，如果可以，广告设计中最好可以突出整个品牌的定位。以法国品牌爱马仕为例，这个品牌最被大众熟知的产品就是箱包和丝巾。由于一开始爱马仕是以高级马具的制作起家的，所以在品牌名称和 LOGO 中都输入了"马文化"，就连广告也不例外。

图 5-31 所示就是爱马仕丝巾的广告，在深夜，优雅的女士披着丝巾骑着黑马在小路上奔驰。这个广告不仅全方位地展示了丝巾的整体形象，还将品牌的特色植入广告当中，让人一眼就能辨别出这个国际大牌。

▲ 图 5-31　爱马仕的丝巾广告

在新网络营销当中，所能够涉及的品牌实在是太多、太繁杂了，所以商家应该谨慎并且认真地思考到底应该如何将品牌文化渗入企业的整体营销当中。可以说，新网络营销很多时候不是在售卖商品，而是在售卖品牌，在售卖让人耳目一新的宣传。而在这其中，美学将会起到很大的作用。如何将"美感"贯彻到营销的各个方面、各个角落，正是商家应该不断学习的过程。

055 后期修图：让商品图片变得真实又美观

在新网络营销的产品销售过程中，向用户展示产品形象最为精美的一面是促进销售的一个关键步骤。所以，商家在将产品照片放进朋友圈进行营销之前，应该用修图软件对图片进行基本的裁修，使之看起来更加精致。

美图秀秀 APP 具有非常强大的智能美化功能，可以帮助用户快速调整各种类型的照片，以实现不同的效果。精通修图的用户可以选择自助修图的方式，选择喜欢的滤镜与模式。而不那么熟悉修图过程的用户则可以使用"自动美化"的功能，一键搞定。下面介绍使用美图秀秀 APP "自动"模式美化照片的操作方法。

步骤 ① 在美图秀秀 APP 中打开一张照片，点击左下角的"智能优化"按钮，如图 5-32 所示。

步骤 ② 执行操作后，进入"智能优化"界面，默认即使用"自动"模式调整照片参数，效果如图 5-33 所示。

▲ 图 5-32 点击"智能优化"按钮

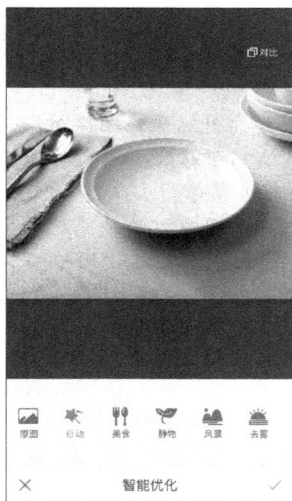

▲ 图 5-33 "自动"模式效果

除了"智能优化"模式以外，美图秀秀还有很多种不同的美化方式，一般用得最多的是"静物"模式。

下面介绍使用美图秀秀 APP "静物"模式美化照片的操作方法。

步骤 ① 在美图秀秀 APP 中打开一张照片，点击左下角的"智能优化"按钮，如图 5-34 所示。

步骤 ② 执行操作后，进入"智能优化"界面，点击"静物"按钮即可使用该模式调整照片参数，效果如图 5-35 所示。

▲ 图 5-34　点击"智能优化"按钮

▲ 图 5-35　"静物"模式效果

💡 温馨提示

　　中央构图就是将拍摄对象如上图中的咖啡杯放置在画面的正中央，横画幅或者竖画幅都可以采用中央构图，这样可以快速吸引欣赏者的视线，而且这种构图形式比较容易学习和掌握，使用范围也比较广。

　　中央构图最大的缺陷就是主题可能不够突出，欣赏者难以看出拍摄者的主题表达。因此，我们在使用中央构图拍摄时，最好寻找一些背景比较简洁的画面，这样才能更好地体现主题，表达我们的思想。

第6章

视频营销：
声色并茂展现形象

学前提示

在新网络营销时代，消费者对静止的文本和图片的兴趣正大大减弱，而有动作、有声音的视频广告则开始受到各大品牌和消费者的欢迎，做网络营销的商家应该紧跟这种趋势。这一章从剧本开始，到视频的拍摄和后期，再到推广与宣传，讲述了视频的整体运行过程。

要点展示

- ≫ 056 视频构思：拍摄之前做好前期准备工作
- ≫ 057 编写剧本：独具创意，打造视觉大片
- ≫ 058 拍摄视频：采取多种视频拍摄方式
- ≫ 059 手机拍摄：掌握技术，怎么拍都好看
- ≫ 060 剪辑视频：完善小视频的拍摄画面
- ≫ 061 色彩处理：打造令人惊叹的视觉效果
- ≫ 062 添加滤镜：轻松打造视频特效
- ≫ 063 上传优酷：上传至优酷网自媒体平台
- ≫ 064 上传微博：上传至新浪微博社交网站
- ≫ 065 媒体推广：常见的8种宣传推广形式
- ≫ 066 移动视频：移动互联网时代的"金矿"
- ≫ 067 电商视频：给用户带来更直观的产品演示

056　视频构思：拍摄之前做好前期准备工作

在新网络营销中，视频营销是一种十分方便快捷、能够让用户对品牌留下深刻印象的方式。它免去了消费者阅读纯文字的时间，而以动态的、有趣的方式向用户传递广告信息。

拍摄视频说难也难，说易也易，它取决于拍摄者对于视频的要求。因为如果只是日常拍摄的普通视频，用手机自带的相机功能就能解决。可如果是一个广告，则需要讲究很多因素，比如拍摄的工具、拍摄选择的地点、背景音乐、滤镜效果等，并最终回归营销主题。根据这一点，我们可以将视频分为 3 种形式，如图 6-1 所示。

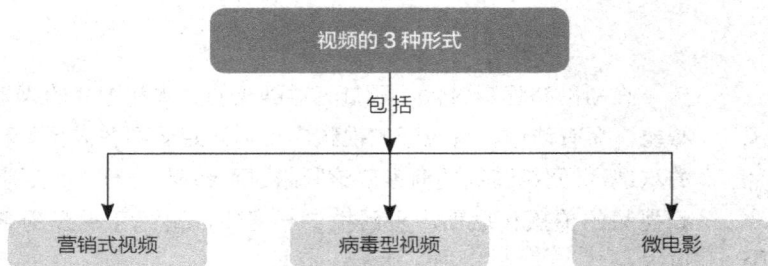

▲ 图 6-1　视频的 3 种形式

在这一节，笔者主要介绍一下第一种形式——营销式视频，这也是普通广告视频通用的形式。它一般用来介绍和推广某一种或是某一个系列的商品，有一定的针对性。图 6-2 所示为迪奥旗下迪奥小姐系列香水的广告视频截图，这也是一个营销式的广告视频。

▲ 图 6-2　迪奥小姐系列香水的广告视频截图

一般来说，在拍摄视频之前需要做好整体构思，其实这也是拍摄前需做好的准备工作。那么到底需要如何构思呢？如图 6-3 所示。

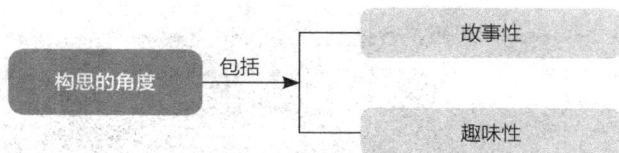

▲ 图 6-3 构思的角度

1. 故事性

在休闲时段,为了放松,很多人会选择追剧、看电影。他们之所以会去看有剧情的电视剧而不是纪录片,正是因为有剧情的东西能够让人更加全情投入,将自己沉浸于故事当中。所以说,人都喜欢听故事,喜欢听各种各样跌宕起伏的人生经历。

这一点也就提示商家,在构思视频的时候,一定要将品牌的概念、用法、好处等内容植入一个完整的故事,而不是一味地喊口号或是说教。图 6-4 所示是某品牌口香糖广告的截图。

▲ 图 6-4 某品牌口香糖广告的截图

这个广告是一个完整的爱情故事,不过商家别出心裁地将它分为好几个小节,分段播出。很多人被故事剧情吸引,甚至纷纷到网上寻找广告的完整版来观看。要知道,很多人最讨厌的就是广告,甚至不惜花钱买网站会员只求能够过滤广告,而这个广告竟然让用户想尽办法观看完整版,这正是因为该广告的故事剧情很强。

2. 趣味性

有故事感很重要,但并不是每一个故事都能够吸引用户。只有有趣的故事才能吸引到对方的注意,直白地说,故事情节必须能够引人发笑。图 6-5 所示是埃及的一个奶酪的广告。

▲ 图6-5 熊猫奶酪的广告截图

这支广告分为好几个小故事，每个故事都是两个人商量要不要买熊猫奶酪，一旦其中一个人否定了购买意见，这只熊猫就会出现，毁坏所有出现在它视线范围内的东西。演员脸上的表情、熊猫的动作、背景音乐都让人捧腹大笑。正是基于这样的影响，消费者会记住这个品牌的奶酪，一旦购买奶酪，就会下意识地想到：不买熊猫奶酪，那只暴力的熊猫可能会出现吧。

057 编写剧本：独具创意，打造视觉大片

剧本的写作是视频拍摄的前提。就像拍电影一样，剧本越好，电影越好；剧本差劲，导演再怎么努力，也无法拯救整部电影的水准。所以商家在拍摄广告视频之前，一定要对剧本严格把关，要知道，老套、无趣的情节内容是无法吸引任何人注意的。那么如何才能够写出一个好剧本呢？

1. 独特性

很明显，别具一格的内容是最重要的因素。越独特、个性越鲜明，越容易惹人注目，好奇心会促使消费者对广告视频产生浓厚的兴趣。

2. 原创性

这一点十分重要，广告的剧本一定要有足够的创意，不能和别人重合更不能抄袭。其实模仿最好也不要，因为同样的情节拿出来重复的次数多了，也就没人愿意继续捧场了。

3. 少写多发挥

其实很多时候，剧本最好不要事无巨细地全部写完，因为临场拍摄的时候或多或少都会有一些小意外发生。很多时候，这些偶然出现的小细节往往可以刺激想象力的迸发，而将东西写得太详细了，反而略显死板。

4. 一个亮点

在剧本的写作过程中，至少要有一个亮点，可以是某个角色、某个地点，甚至是某种方言。总之要给观众一个关于广告的记忆点，比如"彩虹糖"广告中那只可以挤彩虹糖的长颈鹿，如图 6-6 所示。

▲ 图 6-6　彩虹糖的广告

又如"旺旺 O 泡果奶"广告中那首让人印象深刻的"O 泡果奶之歌"。再如百度前几年推出的一条关于"孟姜女"的广告，全程使用四川方言，笑点大增，让人留下深刻印象。这样的亮点对于广告来说是十分有必要的，当然，亮点也不可过多，有一两个记忆点就很好了。

商家们在剧本的准备过程中，应该多咨询专业人士的看法，如果资金足够，还可以选择请剧本创作者来写。

058　拍摄视频：采取多种视频拍摄方式

视频的拍摄方法有很多，有的商家选择在网络上或是其他地方下载素材整合成完整的广告视频，有的选择利用摄影设备自拍自摄。下面分析一些拍摄视频时可以采取的方式。

1. 网上下载素材

如果商家的视频不打算做得很精细，可以选择从网络上下载各种素材然后用视频剪辑软件重新整合，制作出想要的视频。当然，在制作视频的过程中一定要注意版权，素材视频要得到原作者的授权才能使用。

2. 手机等非专业设备拍摄

如果是想拍摄一个简单的视频，笔者建议商家采用手机、数码摄像机等操作简单的工具进行拍摄。这种操作方式比较简单易行，但手机等工具的像素有点低，可能视频后期剪辑压缩之后会出现清晰度受损的情况。

3. 专业设备拍摄

如果商家精益求精，想要拥有一个专业的视频，那么笔者建议企业可以租借专业的摄像机和摇臂等设备。当然，有了专业的设备，自然也需要能够使用这些设备的专业人员。所以租借用品再加上请专业操作人员，资金的投入会更多，但是换取的回报也会较大。

等到拍摄的方式和流程全部确定之后，商家们一定要注意对现场人员的分配和协调。视频拍摄并不是一个人的工作，它需要团队的配合，每一位成员各司其职，齐心协力，才能拍出令人满意的作品。

059　手机拍摄：掌握技术，怎么拍都好看

虽然说专业摄像工具能拍出更好看、更精致的画面，可是任何工作的执行都要考虑到成本。由于租专业设备、请专业人士所需花费较多，不如退一步，用身边就可以拍摄的工具拍出好的广告视频。其实手机也可以拍出大片效果，关键在于会不会用。接下来笔者介绍几款手机软件，看看如何利用它们制作出优秀的广告作品。

1. 小影——多维度打造电影级大作

小影与美拍的区别在于，小影不仅仅满足于 10 秒、5 分钟的短视频，还能拍摄、编辑更长的微电影、微故事。在小影 APP 的主界面，可以看到主要有剪辑、相册MV、拍摄、美颜自拍、画中画等功能，如图 6-7 所示。小影拥有多种拍摄镜头，如画中画镜头、特效镜头、搞怪镜头、音乐镜头等，如图 6-8 所示。

▲ 图 6-7　小影 APP 的主界面

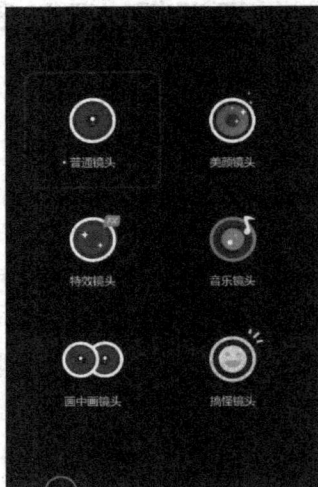

▲ 图 6-8　小影的不同镜头

下面介绍小影APP的操作方式。在主界面点击"剪辑"按钮，选择需要的视频片段，进入"剪取视频片段"界面，左右滑动屏幕可精细调节画面，确认剪取范围，如图6-9所示。点击底部的剪刀图标，即可完成视频裁剪操作，最终效果图如图6-10所示。

▲ 图6-9　"剪取视频片段"界面

▲ 图6-10　裁剪后效果图

用户可以点击"添加"按钮，添加其他的视频片段或者照片，再点击"完成"按钮即可，如图6-11所示。然后在下方选择相关的主题和配乐，如图6-12所示。

▲ 图6-11　点击"完成"按钮

▲ 图6-12　选择配乐

点击播放按钮，即可预览视频效果，如图 6-13 所示。确认无误后，用户可以点击右上角的"存草稿"按钮，将视频保存到手机，或者点击"发布"按钮将视频发布到网络。

▲ 图 6-13　视频预览效果

2. 逗拍——搞笑视频制作神器

除了大气精致的广告大片，搞笑可爱的视频也同样可以吸引人关注。接下来介绍一款这样的软件。逗拍是一个可以快速简单地创作出有趣的短视频的应用，其界面如图 6-14 所示。

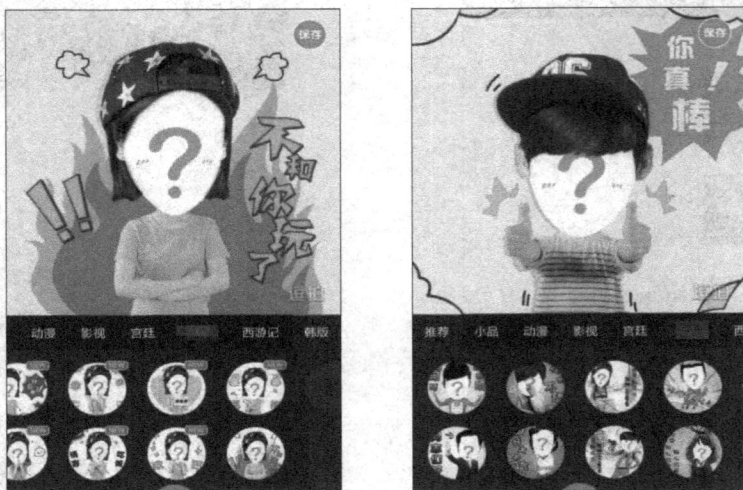

▲ 图 6-14　逗拍界面示意图

　　用户首先需要选择相应的视频模板，然后拍摄一个人物头像的视频，也可以插入头像照片，根据视频模板适当调整头像，即可将其制作成各种好玩的视频。

　　逗拍 APP 的主要功能有以下 4 种：

　　（1）拍摄 15 秒短视频，并且支持分段拍摄和上传视频，还可以查看别人上传的视频作品；

　　（2）支持"对口型"功能；

　　（3）可以为视频添加有趣的贴纸和文字；

　　（4）主题丰富，包括恶搞、情侣、生日、贺卡、MV、婚礼、表白等。

3. 多拍——MV 也能玩合拍

　　多拍 APP 的主推功能就是"视频合拍"，用户可以将该 APP 内的任意视频当作一个独立的视频源，通过一键跟拍或上传本地视频，即可进行创意拼合。

　　打开多拍 APP 后，点击主界面正下方的绿色圆形按钮，有"合拍 MV"和"单拍MV"两种模式供用户选择。选择"合拍 MV"后用户只需录制一段视频，并对其进行"音乐＋剪辑＋滤镜"等编辑操作，即可完成一次独特而出众的合拍短视频创作。

060　剪辑视频：完善小视频的拍摄画面

　　由于广告有一定的时间限制，所以在视频后期制作中商家必须要学会视频的剪辑方式。接下来介绍"会声会影"的剪辑方式。

　　在时间轴中选择需要剪辑的视频素材后，在其两端会出现黄色标记，拖动标记即可修整视频素材。下面介绍用黄色标记剪辑视频的操作方法。

步骤 ① 进入会声会影编辑器，在视频轨中插入所需的素材，如图 6-15 所示。

步骤 ② 将鼠标移至时间轴面板中的视频素材的末端位置，点击鼠标左键并向左拖曳至 00:00:03:00 的位置，如图 6-16 所示。

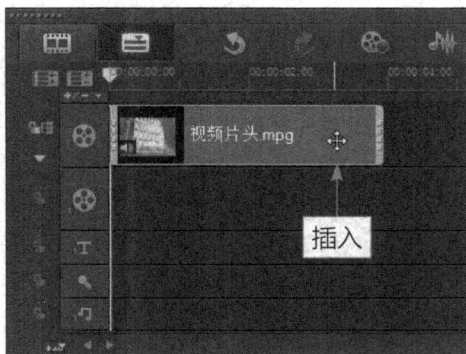

▲ 图 6-15　插入视频素材　　　　　　▲ 图 6-16　向左拖曳

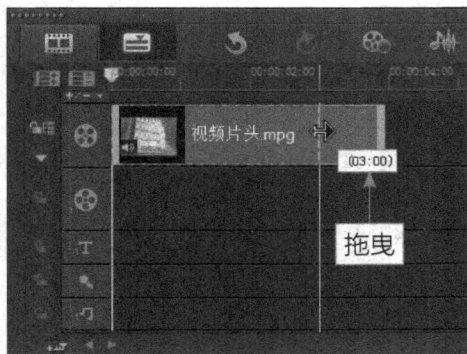

步骤 3 拖曳至适当位置后，释放鼠标左键，就完成了使用黄色标记剪辑视频的操作。然后点击导览面板中的"播放"按钮，即可预览剪辑后的视频素材效果，如图 6-17 所示。

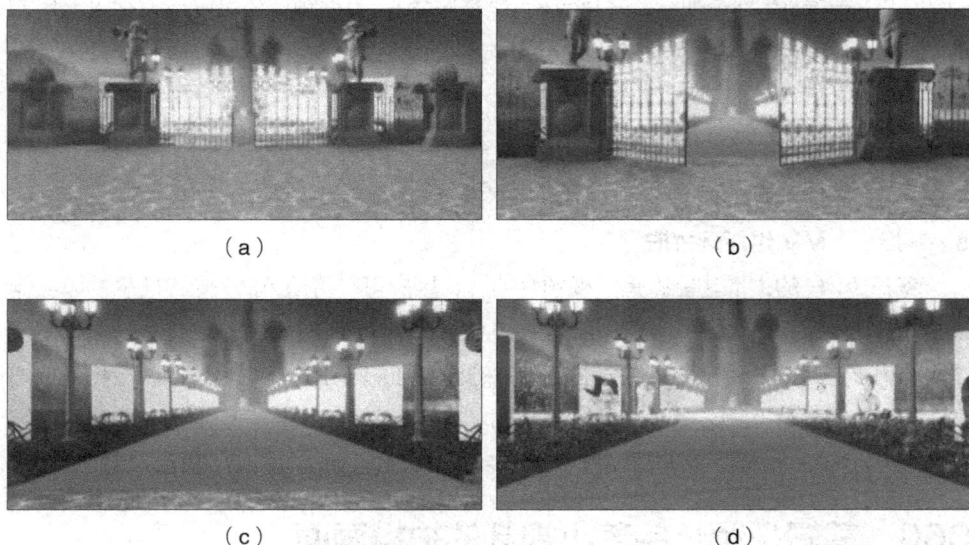

（a）

（b）

（c）

（d）

▲ 图 6-17　预览视频效果

061　色彩处理：打造令人惊叹的视觉效果

在拍摄视频的过程中，由于光线问题或是其他问题可能会造成画面色彩效果不佳。在会声会影 X10 中，用户可以通过应用"色彩平衡"视频滤镜，还原照片色彩。下面介绍使用"色彩平衡"滤镜的操作方法。

步骤 1 进入会声会影编辑器，在故事板中插入所需的素材，如图 6-18 所示。

步骤 2 在预览窗口可预览插入的素材图像效果，如图 6-19 所示。

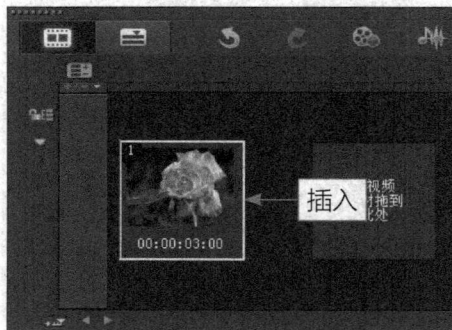

▲ 图 6-18　插入图像素材

▲ 图 6-19　预览素材图像效果

步骤③ 打开"暗房"素材库，选择"色彩平衡"滤镜效果，如图6-20所示。

步骤④ 点击鼠标左键，并将其拖曳至故事板中的素材图像上，在"属性"选项面板点击"自定义滤镜"按钮，如图6-21所示。

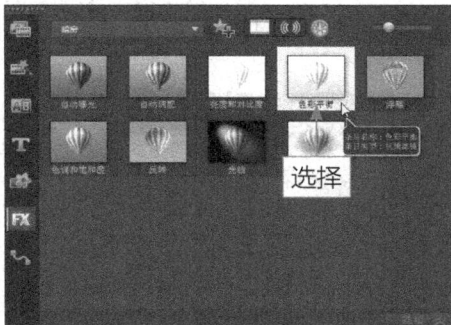

▲ 图6-20 选择"色彩平衡"滤镜效果

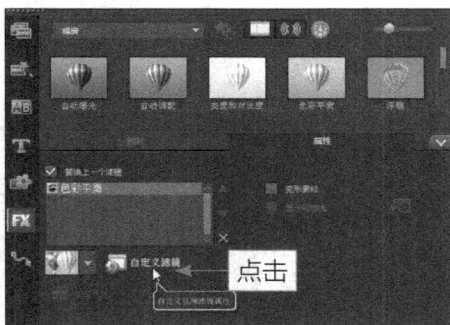

▲ 图6-21 点击"自定义滤镜"按钮

步骤⑤ 在弹出的"色彩平衡"对话框中，选择最后一个关键帧，设置"红"为41、"绿"为57、"蓝"为112，如图6-22所示。

步骤⑥ 设置完成后，点击"确定"按钮，即可完成"色彩平衡"滤镜效果的制作，在预览窗口可预览"色彩平衡"滤镜效果，如图6-23所示。

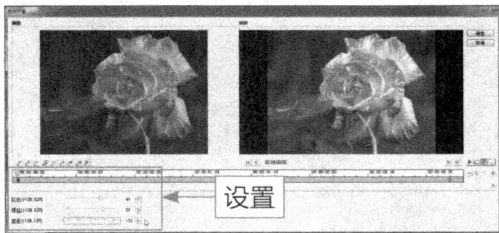

▲ 图6-22 设置各参数

▲ 图6-23 预览"色彩平衡"滤镜效果

062 添加滤镜：轻松打造视频特效

在营销过程中所拍摄的小视频需要商用，所以对"唯美性"的要求比较高，可以适当地往视频中加入滤镜来增加美感。接下来以"发散光晕"滤镜为例介绍一下其用法。

步骤① 进入会声会影编辑器，在故事板中插入一幅图像素材，在预览窗口预览画面效果，如图 6-24 所示。

步骤 2 在"滤镜"素材库中，点击"画廊"按钮，在弹出的列表框中选择"相机镜头"选项，在"相机镜头"滤镜组中，选择"发散光晕"滤镜效果，如图 6-25 所示，点击鼠标左键并拖曳至故事板中的图像素材上方，添加"发散光晕"滤镜。

▲ 图 6-24　预览画面效果

▲ 图 6-25　选择"发散光晕"滤镜效果

步骤 3 点击导览面板中的"播放"按钮，预览制作的唯美视频画面色调效果，如图 6-26 所示。

▲ 图 6-26　预览制作的唯美视频画面色调效果

063　上传优酷：上传至优酷网自媒体平台

视频在拍摄与制作完毕之后，应该迅速上传到各个平台，让消费者可以第一时间看到线上店铺的新广告。同时可以利用各大平台自带的流量来为店铺引流，这也是新网络营销中的常见做法。下面以优酷为例，介绍如何将视频上传至网页。

步骤 ① 进入"优酷"网页，先用账号登录，登录界面如图 6-27 所示。

▲ 图 6-27 "优酷"登录界面

步骤 ② 在"设置"部分找到上传的图标，并且点击"上传视频"按钮，如图 6-28 所示。

▲ 图 6-28 点击"上传视频"按钮

步骤 ③ 进入"上传视频"页面，点击"选择视频"按钮，如图 6-29 所示，然后选择合适的视频点击确定。

▲ 图 6-29 点击"选择视频"按钮

步骤 **4** 在"设置"页面填写视频的标题、简介，选择视频的分类，贴上合适的标签，"设置"页面如图 6-30 所示。

需要注意的是，"标题"和"标签"中的词一定要思考清楚再选择，因为这些词汇决定了视频将被推送给哪些人。所以广告的推送一定要学会"对症下药"。

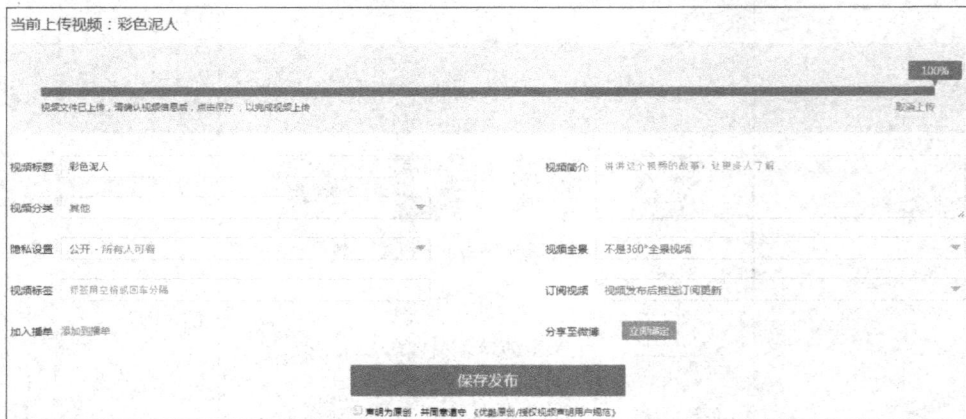

▲ 图 6-30 "设置"页面

064 上传微博：上传至新浪微博社交网站

现在流量最大的社交平台除了腾讯旗下的两个聊天软件以外，就属新浪微博了。

而且现在新网络营销的趋势越来越往微博偏移，可以说商家在上传广告视频的时候，微博上几乎都要上传一份。下面介绍在微博上传视频的方式。

步骤 ① 进入"微博"网页，并且登录账号，登录界面如图6-31所示。

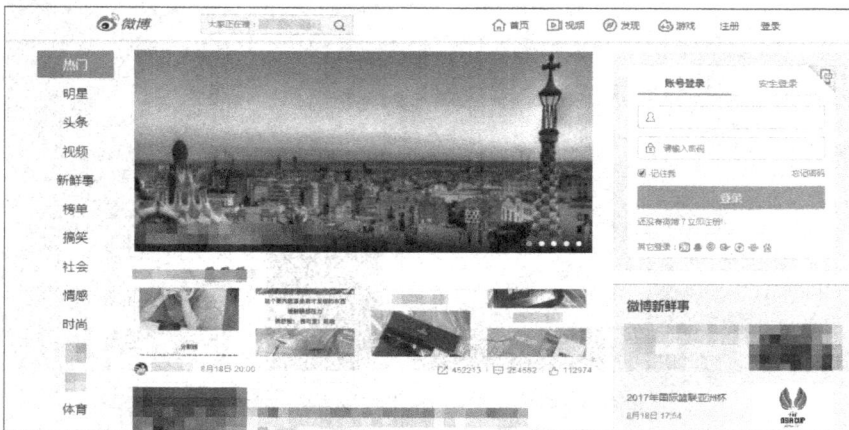

▲ 图6-31　微博登录界面

步骤 ② 在微博首页找到"视频"按钮，点击它，如图6-32所示。

▲ 图6-32　点击"视频"按钮

步骤 ③ 填写上传视频应该填写的内容，包括视频名称、分类、标签等，然后点击下方的"完成"按钮，如图6-33所示，即可完成视频的上传。

▲ 图 6-33　点击下方的"完成"按钮

065　媒体推广：常见的 8 种宣传推广形式

在视频拍摄完毕之后，最重要的事情就是将它推广开来，那么在新网络营销中，有哪些宣传推广的方式呢？接下来笔者推荐 8 种常用的宣传推广形式，如图 6-34 所示。

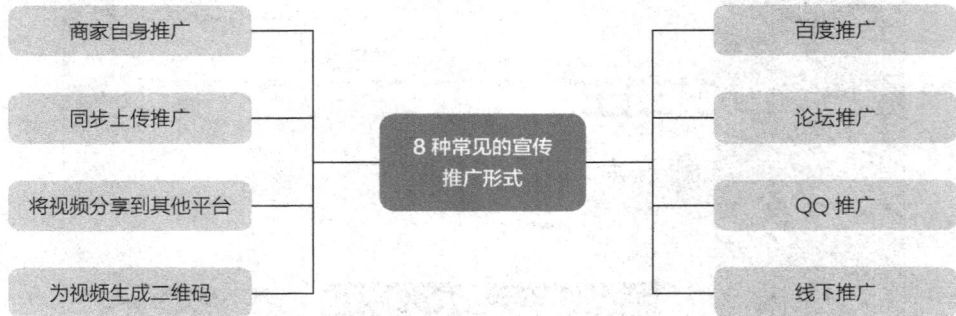

▲ 图 6-34　8 种常见的宣传推广形式

1. 商家自身推广

商家自身推广的意思就是商家将广告等需要推广的内容放在自己企业的页面上进行推广，可以是品牌的页面，也可以是淘宝或天猫等销售平台的旗舰店。这种方法十分简单，可以省去注册账号等一系列工作；缺点就是客流量太少，能够看到视频的人寥寥无几，几乎起不到吸引客户的作用。

2. 同步上传推广

在前几节笔者介绍了将视频上传至专业视频网站的步骤，其实在上传时，还可以利用登录账户去绑定其他有合作的平台，然后在上传过程中，直接将视频同步传播到其余平台。下面还是以优酷为例，图 6-35 所示正是优酷网站的绑定页面，页面显示了可以绑定的其他平台类型。

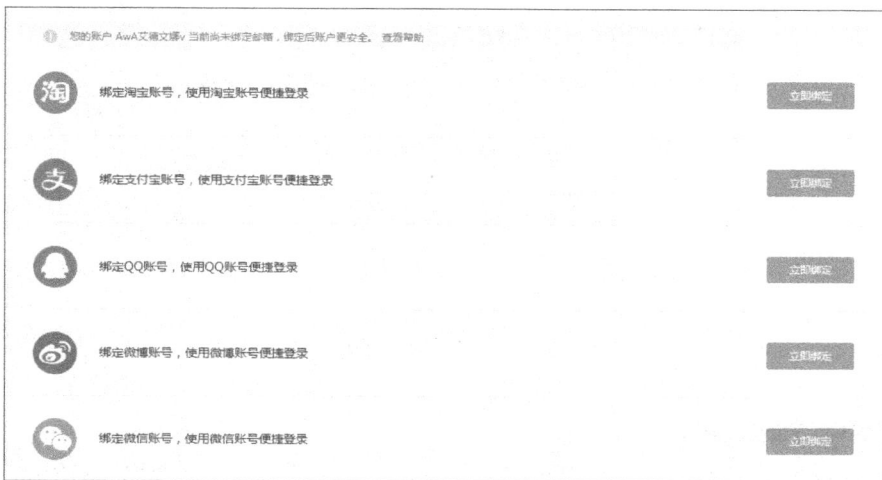

▲ 图 6-35 优酷网站的绑定页面

3. 将视频分享到其他平台

将视频分享到其他平台有两种方式，一是直接点击下方其他平台的图标，如图 6-36 所示，将视频进行分享。

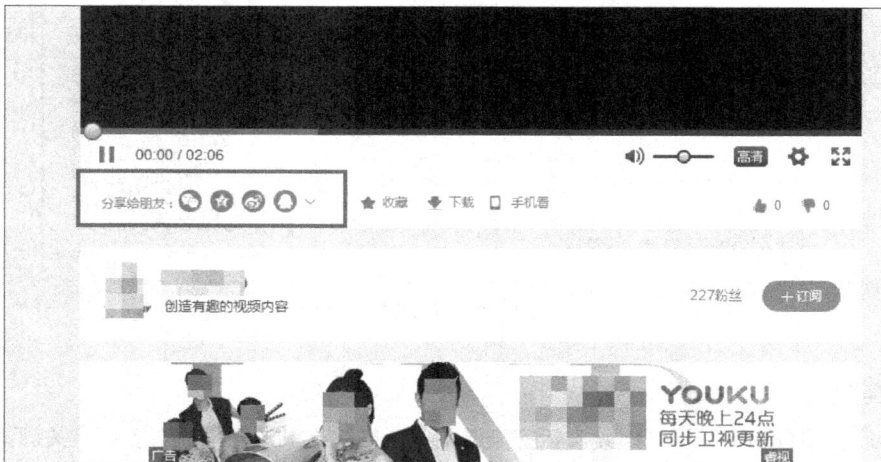

▲ 图 6-36 视频下方其他平台的图标

二是复制视频的 HTML 代码并粘贴至附有其他平台跳转链接的文章当中，视频的 HTML 代码如图 6-37 所示。

▲ 图 6-37　视频的 HTML 代码

4. 为视频生成二维码

在新网络营销时代，二维码的用途越来越广，现在很多视频网页也开始使用二维码——扫一扫，视频随身看。视频二维码如图 6-38 所示。

▲ 图 6-38　视频二维码

5. 百度推广

广告视频的推广和其他硬广告的推广不太一样，所以不能采取直接绑定关键词的方式推广，但是可以利用百度贴吧，即将视频放进和产品有关的贴吧中吸引对这方面内容感兴趣的人关注。比如化妆品的广告就打在"美容"等类型的贴吧中。

6. 论坛推广

论坛的使用方式和百度贴吧有些相似，也是找到同类型的论坛后将视频放进去。但要注意的是，最好能够找一些流量比较大的网站，不然广告就几乎白打了。

7. QQ推广

QQ推广的方式其实和微信营销有些相似，只不过由于QQ有定位非常清晰的QQ群组，所以有针对性的推销在QQ上进行比较方便一些。方法很简单，在QQ上寻找属性明显并且和商品类型有关的QQ群，加群后向群内成员推广视频即可。

8. 线下推广

线下推广一般会利用各种室内或室外广告的方式来进行推广。比如现在很多地铁站内会将广告做成一帧一帧的画面贴在地铁里，列车行驶达到一定速度的时候墙上原本静止的画面就会动起来，像放视频一样。

066 移动视频：移动互联网时代的"金矿"

其实就现在的情形来看，已经很少有人会选择在电脑上看视频了，电视更是不用说，几乎已经被现在的年轻人所抛弃。手机看视频成了一股风潮。因为手机轻便易带，随时随地想看就看，不受时间或是空间的限制。

一般使用手机看视频有3种形式：一种是通过各种方式下载视频后离线观看；一种是用无线Wi-Fi在线观看，当然前提是必须有Wi-Fi宽带信号；最后一种是使用流量观看，但是用流量看视频成本较高，所以考虑到成本问题，用户一般利用流量收看的视频都是比较短的——大概2~3分钟的小视频。

在这样一个移动视频使用率日渐升高的社会，新网络营销的各位商家应该抓住这个机会，尽量将广告植入到手机视频APP中。

比如将企业广告放在某个视频网站里。每当用户需要利用手机看视频时，都必须先看完一分钟左右的广告。不过这种方式相对来说比较被动。

还有比较主动的方式，比如企业可以将广告做得有意思些，当作搞笑小视频投放在微博等平台，让用户被有趣的剧情吸引，主动去转发并且推荐给更多的人。这就像是打了一个免费的广告。当然，视频不建议太长，不然使用流量观看的用户可能不会选择观看了。

移动视频之所以成功，是由于它方便，在想看视频的时候无须搬出笨重的电脑，折腾着开机。用户可以利用手机打发一些零散的时间，而这一切正是社会发展的大趋势，所以做新网络营销的商家一定要把握好这座大金矿。

067　电商视频：给用户带来更直观的产品演示

现在，淘宝和天猫都推出了新的营销形式，那就是在页面中插入关于商品介绍的视频，让用户可以更直观地认识到商品的外观、用法与各种细节问题。很多在淘宝购物的用户都担心商品的实物和图片是不是一样，毕竟图片是可以 PS 的。可是一旦商家将商品视频上传至网页，买家就无须担心这个问题了。

其实最常采用这种视频方式的是国外代购的商家。他们会将进入正规店铺购买商品的过程拍成视频，最后将购物清单也拍进去，证明自己的商品是正规渠道购买的正品。

无论是哪一种商家，视频确实可以给用户带来最直观的产品演示，这一点无可厚非，所以现在关于产品介绍的视频也越来越多，图 6-39 所示就是淘宝上一个产品的视频介绍截图。

在新网络营销中，视频营销开始变得越来越重要，所以商家一定要紧跟这一趋势，不要被时代所抛弃，这样才能让品牌的未来有更好的发展。

▲ 图 6-39　关于产品的视频介绍截图

第 7 章

营销方式：
网络时代的营销利器

在新网络营销中，有很多种不同的营销方式。这些便利的营销方式共同组成了新网络营销。本章将详细介绍这些便利又高效的营销方式，助你理解它们的概念、各自的优缺点以及实施的方法等。

要点展示

068 社群营销：打造高黏性的粉丝经济

在新媒体时代谈新网络营销，有必要先了解社群的概念。因为社群营销是网络营销中十分重要的一环。

顾名思义，社群是指社会中的一种群体，从原始社会、封建社会到现代社会，社群的概念在不断演变。如今我们对社群的定义是：基于某些兴趣和需求，将人凝聚在一起的群体，就称之为社群。

社群是随着社会的不断发展而衍变生成的，人们在生活中需要加入社群，因此，企业纷纷将营销手段指向了社群。但企业在选择营销手段之前，必须先了解营销手段的一些主要特征，从而根据其特征来制订营销计划，以减少一些不必要的运营失误。下面就来了解社群的主要特征，具体如图 7-1 所示。

▲ 图 7-1　社群的主要特征

> 💡 温馨提示
>
> 在社群中无须考虑金钱、权力等因素的影响，社群成员可以自由地参与讨论，对于不感兴趣的社群可以直接退出。这样就使得成员可以随意表达观点，这种言论的自由既能提高社群黏性，同时也能为企业提供一些建设性的参考意见。

社群是人们基于不同的出发点自主创造形成的共同体，不同的社群有不用的规则与定位。如果企业想利用社群进行营销活动，就必须了解社群的分类，然后根据各个类别的特点进行选择，一定要选择和自己产品性质相符合、企业所精通的。如今，社群已经掀起营销风暴，社群的类型也包罗万象，有兴趣类、产品类、学习类、知识类、品牌类、自媒体类等社群。

企业只要有一定的个性与魅力，都可以凭借这些迅速吸引一群追随者，如果企业能够有效经营这些社群，就能在一个竞争激烈的新的商业世界找到新品牌存在的机会。那么，社群经济时代有哪些趋势呢？

1. 在社群中粉丝等于用户

对社群来说，粉丝与商家与其说是生意关系，不如说是存在一种情感维系，粉丝的消费行为也是基于对品牌的感情基础。最为典型的就是"苹果手机粉"，他们只要一等到苹果出新产品，几乎就陷入疯抢的状态，甚至在售卖点外驻扎，只为抢到自己喜欢的品牌产品，这就是粉丝效应，社群正是基于粉丝运营起来的。

又如，罗辑思维运营初期，几乎完全是因为粉丝相信并且喜欢罗振宇，才累积了不少知名度，最终吸引粉丝支付会员费，而后面的卖书、卖大米等行为都是基于与粉丝的互动，才得以实现。

试想一下，若苹果公司没有那么多的粉丝，那么乔布斯也不会获得成功；若罗振宇没有粉丝的话，那么就不会有 10 万会员了。

从苹果产品到罗振宇的罗辑思维，都遵循了一种按照产品去定义用户的新的商业规则，用情感纽带来加深商家与粉丝之间的黏性，这也是社群时代必须掌握的规则之一。

> 💡 温馨提示
>
> 在社群营销中，粉丝是社群的基础，有粉丝在社群慢慢转变，成为产品的"生产者"，即企业利用粉丝的吐槽、创意、需求，来改造、制造产品，实现了"粉丝 + 社群 = 用户"的趋势。

2. 用户创造 = 企业制造

在工业时代，大部分企业强调的是"制造"，而在互联网时代，消费者希望更多地参与"制造"。因此，如今已经进入了一个"用户的创造 = 企业的制造"的时代。

社群时代的特征是企业允许用户参与并且提出对产品的需求，或者是主动邀请用户参与到解决企业问题的工作中。这就需要企业为消费者设立一些类似于"吐槽社群"和"创新社群"的专区，通过类似区域的言论，企业可以从中吸收精华，并运用到产品的制造中。

例如，大众汽车建立了"大众自造"平台，它是由大众汽车品牌面向中国受众而打造的一个 Web 2.0 大型网络互动社区。受众可以在网络上分享汽车设计的灵感、共享知识、互动交流、比赛创新、投票评选等。

这是大众汽车以社群的方式提供的人与人之间、用户与企业之间、消费者与产品之间的交流平台，以汽车为出发点，聚集人群进行沟通，给予企业一个更为生动、直接的创新渠道。

3. 众筹基于角色转换思考

众筹是指个人或者组织由于某些原因需要支持，因而向群众发起的募资行为；而群众募资被用来支持各种活动，包括灾害重建、慈善活动、自由软件、创业募资、艺术创作、设计发明等。

社群众筹具有门槛低、种类多样、依赖群众等特征，但它并不是一种单方面的投资行为，而是一个有资金、认知、时间盈余的精英社群成员彼此分工协作、互相提升价值的项目实操的过程。

社群众筹的核心在于社群成员对一个项目的贡献度，包括智慧、精力等方面，而志愿者精神是让项目维系下去的动力。其最终的盈利点也是多元化的，除实实在在的金钱收益之外，社群成员之间彼此的价值互换和人际交往资源、经验等隐性提升也是关键。

社群众筹还有一个核心思想，即通过互联网可以把原本分散的消费者、投资人挖掘、聚拢起来，为那些创意、创新、个性化的产品找到一个全新的生态圈，从而充分发挥出社群的价值。

例如，阿里巴巴联手国华人寿推出了"娱乐宝"，打着"全民娱乐，你也是出品人"的旗号，让影视和游戏爱好者们可以用很少的资金来投资，将众筹这个当时还很新鲜的模式引入大众的视线。娱乐宝在本质上是一个理财产品，可在模式上是一个众筹的娱乐类基金产品。这种模式体现出了众筹的个性化、定制化、分散化，改变了消费者的角色，让粉丝、社群都可能成为创新商业的推动者和投资者，这就是一个新的社群商业趋势。图7-2所示是娱乐宝活动页面。

▲ 图7-2　娱乐宝活动界面

4. 社群加情景触发消费者需求

如今，互联网已经深入人们的生活，不少企业都看中了互联网这块大"肥肉"，纷纷向互联网进军，从而在互联网上出现了很多类似的产品，使得消费者需要精挑细选，才能决定购买哪款产品。

对于消费者来说，可供挑选的机会多了，往往都会选择那些口碑好、能触发他们情感的产品，所以企业就要抓住消费者的消费习惯，利用情景营销触发消费者的情感，引导他们购买产品。

简单来说，情景营销就是抓住消费者在日常生活中的某个"相似的瞬间"来做推广，这样更容易使得消费者接受宣传，而不会受到其年龄、性别、收入等因素的影响，从而达到促进消费的目的。

例如，唯品会宣布从 2014 年起的每个周末，都会与《我是歌手》同步推出一档网络购物活动"我是买手"，带用户边听《我是歌手》7 大明星歌手最强音过招，边抢"我是买手"每期 7 大明星品牌以 0.7 折起售的连贯娱乐体验，并邀请人气明星担任活动大使，触发粉丝情感，从而引导粉丝去参与"我是买手"的抢购。唯品会的这个案例，就是情景营销的典型代表。

当社群营销与情景相融时，已经没有了"广告"的存在，而让社群成员直接觉得产品的存在是为了解决自己的需求，社群里推送的消息是为了解决自己的问题，是便利生活的需要。

所以，在社群营销和情景的融合下，只有精选的产品、有创意的产品、能触发消费者情感的产品才能打动消费者，社群营销的商业本质是为了解决用户的各种需求、触发社群成员情感。

对于社群营销来说，必须触发社群成员的需求，实现物品与人之间的快速连接，从而促使整个购买行为的形成。也可以这么认为：一个情景就是一个产品，一个产品就是一个社群。在情景时代，运营产品就是运营社群。

而在社群时代，情景就是触发社群成员情感的阀门，不管重点运用哪种营销方式，社群与情景都是不可分割的一体，将社群与情景糅合在一起，才能触发社群用户的情感，实现精准营销。

5. 实时响应与服务结合就是营销

社群，是以人为中心的一种营销方式，人与人之间点点相通，成为随处可在的信息节点。作为企业，已经失去了信息不对称时代的优势地位，失去了话语权，现在要融合在"人群"中，以朋友、社群中的一员的身份与社群成员一起交流、学习。

很多企业打破了企业与人的边界，以及时响应客户服务，来实时地回应社群成员所表达出来的需求，与社群成员进行互动。

很多企业选择在微信上建立社区，运用微信公众号上的客户服务，及时回应社群人员所需要解决的问题。目前很多行业基本都推出了微信客户服务功能，使消费者可以直接查询进度与数据方面的信息。

下面，笔者就来讲解一个关于社群实时响应的例子。

如图 7-3 所示，招商银行在微信公众号上推出微信客户服务，人们只要将信用卡、一卡通与招行的微信客户端捆绑，就能通过信用卡"微客服"完成余额查询、账单查询、贷款、办卡等业务。

▲ 图 7-3　招商银行微信社群实时响应服务

招商银行信用卡的这种即时的微服务，打破了传统服务在地区和时间上的限制，使得用卡客户能方便快捷地查询自己的账户信息。

在招商银行微服务平台上，用卡客户可以根据需要随时查询想要了解的信息，这不仅提高了用户的满意程度，还进一步完善了银行本身的服务系统。

很明显，以上 5 种逻辑都是将商业进行升华、在普通的营销当中加入情感联系，使商家与用户之间的关系不再是冷冰冰的金钱交易，而是有着不同程度的情感联系。这也正是如今社群营销的中心点——打造有黏性的粉丝经济。

069　红包营销：当下火爆绝妙的营销方式

在新网络营销中，除了与传统营销一样要注重"收入"以外，"付出"也是需要重视的。因为现在的网络社会，商品繁多，想吸引到客户注意，适当的"让利"行为是避无可避的。那么，针对移动端的活动营销，商家们如何才能做得更好？

自从微信红包火起来之后，发红包就成了企业的一种营销手段。发红包其实就是将传统的打折优惠用另一种形式表现出来，因为"抢红包"比传统的折扣优惠信息更吸引眼球，因此利用用户的这种猎奇心理，很多商家都推出了红包优惠活动。事实上，在移动端，红包营销活动比较适合电商，因为消费者获得红包之后，就能够立马在手机端的店铺进行消费，这样一来，既达到了企业发红包的活动目的，又促进了销量。图 7-4 所示为手机淘宝客户端发布的"付定金，送红包"的活动。

▲ 图 7-4　淘宝客户端的"付定金，送红包"的活动

070　LBS 营销：基于位置营销的优选方式

　　LBS 营销是新网络营销的重点方向之一，对于企业来说，想要利用 LBS 收获移动新网络营销的一桶金，就必须掌握 LBS 的营销方法。下面笔者将以 Foursquare 的中文版——蘑菇团 APP 为例，介绍利用 LBS 营销的方法，让企业对 LBS 营销形成更加深刻的认识。

1. 明确具体经营地点

　　首先，企业需要在蘑菇团 APP 上建立自己的档案，明确经营地点，使得自身的地点信息可以在蘑菇团上出现。企业和商家可以用手机下载蘑菇团应用，在蘑菇团 APP 上进行签到，签到后系统便会自动搜索签到所在的地点。

　　商家还可以在搜索处输入所在地点的名字，然后点击加入这个地点来建立自身在蘑菇团上的地点信息。在输入地点信息处，商家需要输入自己的地点信息，选择商品的类别以及店面的详细地址。

商家必须选择一个可以明确描述自身经营与服务内容的主要种类。比如，餐饮、生活服务、交通、住宿、娱乐休闲、景点、户外运动、教育机构、公共机构等。在这些主要的种类里面又细分为更多的种类，如餐饮会细分为火锅、咖啡馆、酒吧、快餐、西餐、自助餐、烧烤、小吃等，商家需要继续选择细分种类，让自己的定位更为精确。

2. 分享各式各样的更新信息

用蘑菇团发送"更新信息"是一个新功能。在举办营销活动时，商家可以给以前光顾过的老用户以及那些在店铺附近的用户发送信息，引导其参与优惠活动。

在 LBS 营销中，几乎所有的商家都是通过提供特别服务来吸引用户的目光，在笔者看来，最有效的方法就是根据客户线上、线下的习惯来提供服务。例如，可以通过一些免费的服务来吸引新、老客户，具体如图 7-5 所示。

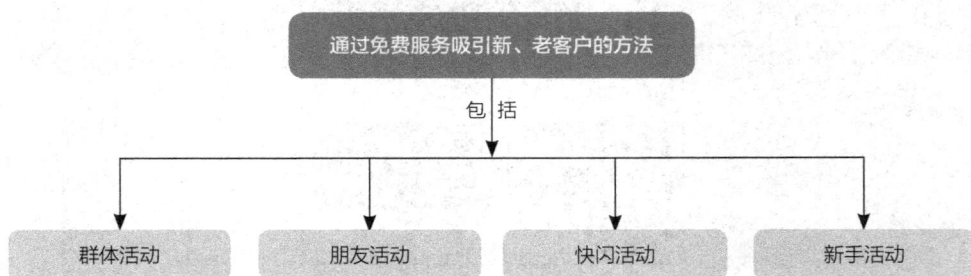

▲ 图 7-5　通过免费服务吸引新、老客户的方法

3. 重视评论区的用户反馈

在蘑菇团的应用上有评论这一项目，供浏览商家页面的用户留下评论，对于这些评论，不管是正面的还是负面的，商家都可留下来作为参考。当然，在应用的界面，排在最前面的反馈评论应该是最受其他用户重视的，因为评论的排名越靠前就越显其权威。

4. 利用签到活动推广实体店

移动 LBS 营销最独特的地方在于现实生活中的行为会影响用户的网上行为，企业或商家可以将自己的门店在 LBS 应用上面曝光。笔者建议，商家可以在实体店里贴出标签，引导顾客签到，然后让签到后的客户参加优惠活动，以此来对其门店进行宣传。

其实说得简单一些，就是利用 LBS 功能，精确地给店铺在网络中进行定位，客户只需拿出手机一查，就能立刻找到商家位置，无须问路也不用走弯路，给客户便利就是给商家创造利益。

071　O2O 营销：线上与线下结合的营销战术

随着科技水平的飞速发展，不知从何时开始，人们无论有事没事都会习惯性地打开电脑与手机上网。人们在衣、食、住、行等方面都可以通过线上网络实现实际消费，这就是 O2O，在这种大环境下衍生的 O2O 营销模式成为了各大商家企业尤其看重的盈利方法。

什么是 O2O？狭义上的 O2O 就是指企业将线上的商务机会与线下营销结合起来，以线上平台的发展带动线下消费的发展。其实 O2O 的概念非常广泛，无论哪种商业运行模式，只要产业链涉及线上网络，同时又涉及线下群体，便可算作是 O2O 的范畴。

在了解过 O2O 的具体概念后，相信有人会提出进一步的疑问：当代社会，无论是企业还是消费者都会反反复复提到一个词——"O2O 营销"，那究竟什么才是 O2O 营销呢？

O2O 营销的本质，其实就是企业利用网站以及手机客户端 APP 的各种特色功能，来吸引消费者上网关注企业的产品、感受企业的服务，并在这一过程中形成对企业的良好印象，进而主动转移到企业的线下商店进行消费的一种电子商务营销模式。这种电子商务模式具有 4 大要素，如图 7-6 所示。

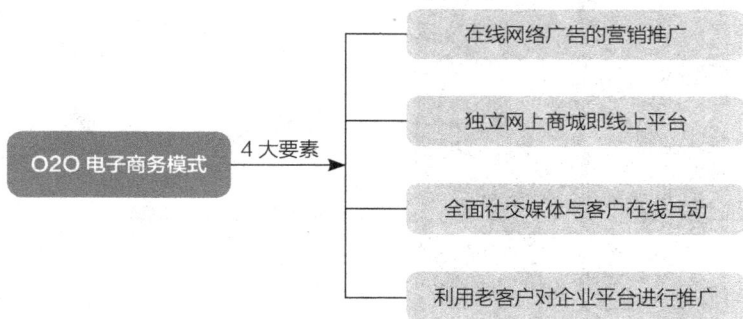

图中文字：
O2O 电子商务模式 —— 4 大要素
- 在线网络广告的营销推广
- 独立网上商城即线上平台
- 全面社交媒体与客户在线互动
- 利用老客户对企业平台进行推广

▲ 图 7-6　O2O 电子商务模式的 4 大要素

随着大数据时代的来临，O2O 将直接改变人们的消费行为，而人们的生活理念也必将从"为产品而消费"渐渐转变成"为生活而消费"。那么 O2O 营销中的关键因素有哪些呢？

1. 做 O2O 营销的主体

在如今的大数据时代，营销已经成为企业的当务之急，而真正适合做 O2O 营销的不是广告公司等代理机构，而是企业自己。下面以 SWOT 分析法对代理机构代理和企业自己经营进行各方面的对比分析，如表 7-1 所示。

表 7-1　代理机构代理和企业自己做 O2O 营销的 SWOT 分析

营销者	代理机构代理	企业自己经营
优势	专业性强，容易做好营销的开头	了解自身的经营状况与行业的发展态势，能够建立完善的发展战略，提升企业的营销实力，获得营销的成功
劣势	成本高；停止代理后，难保企业后续的营销效果	起步难，历时长，摸索中难免出错，会降低企业的自信心
机会	借 O2O 的发展来发展自己	O2O 营销平台作为一种新的平台，能给企业经营带来商机
威胁	客户认可度无保障	若缺乏重视，不够专业，体制不系统，很难把控危机处理

2. O2O 营销的最佳群体

消费者在哪里，企业的营销就在哪里，企业的营销永远围绕着消费者开展。在移动互联网时代，APP 不仅是企业的营销工具，也是传播渠道，如图 7-7 所示。

▲ 图 7-7　电商类 APP

电商 APP 的推出使得手机网络购物成为当今时代的主流，图 7-8 所示为近年来手机网络用户的统计数据，它清楚地告诉企业，移动商务市场存在着巨大商机。

移动商务市场

体现

截至 2016 年 12 月

我国手机网上支付用户
规模达到 4.69 亿人次

年增长率为 31.2%

截至 2017 年 12 月

我国第三方移动支付交
易规模达 109 万亿元

同比增长 208.72%

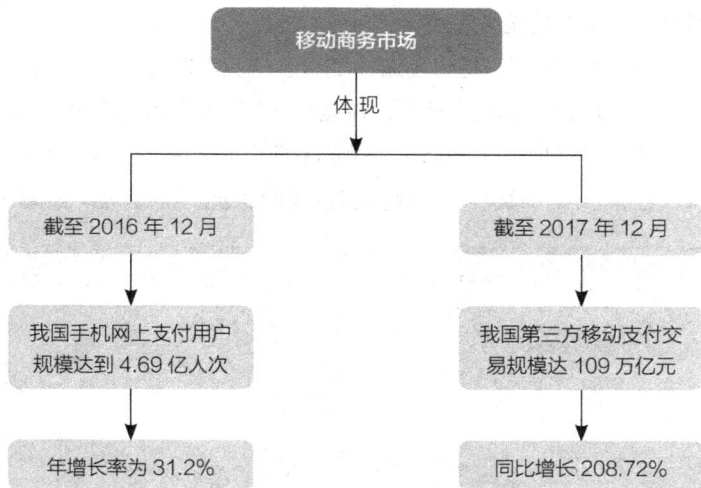

▲ 图 7-8　近几年手机网络用户的统计数据

从图 7-8 中可以看出，电商经过十几年的发展，已消除了亿万人网购的心理障碍，为电商的下一步发展打好了基础，电商带动商业的整体发展也是大势所趋，如图 7-9 所示。

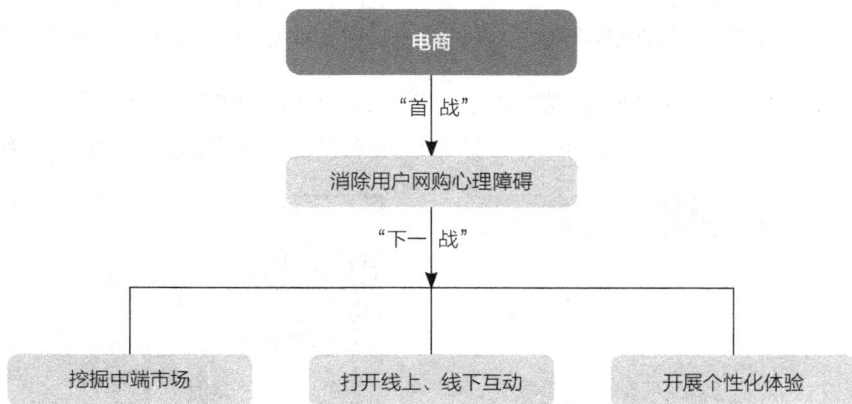

电商

"首 战"

消除用户网购心理障碍

"下一 战"

挖掘中端市场

打开线上、线下互动

开展个性化体验

▲ 图 7-9　电商的下一步发展

所以，未来的商业世界不仅仅属于那些懂得 O2O 移动互联网营销的人，更属于那些既懂得传统行业运作模式又懂得互联网营销的人。

3. O2O 营销的正确运营方法

众所周知，O2O 最有价值的闭环绝不是为了平台利益而建立的，而是营销的闭环，在当今的商业世界，企业只有做到服务与内容营销的结合和统一，才能真正强大起来，结合线上线下，将企业的品牌植入消费者内心深处，这才是 O2O 网络营销模式区别于传统营销模式的真正关键点。

例如，美团 APP 是为用户提供出游、美食、外卖等各项优惠折扣的团购 APP。里面有数 10 万个团购优惠供用户查阅，并且每日都有更新和推荐的店面优惠。进入软件后，有"美食""电影""酒店""休闲娱乐""外卖"等板块供用户查看，如图 7-10 所示；更有"热门频道""猜你喜欢"等板块让用户参考，如图 7-11 所示。

▲ 图 7-10　各项选择板块

▲ 图 7-11　参考信息板块

例如，将地址设为"长沙"的用户，点击"热门频道"下的"演出赛事"，就能进入"长沙演出"界面，用户便可以看到演唱会等各种演出的优惠信息，如图 7-12 所示。

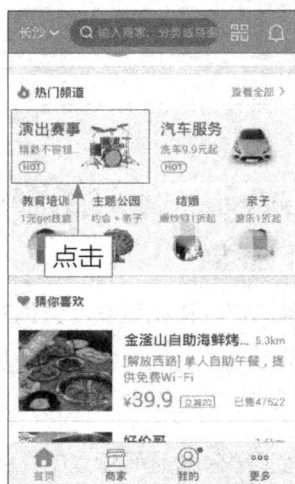

▲ 图 7-12　点击"演出赛事"，进入"长沙演出"界面

进入"长沙演出"页面后，用户再次点击自己所喜欢的推送信息，便能进入"演出详情"页面，点击"立即购买"按钮即可购买，如图 7-13 所示。

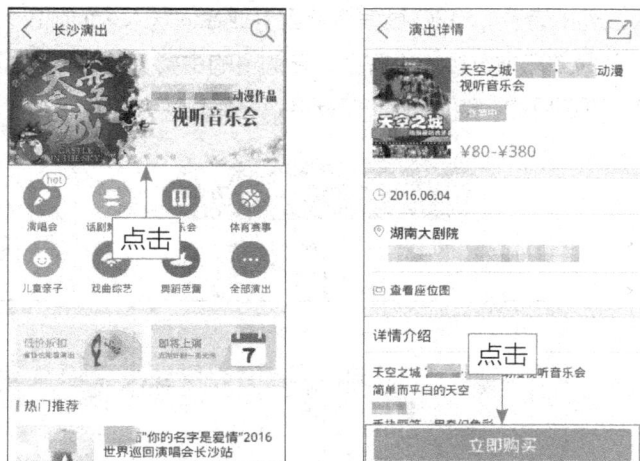

▲ 图 7-13　通过推送信息进入购买页面

进入相应订单页面，点击"提交订单"按钮，就可以完成订单的支付操作，享受美团的优惠了，如图 7-14 所示。

在美团 APP 上下单后，还可以将自己喜欢的订单分享给好朋友，只要点击购买页面右上角的"分享"按钮，即可弹出相应的分享面板，如图 7-15 所示。

▲ 图 7-14　点击"提交订单"按钮　　　▲ 图 7-15　点击"分享"按钮

用户还可以在使用美团优惠券后，将自己的真实感受以评论的形式发送到商家的评论页面，这个功能对于线下商家来说，具有很大的推广作用，它能将线上的内容营

销与线下的服务相结合，将商家的产品与服务推广给更多的人。

4. 提高转化率的方式

随着移动互联网的普及，O2O 营销等新型专业名词跃入人们眼帘，有关 O2O 营销的基本知识，前两节已做过重点讲解了，它的目的主要有 5 个，如图 7-16 所示。明确并践行 O2O 营销目的，能让企业在移动互联网竞争中获取利润。

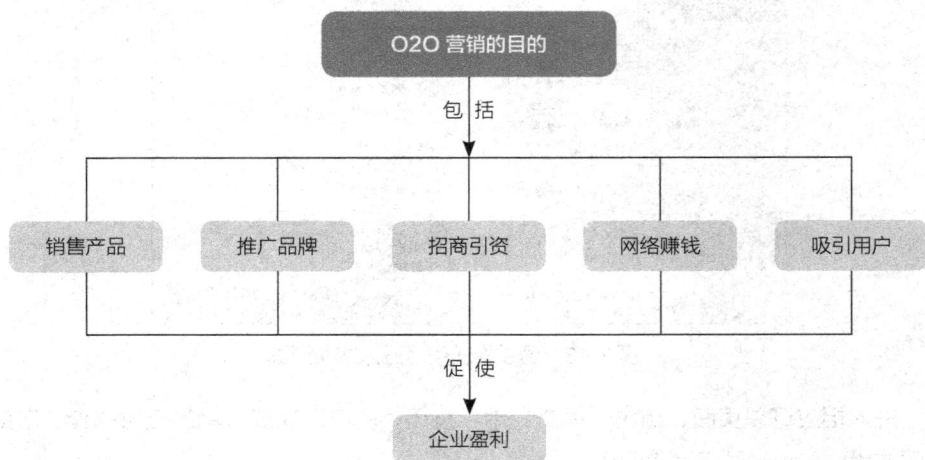

▲ 图 7-16　O2O 营销的目的及作用

在如今的 O2O 网络营销时代，视觉营销已经成为各大商家惯用的推广方式，而在视觉营销中，商家应该通过突显商品或服务的价值点（去除 99 种污渍）来吸引用户目光，从而促进用户消费，如图 7-17 所示。

▲ 图 7-17　商品的价值点表现

商家在进行视觉营销之时，不仅要突出产品的价值点，同时也要注意突出产品的卖点（包邮费等）与可靠度（产品正品验证等），如图 7-18 所示。

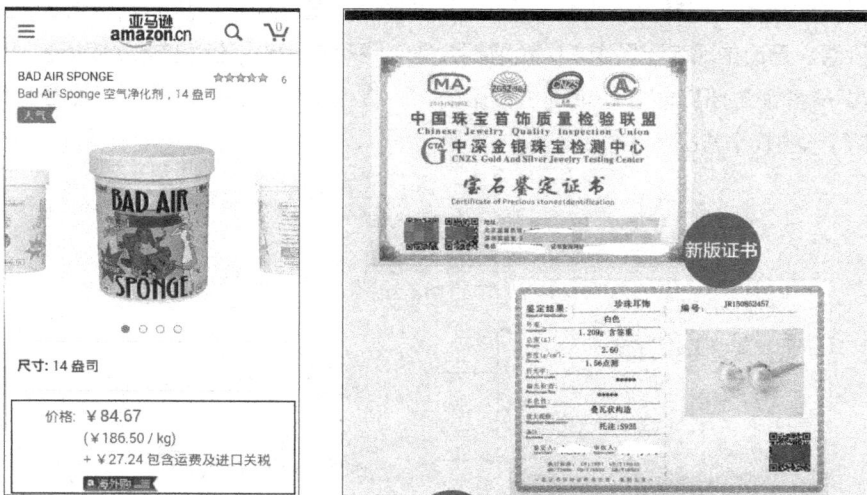

▲ 图 7-18　产品的卖点及可靠性表现

💡 温馨提示

　　无论是哪个企业开展 O2O 营销，都应认识到营销转化率的重要性。提高营销转化率，需要企业以用户为核心，用心改进 O2O 营销思路，优化营销平台和流程，善于与用户互动沟通，重视用户感受，追求可持续发展的 O2O 营销策略。

　　除了上述几个关键点，产品还需具备可发现性（在容易被发现的地方，展示重点产品）、可访问性（指买家访问的可能，一定要有跳转链接和相关搭配）的特点。

072　APP 营销：商家的移动销售客户端

　　APP 的发展离不开移动互联网的支持，尤其是进入 4G 时代以后，移动终端设备影响力快速提升，进一步为移动互联网的发展注入了巨大的能量，从而带动了 APP 的迅速更新与普及狂潮。现在我们几乎可以说，新网络营销和 APP 密不可分，它们互相影响，共同成长。

　　移动互联网的来临，昭示着属于 APP 的营销时代已经到来，企业在新环境下的推广营销变革已经成为必然，对于企业而言，首先需要对 APP 营销本身有一定的理解，也就是深入认识"什么是 APP 营销"。

　　APP 营销就是利用移动互联网技术，通过移动设备满足用户各类设计需求、购物需求、娱乐需求的一种营销手段。

移动互联网中 APP 的用户规模极其庞大，其创造的影响力直接作用于整个产业体系。企业产品的对象就是大众，而 APP 聚集了大量的用户，从而显现出了巨大的商业价值。无论是现在还是未来，企业都会把 APP 作为产品营销的重要战场。

APP 营销之所以能够快速地提升影响力，其根本的优势不可忽视，主要分为图7-19 所示的几个方面。

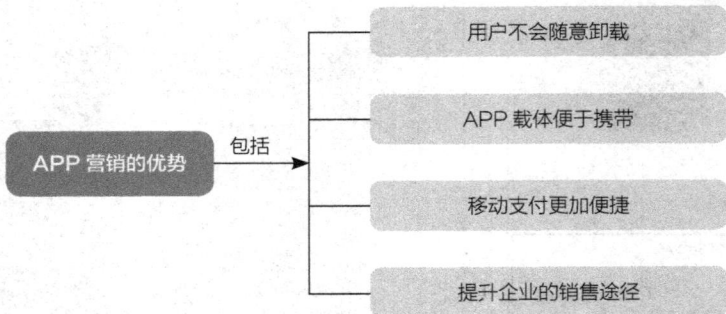

▲ 图 7-19　APP 营销的优势

营销推广是企业 APP 发展的必然过程，也是实现企业 APP 价值的主要方式。APP 营销就是以智能移动平台为基础，通过各类 APP 的相关内容来展开营销的一种方式，接下来介绍 APP 营销的技巧。

1. 技巧一：加强设计提高下载量

企业开发移动客户端，需要打造好 APP 的运营、推广和营销，直接目的主要体现在图 7-20 所示的几方面。

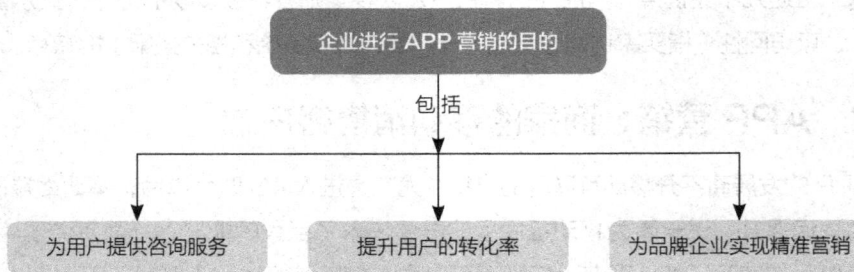

▲ 图 7-20　企业进行 APP 营销的目的

无论企业开发移动客户端的目标是什么，了解 APP 的设计技巧永远是品牌企业APP 走向成功的第一步。随着 APP 应用软件的发展，目前网络上涌现出了很多实用的设计技巧，现着重介绍以下几种。

（1）背景虚化设计

模糊背景也被称为"背景虚化"，这种设计方式在 APP 的设计中十分常见。模糊背景主要有整体背景模糊设计和局部背景模糊设计两种方式。

模糊背景模式常常被运用于 APP 的登录界面，主要用来突出登录界面的形象。

（2）简单的导航功能

根据不同的产品层次深度和广度，APP 软件采用的导航模式也不同，但是从整体而言，导航模式以简单明了为主。作为 APP 设计的首要步骤，简单又合适的导航框架能够直接决定产品信息的延伸和扩展。

（3）增加界面滚动功能

在 APP 中，由于手机界面的局限性，往往只能展示一部分内容，所以在设计 APP 时，设计人员可以借鉴 PC 端的模式，增加界面滚动的功能，将更多内容通过界面滚动方式展现出来。

（4）干净而整洁的配色

简约的模式已经成为 APP 设计的一种流行理念，相较于过去闪烁的霓虹色之类的搭配，整洁而干净的设计更能够获得用户的喜爱。在 APP 设计的配色上，主要有 3 种配色技巧可供选择，如图 7-21 所示。

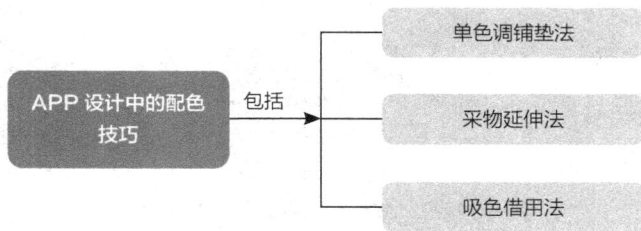

▲ 图 7-21　APP 设计中的配色技巧

在 APP 的设计中，选择统一的色系能够给用户留下深刻的印象，但是过于单调也会影响美观程度。因此，在一般情况下，为了防止过于单调，会通过一些小面积的辅助色来提升界面的层次感，这就是单色调铺垫法。

采物延伸法主要是指采用画面内物体的色彩作为配色的基础，并将这种色彩延伸至整个画面的一种方法。

吸色借用法主要是指将别人的优秀作品中的色彩用于自己的设计稿。这种方式的门槛很低，实用性较强，往往用于局部的色彩设计。

（5）满足情景感知需求

随着智能手机和可穿戴设备应用软件功能的进一步加强，情景感知的需求成为 APP 设计中的重要考虑因素。情景感知是一种智能化的功能，目前已经普遍运用于智能家居、办公、精准农业等方面。

2. 技巧二：借助他人资源实现目标

借力营销属于一种合作共赢的营销模式，主要是指借助外力或别人的优势资源，来实现自身的目标或者达到相关的效果。比如在产品的销售过程中存在自身无法完成的工作，但是别的企业擅长这方面的工作，就可以通过合作，共同达成将产品销售出去的目标。

在 APP 营销中，主要可以借力 3 个方面的内容，如图 7-22 所示。

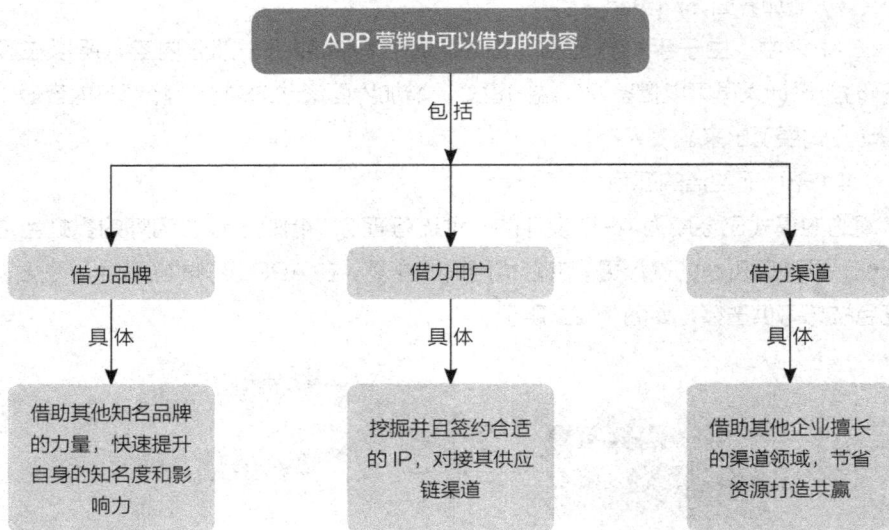

▲ 图 7-22　APP 营销中可以借力的内容

3. 技巧三：出其不意的创意营销

随着智能手机的功能越发强大，APP 应用的数量快速增加，APP 相互间的竞争也越来越激烈。在这种情况下，设计上的创意就成了 APP 应用获得用户认可的重要途径之一。

对于企业 APP 而言，只有想不到的创意，没有做不到的创意。比如冬天的暖手宝与手机相结合造就的暖手宝功能，通过不同的加热等级，让冰冷的手机瞬间暖意扑面。这种方式与玩游戏时手机的被动散热不同，是 APP 本身主动消耗电量提供热度的模式。

4. 技巧四：增加人气的整合营销

品牌企业的 APP 整合营销有很多种，这里着重介绍两种：APP+ 微博整合营销和 APP+ 微信整合营销。

（1）APP+ 微博整合营销

APP+ 微博整合营销是指企业在微博上通过一系列手段将人气引流至 APP，引流

的方式主要有两种:

① 在展示位展示相关信息;

② 在微博内容中提及 APP。

在这两种方式中,更为常见的是在微博内容中提及 APP,引导用户对 APP 进行下载。

(2)APP+ 微信整合营销

通过微信扫描二维码让用户下载 APP 是常见的微信合作营销方式;在微信公众平台上通过文章或者推送的信息,对相关的 APP 进行介绍,也是合作营销的一种方式,它能通过引流更好地推动 APP 的营销效果。在微信朋友圈,微信同样可以通过文字信息、活动图片等方式引导用户去下载 APP。

5. 技巧五:提升形象的活动营销

活动营销是指整合相关的资源策划相关的活动,从而实现产品销售,提升企业形象和品牌的一种营销方式。在 APP 客户端推出的营销活动,能够提升客户的依赖度和忠诚度,有利于培养核心用户。

在 APP 上常见的以营销为目标的活动,主要有图 7-23 所示的几种。

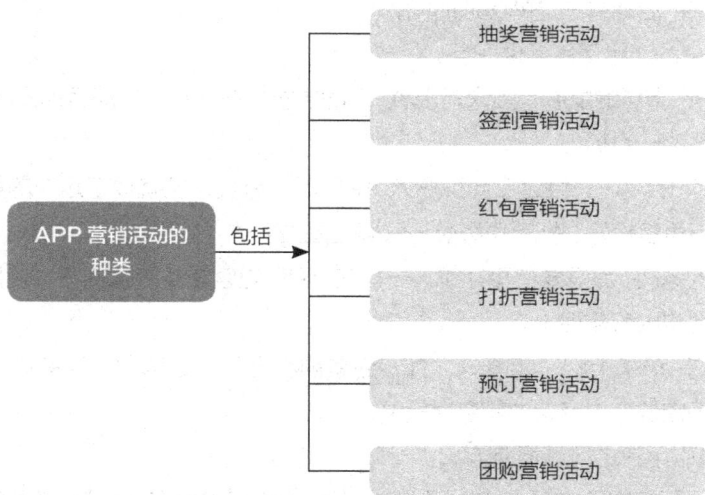

▲ 图 7-23　APP 营销活动的种类

关于 APP 的营销活动分为两种:

(1)直接面向线上 APP 用户推出的相关营销活动;

(2)通过线下活动引流的方式进行营销。

6. 技巧六:内容营销提高活跃度

微信 APP 之所以影响广泛,在于平台用户自产的内容与互动的内容成为了 APP

的主体，这种内容让用户有了长期使用 APP 的动力。要想提升 APP 用户的活跃度，主要还是从内容出发，通过内容的展示来吸引用户的长期支持。

APP 传播的内容直接影响着用户对于 APP 的认可程度，适当的内容表现技巧能够有力地促进 APP 影响力的提升，相关技巧主要有图 7-24 所示的 3 个方面。

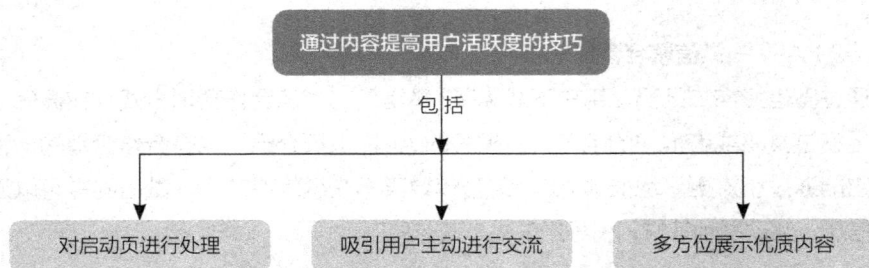

```
            ┌──────────────────────────────┐
            │   通过内容提高用户活跃度的技巧   │
            └──────────────────────────────┘
                          │ 包括
         ┌────────────────┼────────────────┐
         ▼                ▼                ▼
 ┌──────────────┐ ┌────────────────┐ ┌────────────────┐
 │ 对启动页进行处理 │ │ 吸引用户主动进行交流 │ │ 多方位展示优质内容 │
 └──────────────┘ └────────────────┘ └────────────────┘
```

▲ 图 7-24　通过内容提高用户活跃度的技巧

（1）对启动页进行处理

对于 APP 而言，对启动页的内容进行处理是内容"装修"的第一步。APP 的启动页的主要作用是：

① 让 APP 启动有一定的缓冲时间；

② 为用户的流畅使用提供保证。

随着 APP 市场的发展，大众对于 APP 的要求也在提高，启动页也逐渐成为 APP 获得用户认可的一个标志。

当用户点击 APP，经过启动页进入 APP 时，首页导航就成了用户的第一关注重点，所以把首页装扮好、把首页导航设置好也是重要的"装修"目标。需要注意的是，并不是所有的 APP 都需要首页导航，一般在 APP 内容较多的情况下，使用首页导航能够更清晰地将内容表现出来。

除了 APP 形式上的"装修"之外，还有内容上的"装修"，这些内容往往与用户定位、市场定位、内容定位等息息相关。

（2）吸引用户主动进行交流

要想吸引用户主动进行交流，可以对 APP 的内容进行多次包装。以美食类 APP 内容为例，可以通过精美图片或美食攻略来吸引用户主动进行交流。这样做的目的在于提升用户的活跃度，引导用户进行评论或者交流。

（3）多方位展示优质内容

在内容包装方面，将 APP 上的优质内容和帖子整理好，通过置顶或加标签的形式让更多的用户参与其中，这也是体现 APP 内容全面性的一个重要方面。

在运营阶段中，APP 首先要向用户展示优质内容，并通过优质内容打造平台优势，一般有如下几种方式：

① 推出话题；

② 精准展示；

③ 主打内容；

④ 媒体转发。

当用户数量足够多时，为了促进 APP 的长期发展以及优质信息的打造，需要让用户自产优质信息。为了调动用户的积极性，可以适当地给予奖励，比如积分兑换和头衔荣誉等。

在用户自产优质信息方面，豆瓣 APP 的经验非常值得借鉴，它提出的口号是"让新用户获得 8 800 万豆瓣注册用户客观、真实、真诚的评分与评论"，也就是通过用户的优质信息来打造品牌。

7. 技巧七：回顾账单走进用户内心

情感营销是指企业将满足消费者心理上或情感上的需求作为企业发展战略的一种营销方式。不论什么营销活动，情感营销都是一种能够走进消费者内心的营销活动，例如，回顾账单就是能够让老用户对 APP 软件产生很强归属感的一种情感营销方式，无论账单内容是文字、文章、图片还是资金，都能够很容易打动用户，让用户参与其中，因此很多上线时间较长、有一定影响力的 APP 都会选择用这种方式结合其他活动，进一步促进营销效果。

以淘宝 APP 推出的"3 万亿感谢有你"活动为例，阿里巴巴交易额创造了新纪录：3 万亿。淘宝 APP 顺势推出了用户账单回顾查询活动，这个简单的活动引发了大量用户的参与，并且随着用户的自主宣传进一步扩大了影响力。这种账单回顾就是让用户在有兴趣的基础上，玩得舒心，同时乐得分享，这也是利用用户情感打造 APP 品牌的一种方式。

8. 技巧八：饥饿营销促进销量

饥饿营销属于一种常见的营销战略，但是需要产品有一定的真实价值，并且品牌在大众中要有一定的影响力。

在 APP 营销中，饥饿营销运用得当所产生的良好效果是很明显的，对产品的长期发展十分有利。但并不是所有产品都可以运用饥饿营销，一般采用饥饿营销的产品需要满足 3 个因素，分别是产品存在市场竞争、消费者成熟度高、产品不可替代。

9. 技巧九：从免费慢慢过渡到收费

尽管免费使用是用户对大部分企业 APP 的基本要求，但是对于已有一定口碑的 APP 而言，让用户自愿付费仍然是可行的，这也是考验 APP 是否具备良好用户体验的一个方面。

在收费方面，常见的有游戏类 APP，通过游戏画面和内容的有趣来吸引用户自愿付费，这样的游戏 APP 必然有大量用户作为基础。

需要注意的是，收费是以良好的用户体验为基础的，能够让用户心甘情愿付费的原因在于产品本身优秀的质量。只有当 APP 的实用性、娱乐性等方面为用户提供了有价值的服务，才能得到用户认可。在具体的操作中，APP 可以先通过免费的版本来收集用户的相关数据，深入地了解用户的操作行为，然后提供收费版的服务。

10. 技巧十：视觉上符合用户的审美

在信息化时代，大众的审美观往往存在较大差异，而企业 APP 在用户视觉上的设计目标主要是符合大部分用户的审美。对于 APP 而言，视觉审美主要集中于 5 个方面，如图 7-25 所示。

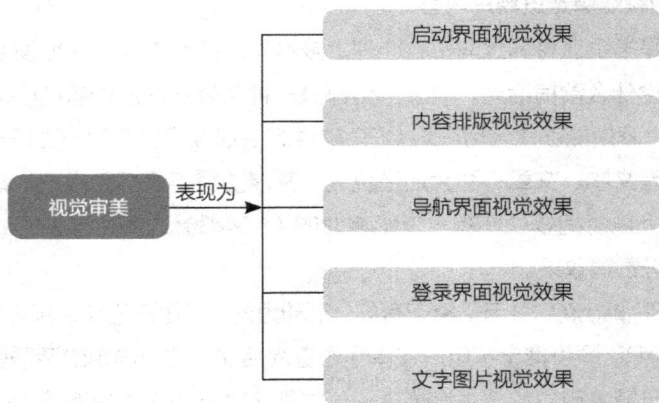

▲ 图 7-25　视觉审美

APP 的视觉审美设计往往以大众普遍的审美观为中心，以色彩搭配、图文搭配及布局搭配等方式来迎合大众的审美观，从而为用户营造一种舒适的操作感，进而提升APP 在用户心中的形象。

073　微视频营销：移动新时代的营销利器

在新网络营销时代，微视频营销的到来，让移动互联网营销开始重新洗牌。

微视频拥有时间短、播放快、内容精、可随时随地观看的特点，是顺应时代潮流的产物，因此，将微营销与其他移动营销工具结合起来，能够为企业占据广阔的移动互联网市场。

微视频营销是指个体通过手机、摄像头、MP4 等多种视频终端摄录，上传视频到移动互联网,以达到一定宣传目的的营销手段。微视频的播放时间通常比一般的电影视频要短,其内容广泛,涵盖小电影、纪录短片、广告片段、视频剪辑等。

微视频的营销方式多种多样,下面 4 种是最受企业看重的,如图 7-26 所示。

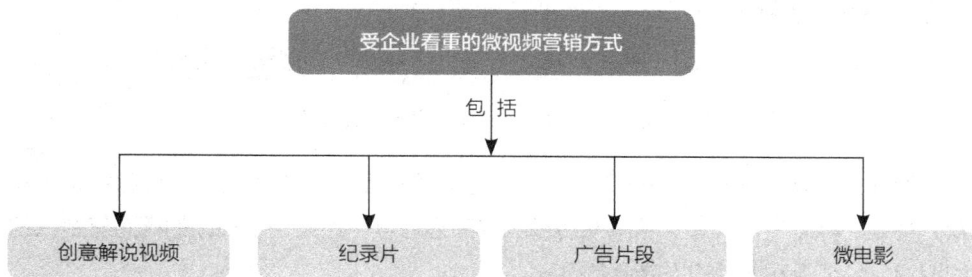

```
          ┌──────────────────────────┐
          │   受企业看重的微视频营销方式   │
          └──────────────────────────┘
                      │
                     包 括
                      │
   ┌──────────┬──────────┴──────────┬──────────┐
   ▼          ▼                     ▼          ▼
┌────────┐ ┌────────┐           ┌────────┐ ┌────────┐
│创意解说视频│ │ 纪录片 │           │ 广告片段 │ │ 微电影 │
└────────┘ └────────┘           └────────┘ └────────┘
```

▲ 图 7-26　受企业看重的微视频营销方式

随着微营销的崛起,微视频营销也渐渐受到人们的关注,凭借图 7-27 所示的特征,微视频营销渐渐发展成为企业营销的一大利器。

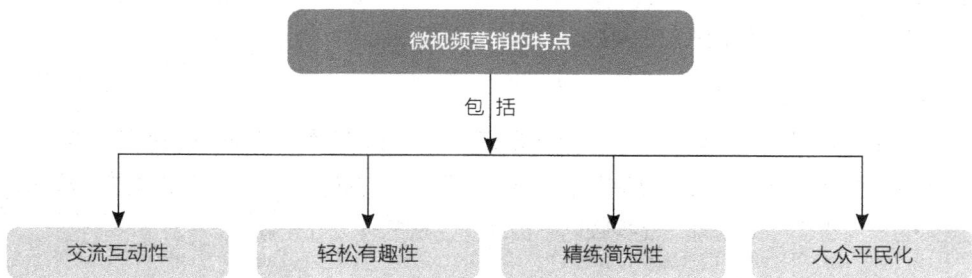

```
          ┌──────────────────────────┐
          │      微视频营销的特点        │
          └──────────────────────────┘
                      │
                     包 括
                      │
   ┌──────────┬──────────┴──────────┬──────────┐
   ▼          ▼                     ▼          ▼
┌────────┐ ┌────────┐           ┌────────┐ ┌────────┐
│交流互动性│ │轻松有趣性│           │精练简短性│ │大众平民化│
└────────┘ └────────┘           └────────┘ └────────┘
```

▲ 图 7-27　微视频营销的特点

微视频营销是企业营销的一把利器,尤其在移动互联网快速发展的时代,微视频营销变得更加"移动化"、"便捷化"和"快速化",同时也让企业寻到了低成本的营销商机。接下来主要介绍微视频营销的技巧和营销策略。

1. 标题和内容是重点

微视频推广营销的兴起,给新网络营销带来了不小的冲击,很多企业相继运用微视频进行推广,希望得到一定的收获。但是经常观看视频的人会发现,视频的点击量有多有少。究竟怎样才能获得高的点击量呢?下面就讲几点提高用户点击量的技巧。

首先,一个具有吸引力的标题绝对能为微视频带来不少移动用户的关注,因此,企业在选择广告投放对象时,要注重标题的设计,同时,视频出品商在选择视频标题的时候,也要注意图 7-28 所示的几点内容。

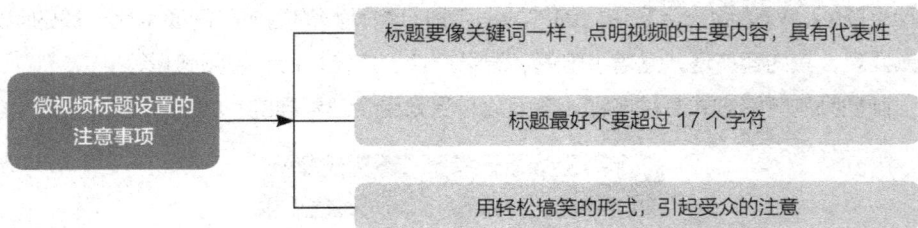

▲ 图 7-28　微视频标题设置的注意事项

为什么说视频的标题对于企业来说十分重要？因为每个视频都有自己特定的受众，视频的标题有时候决定着受众对视频的兴趣程度，如果一个视频的标题符合人们的期望，那么观看视频的人就会多很多。

其次，微视频的内容决定了微视频营销传播的力度和广度。目前，具有吸引力的内容通常是有趣、搞笑等类型的视频，也就是说，相较于传统的视频，移动互联网时代的视频更注重趣味性。通常情况下，如果一段视频不能在短时间内吸引受众，那么企业就很有可能失去一部分受众，因此企业在选择投放广告的视频时，要尽可能选择那种有亮点、能够吸引受众的视频。

2．让视频出现在平台首页

对于快消品企业来说，有两种办法把自己的视频放置到视频网站平台的首页上：一是通过付费的方式，把企业微视频放置在首页或热门推荐频道中；二是通过有趣的、搞笑的、点击率高的视频，让视频网站自动将企业的视频放于首页。

3．用独一无二的创意吸引用户

一个拥有优秀创意的视频能够帮助快消品企业吸引更多的用户，创意可以表现在很多方面，新鲜有趣只是其中的一种，还可以是贴近生活、关注社会热点话题、引发思考、蕴含生活哲理、包含科技知识和关注人文情怀等。

对于微电影、微视频、电视剧来说，如果内容缺乏创意，那么整个视频或整部剧只会成为广告的附庸品，因此企业在进行微视频内容策划的时候，一定要注重视频内容的创意性。

4．同时注重商业性和艺术性

虽然企业投放广告的目的是扩大品牌影响力、增加产品的销量，但是不能因此就投放过于商业化的视频或电影，因为太过商业化的视频或者电影容易发生图 7-29 所示的情况。

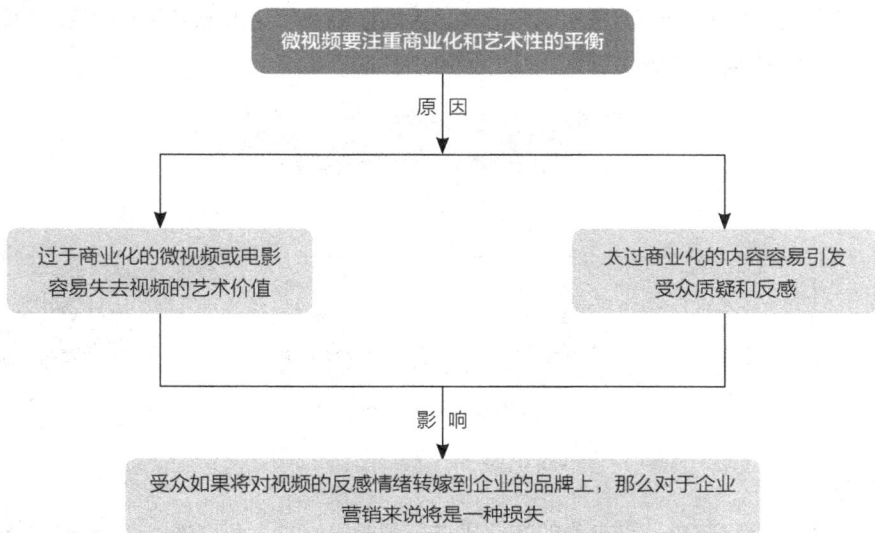

▲ 图 7-29 微视频要注重商业化和艺术性的平衡

💡 温馨提示

　　企业在投放广告之前，要注意投放广告的视频不能过于商业化，要在艺术性与商业性之间寻找一种平衡，这样才能达到吸引观众与传播品牌的目的。

5. 弹幕功能可以进行适当运用

　　如今视频弹幕功能运用得非常广泛，是观众与观众之间互动的好工具，大部分的视频网站都添加了弹幕功能。企业与其等待观众被动地接收视频中的广告信息，不如让观众主动参与传播的过程，这样更有利于视频营销的传播效率以及更进一步达到营销目的，因此企业可以通过弹幕功能让观众之间形成品牌传播效应，从而将企业品牌和产品进一步推广出去。

074　微电影营销：兼顾商业与艺术性营销

　　微电影的出现不仅给电影界带来了新的发展方向，还为广大的企业与商家提供了一条网络营销的新渠道，带来了更大的商机。微电影的投资规模小，不需要企业耗费太多的成本就能完成营销推广活动，而且其覆盖内容十分广泛。

　　21世纪，越来越快的生活节奏压迫着人们，在这样快节奏、高强度的工作、生活压力下，时间是最重要的成本，当人们想以最短的时间获取更多信息时，微电影出现了，它恰好迎合了大众对便捷迅速的需求。

微电影是微时代衍生出来的电影形式，因短小精悍、让人记忆深刻的特点而风靡移动互联网。微电影主要具备图 7-30 所示的特点。

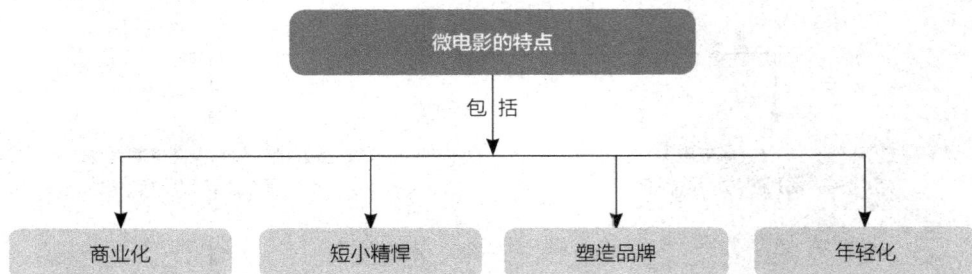

▲ 图 7-30　微电影的特点

1．商业化

和视频短片比起来，微电影的商业化特征更明显，它主要是通过一个十几分钟或者几分钟的故事来打动受众，如果用于微电影营销，背后一定有一支强大的商业制作团队，打造出来的微电影通常十分精致，而且和品牌故事挂钩，给用户带来和商业电影一样的享受。

2．短小精悍

微电影和微博一样，都是通过短小精悍的内容来打动受众，两者的相关介绍如图 7-31 所示。

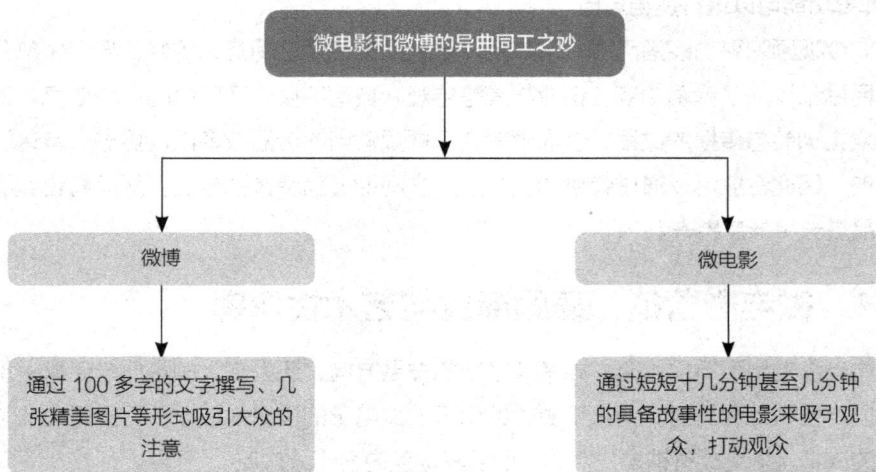

▲ 图 7-31　微电影和微博的异曲同工之妙

3. 塑造品牌

在微电影营销中，品牌信息往往被嵌入到故事情节中，通过故事情节和品牌信息相结合的方式，让受众在观看故事的过程中，不知不觉就记住了企业品牌。

比如，香港大众银行推出的感人飙泪电影——《梦骑士》，讲述的是一群老人骑车环球旅行的故事，其故事情节与品牌十分契合，吸引了众多的电影观看者关注该品牌，成功完成了微电影的营销活动，树立了品牌形象。

> 💡 **温馨提示**
>
> 微电影营销的核心是能够触动观众的心灵，让用户主动关注企业的品牌信息，而不仅仅是打一个广告，在观众心中什么都没留下。

4. 年轻化

微电影可以在多种移动终端上播放，如图 7-32 所示。

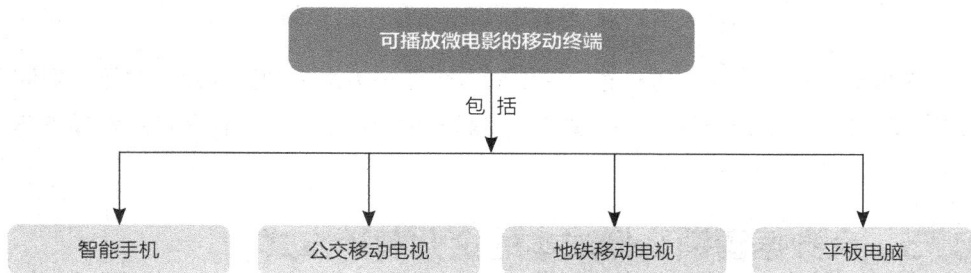

可播放微电影的移动终端

包括

| 智能手机 | 公交移动电视 | 地铁移动电视 | 平板电脑 |

▲ 图 7-32　可播放微电影的移动终端

这些移动终端的受众多为年轻群体，因此为了贴合年轻人的胃口，微电影营销通常都会选择那些题材比较新颖、幽默且带有创意的内容进行拍摄，当然，感人也是微电影营销的一大利器。

除了受众年轻化，电影宣传的艺人也大多比较年轻化，通常都是演艺界的新人，主要在于通过微电影这个平台来为自己增加人气，得到更多粉丝的支持。

随着广大用户对广告抵触心理的逐渐增强，企业的硬广告营销变得更加艰难，那些直白、生硬的广告不仅不能达到企业想要的营销效果，甚至让广大的消费者对其品牌产生了抵触情绪。

在移动互联网微营销时代，硬广告营销正进入短板期，而微电影的出现恰好迎合了用户的情感和心理需求，为企业带来了更多的营销机会。对于企业来说，在广阔的移动互联网营销世界，微电影营销较电视视频营销拥有更多的优势，如图 7-33 所示。

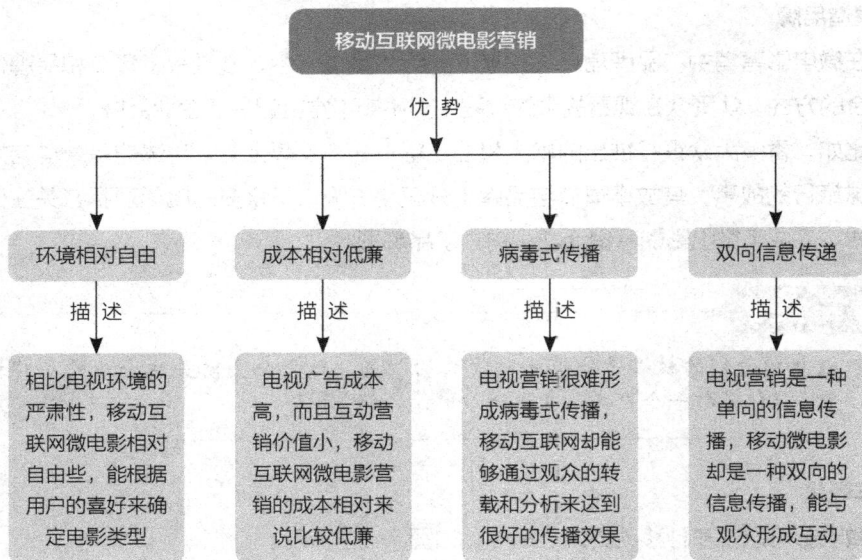

▲ 图 7-33　移动互联网微电影营销的优势

　　在移动互联网时代，微电影营销绝对是企业未来发展的重头戏，对于想要涉足微电影营销的企业来说，必须掌握微电影的创作要素，才能使营销达到理想的效果。

075　大数据营销：低成本的企业营销方式

　　在互联网迅速发展的时代环境下，社会信息类数据量剧增，导致数据累积效应明显，更重要的是，它加剧了企业在数据资产方面的竞争，各行业的互联网化和大数据趋势日益明显。那么什么才是大数据呢？大数据营销具体又是什么呢？本节将着重讲解大数据的基本概念以及大数据营销方面的基本知识。

　　顾名思义，大数据即大量、海量的数据，难以被一般的软件工具捕捉分析。所谓大数据，其实就是在传统数据库软件工具条件下，无法在一定时间内对其内容进行挖掘、管理和分析处理的数据集合。

　　随着大数据的迅速发展普及，新网络营销中的一种新型营销方式——大数据营销也应运而生，那么究竟什么是大数据营销呢？下面将重点介绍其具体概念，如图 7-34 所示。数字生活空间的普及，使得全球的信息量出现了爆炸式的增长，在这样的基础之上，大数据营销无疑成为了引领互联网营销的新风潮。

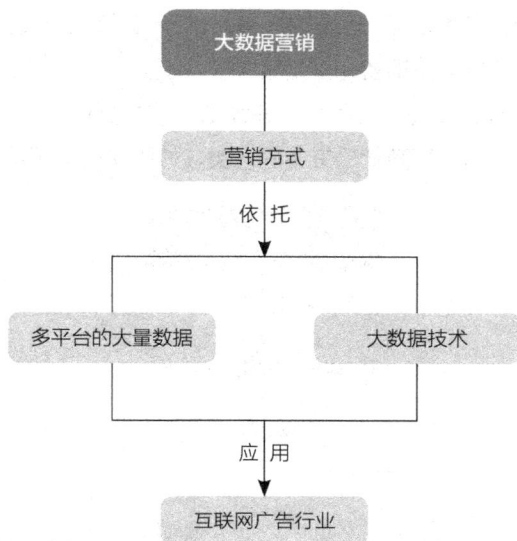

▲ 图 7-34　大数据营销的概念图解展示

温馨提示

　　大数据营销的核心在于让网络广告在合适的时间，通过合适的载体，以合适的方式，投给合适的人。

　　随着信息技术的飞速发展，现代社会已进入大数据时代，在这个时代，对于想要尝试大数据营销的企业来说，利用正确的方法挖掘出大数据的营销机会，充分利用和分析大数据是极其重要的。它可以帮助企业降低经营推广的成本，提前知晓商机，获得企业发展的成功。

　　例如，大数据技术在 APP 中的应用可以最大限度地集合用户流量，具有无可比拟的作用。

　　通过上述分析，相信很多企业已经了解挖掘大数据的营销机会的重要性了。那么在整个大数据产业链上，企业该从哪些方面进行大数据营销呢？具体内容如图 7-35 所示。

▲ 图 7-35　企业大数据营销

由图 7-35 可知，在大数据产业链中，每一个环节都是成就企业营销的机遇，如目前兴起的基于数据分析的营销咨询就是其中的典型。

对于掌握了大量数据源的企业而言，在大数据的数据信息挖掘与分析方面更是有着广阔的商业前景，电信运营商就是其中的一类，如图 7-36 所示。

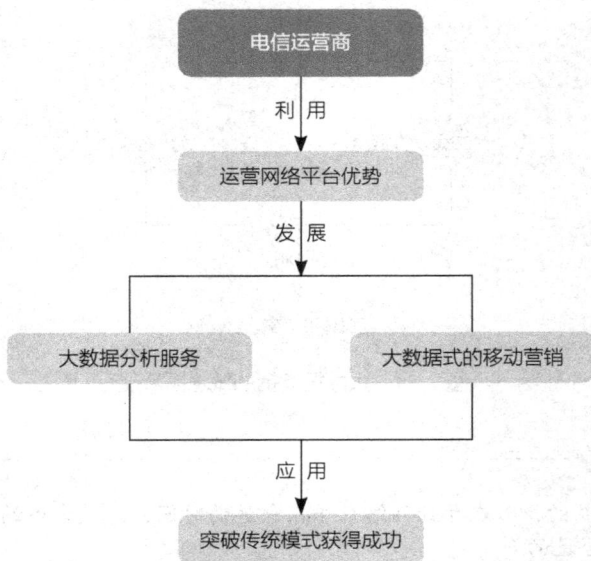

▲ 图 7-36　电信运营商的数据挖掘前景分析

大数据具有数据量庞大、数据类型丰富多样以及数据来源极为广泛 3 个方面的优势，这决定了其信息更具综合性和科学性，因而其中蕴含的商业价值更值得借鉴，这将极大地影响未来的商业决策。

如今，正在发生巨大转变的数据分析模式为企业带来了真正的机会。大数据平台让所有企业能够通过大数据分析模式，洞察竞争中的商业先机，从而取得他人所没有的竞争优势。

例如，UC 浏览器 APP 中的"UC 头条"并非只是根据用户选择的内容来了解用户感兴趣的新闻内容，而是根据其在使用过程中的行为分析，来推荐用户可能感兴趣的内容，用户每一次的阅读和选择，都是一个独立的数据库，用户点击的新闻内容都会被分析。

除此之外，利用大数据平台的数据信息，相关企业特别是互联网从业者可以提高洞察力并做出正确决策，从而获得竞争优势。

移动互联网的飞速发展及数据的大幅度增长，使得运营商越来越依靠于利用大数据进行营销经营，传统数据库技术已无法满足其需求。在此背景之下，大数据便成为了目前商业市场中的热点。

最关键的是，从新网络营销方面来说，虚拟的数据使得商家需要付出的成本大大减少，而盈利空间反而还会在某种程度上大大上升。所以任何一位商家都应该掌握好大数据营销的方式，势必将这种低成本的营销方式应用于新网络营销。

💡 温馨提示

　　大数据时代主要是对技术的综合运用和对数据的深度挖掘，运营商利用大数据可以分析客户结构，且可通过网络收集大量用户，这在一定程度上减少了运营商对上下游企业的依赖性。

数据源的丰富为各大企业与运营商带来了更多的机会，极大地促进了企业的发展。而在大数据时代环境下，商业市场有着与传统完全不同的营销模式。基于大数据信息源条件下的盈利方式和经营策略的不同，形成了 6 种新型的商业营销模式，如图 7-37 所示。

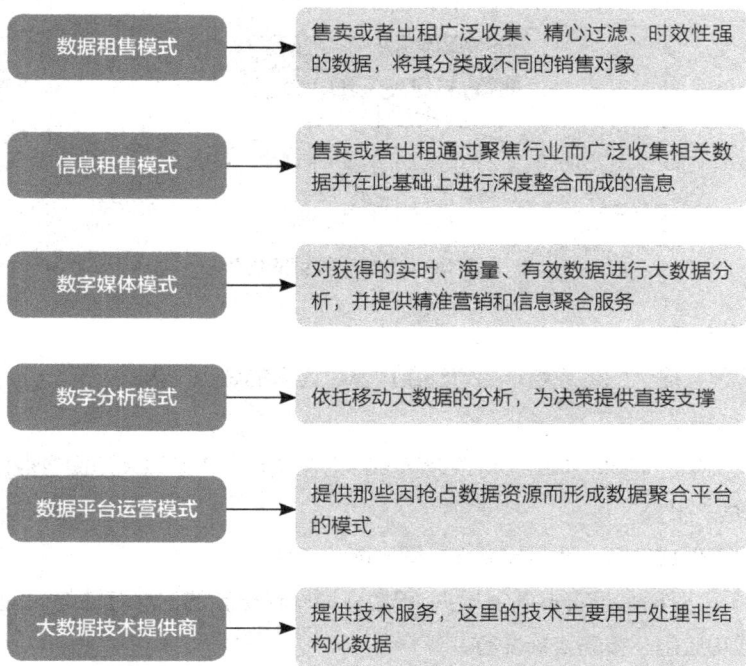

数据租售模式	售卖或者出租广泛收集、精心过滤、时效性强的数据，将其分类成不同的销售对象
信息租售模式	售卖或者出租通过聚焦行业而广泛收集相关数据并在此基础上进行深度整合而成的信息
数字媒体模式	对获得的实时、海量、有效数据进行大数据分析，并提供精准营销和信息聚合服务
数字分析模式	依托移动大数据的分析，为决策提供直接支撑
数据平台运营模式	提供那些因抢占数据资源而形成数据聚合平台的模式
大数据技术提供商	提供技术服务，这里的技术主要用于处理非结构化数据

▲ 图 7-37 大数据环境下的 6 种新型商业营销模式

很明显，以上 6 种方式几乎都是基于网络虚拟数字，成本比经营实体商品要低得多。

随着大数据的不断发展，未来企业之间的竞争将不再局限于产品价格、性能方面的对比，也不只是企业服务的好坏对比，而是基于社会化媒体营销的基础，对海量用户信息进行数据分析，找出最适合企业的消费者群体，将产品与服务销售给消费者，并利用数据库管理系统监测用户使用产品后的反应与喜好，做好售后服务，从而达到盈利目的。因此，未来世界里的大数据营销其实就是数据的解释与运用的营销。

076　二维码营销：信息存储量大的营销方式

二维码是按照一定规律，将特定的几何图形在平面上分布成矩形方阵，主要用于记录数据符号信息的一种新型技术。二维码很早就开始在国外应用了，通常被应用于城市管理服务体系和民众日常生活服务。

本节将介绍二维码的相关知识。企业在运用二维码进行产品推广和营销时，首先要了解二维码营销有哪些优势，笔者认为，二维码营销主要具备图 7-38 所示的 3 点优势。

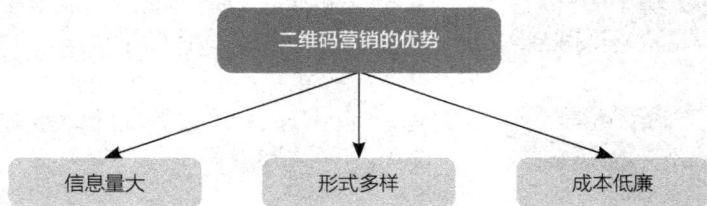

▲ 图 7-38　二维码营销的优势

（1）信息量大

二维码包含庞大的信息量，是普通条码信息容量的好几十倍。

（2）形式多样

二维码编码的范围非常广，可以表示多种语言文字，也可以表示图像数据。

（3）成本低廉

二维码不仅成本低，而且易制作，同时能够长久使用。

二维码技术作为条形码中的一种，已经成为一种全新的信息存储与识读技术，并且已经被成功应用于移动终端设备。

二维码具有条形码的一般性质，如图 7-39 所示。

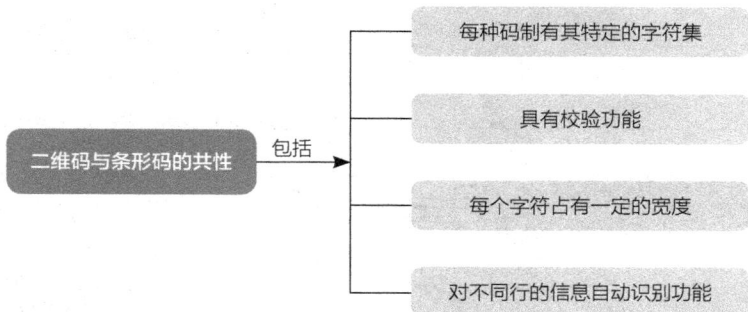

二维码与条形码的共性 —包括→ 每种码制有其特定的字符集 / 具有校验功能 / 每个字符占有一定的宽度 / 对不同行的信息自动识别功能

▲ 图 7-39　二维码与条形码的共性

二维码除了具备条形码的一些共性外，还具有其他的一些相较于条形码更有优势的方面，如图 7-40 所示。

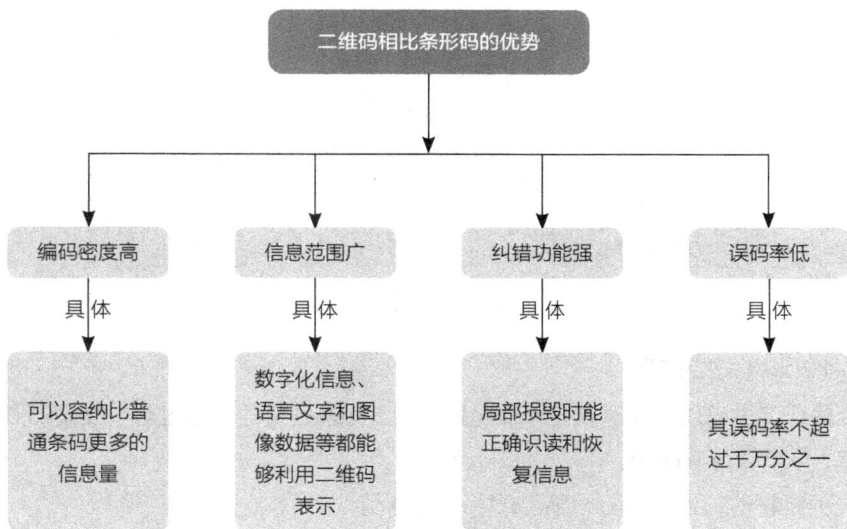

二维码相比条形码的优势

编码密度高　具体　可以容纳比普通条码更多的信息量

信息范围广　具体　数字化信息、语言文字和图像数据等都能够利用二维码表示

纠错功能强　具体　局部损毁时能正确识读和恢复信息

误码率低　具体　其误码率不超过千万分之一

▲ 图 7-40　二维码相比条形码的优势

随着移动互联网时代智能手机的普及，企业越来越重视人和人之间的互动以及信息数据的传播，二维码的出现彻底引爆了这一市场。目前，二维码开发的价值如图 7-41 所示。

二维码，又称二维条码，从其名称来看，它比一维多了一个维度，即垂直维度。它弥补了一维码因在垂直方向上不携带资料而导致资料密度偏低的局限，成功地提高了资料密度。

关于资料密度的提高，二维码主要通过两种方法来实现，并由此产生了二维码的两大类别，如图 7-42 所示。

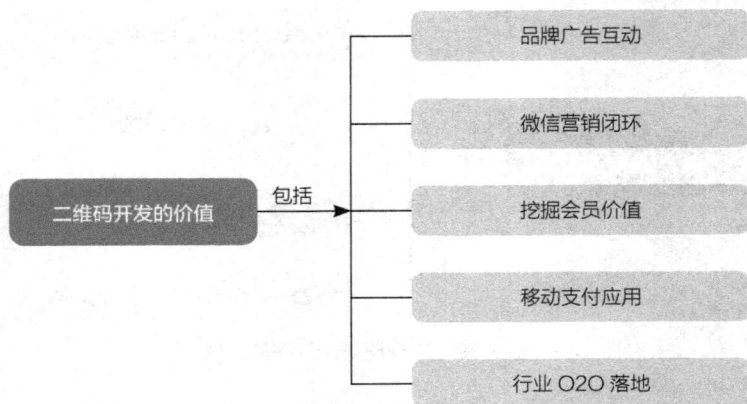

▲ 图 7-41　二维码开发的价值

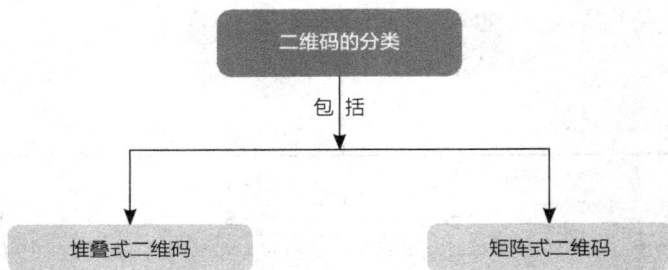

▲ 图 7-42　二维码的分类

（1）堆叠式二维码

堆叠式二维码是一种建立在一维码基础之上的多层符号，通过对一维码的高度变窄调整，依需要堆叠成行。

关于堆叠式二维码的具体内容如图 7-43 所示。

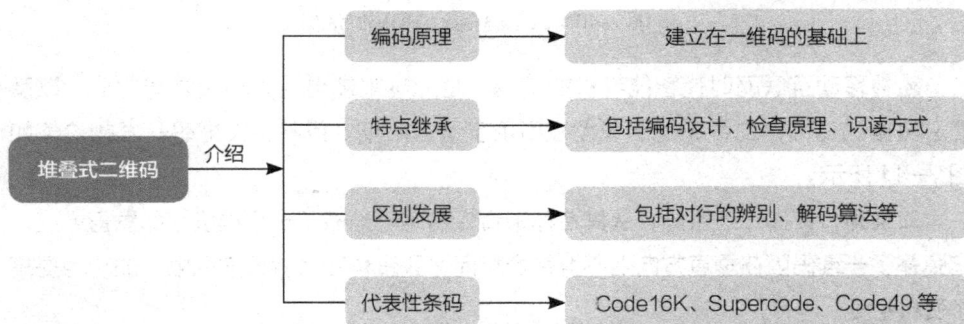

▲ 图 7-43　堆叠式二维码的介绍

（2）矩阵式二维码

矩阵式二维码是一种通过几何图形和结构设计来增加资料密度的二维码。关于矩阵式二维码的具体内容如图 7-44 所示。

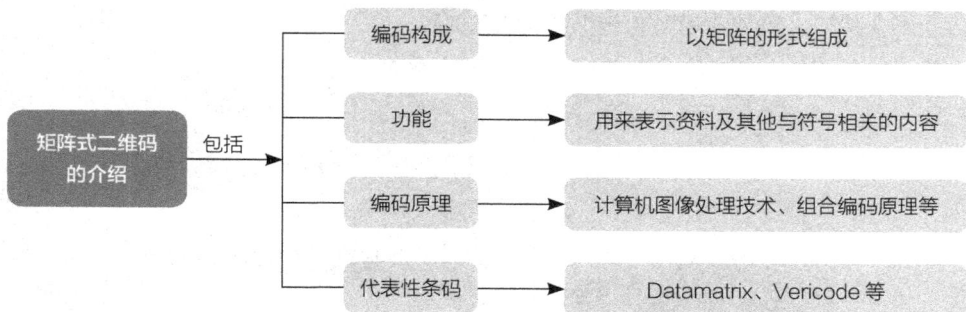

▲ 图 7-44　矩阵式二维码的介绍

077　微网站营销：抓住移动时代的营销商机

在新网络营销当中，微信是无法避开的话题。因为微信有着十分庞大的用户基数。而这些庞大的用户群刺激了微网站的开发。什么是微网站？微网站就是基于微信公众号建立的一个 Web 网站，微网站对企业有图 7-45 所示的作用。

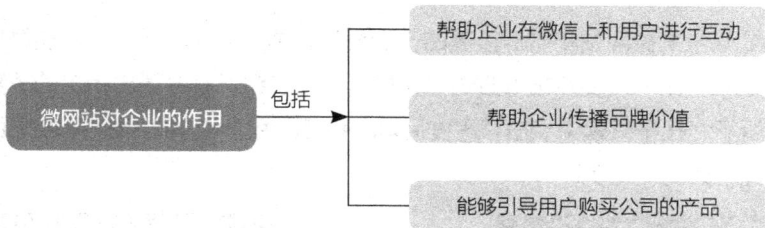

▲ 图 7-45　微网站对企业的作用

微网站是一个适应智能手机用户市场的 Web 网站，能够兼容图 7-46 所示的多种智能手机操作系统，能够与微信、微博等社交平台连接，在移动互联网营销中占据着非常重要的地位。

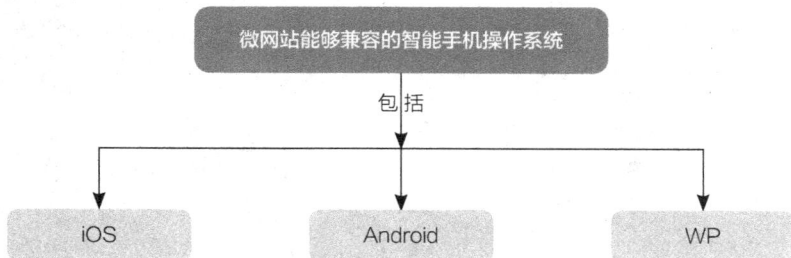

▲ 图 7-46　微网站能够兼容的智能手机操作系统

很多企业看到了微信庞大的客户资源，这些资源对于企业来说是极其珍贵的，因此抓住这些资源，对企业的营销和未来发展将产生巨大的推动作用，而且通过微网站，企业可以吸收到更多的粉丝和用户，因此微网站是一个拥有巨大商业价值的平台。相较于 PC 网站，微网站具有图 7-47 所示的优点。

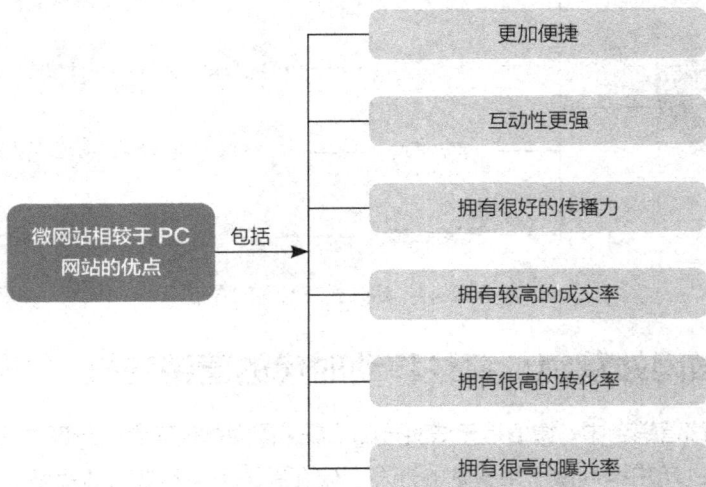

▲ 图 7-47　微网站相较于 PC 网站的优点

微信公众号是微网站和微信衔接的一个纽带，图 7-48 所示为"科技每日推送"的微信公众号，用户只要点击下方的"美推商城"按钮，就会弹出相应的子菜单，如图 7-49 所示，在子菜单中点击"美推商城"链接，就能跳转进入"商城主页 - 美推优品"界面，如图 7-50 所示。

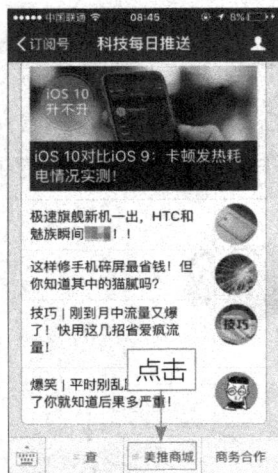

▲ 图 7-48　"科技每日推送"微信公众号

▲ 图 7-49　弹出相应的子菜单

▲ 图 7-50 进入"商城主页 - 美推优品"界面

"商城主页－美推优品"就是基于微信移动端的微网站，而"科技每日推送"公众号就是"商城主页－美推优品"与微信之间的一个纽带，它起到了一个衔接的作用，帮助微信用户通过公众号进入企业的微网站。

下面笔者以国内最大的微信公众服务平台微联盟 weimob 为例，谈谈如何搭建微网站。它主要分为 3 步，如图 7-51 所示。

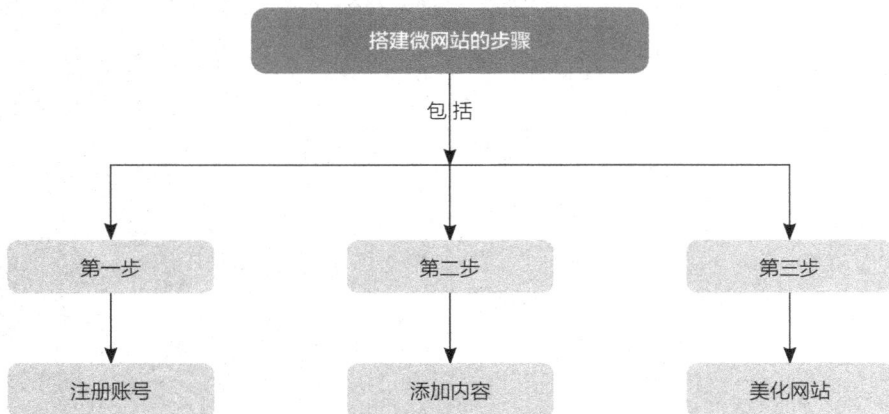

▲ 图 7-51 搭建微网站的步骤

（1）注册账号

首先要做的是在网站进行注册，然后通过"配置"功能与微信公众平台的接口进行配置。

165

（2）添加内容

在"编辑内容"界面添加要展示的内容。

（3）美化网站

利用网站美化功能对网站进行美化，还可以通过后台的微网站编辑模板，对图标、背景、文字、按钮链接等内容进行编辑。

在新网络营销当中，会有各种各样的新式营销手段，有的不够完善以致昙花一现，有的尽善尽美从而为商家带来收益。商家们应该擦亮自己的双眼，去寻找正确的营销方式，抓住每一次商机。

第8章

营销平台：
人气火爆，营销有术

在移动互联网时代，网络营销推广已成为一种新的营销方式，而在进行网络营销推广之前，首先需要选择最合适的营销平台，这样才能起到事半功倍的效果。目前，最火爆的营销平台包括微博、微信、朋友圈、公众平台、QQ、百度、论坛、问答等，本章将逐一进行介绍。

学前提示

要点展示

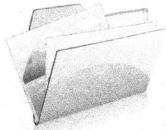

078 微博营销：传播最快的社交平台

在移动互联网迅速发展的当下，消费者的消费行为发生了巨大的变化。消费者由以往的被动选择变成了在网上主动搜索和分享。此外，消费者的消费决策还受到其他消费者评价的影响，这无疑给企业或商家的营销战略带来了新的挑战和机遇。

微博是从一个单一化的社交和信息分享平台转化而来的，在新网络营销时代，微博凭借其巨大的价值属性成为了企业重要的网络营销推广工具。

作为常用的资源丰富的新媒体营销工具，微博营销的特点主要体现在以下几个方面，具体如图 8-1 所示。

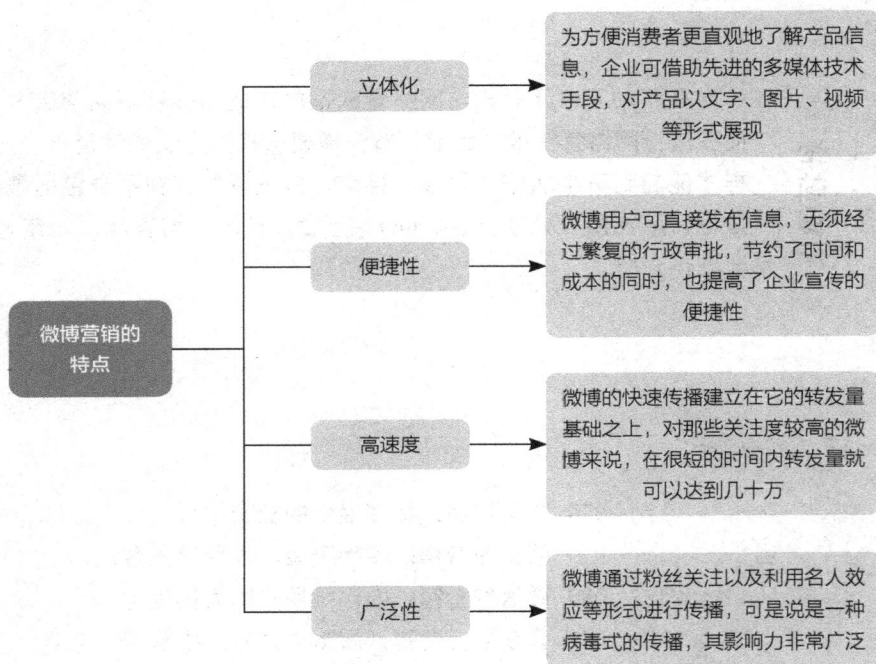

▲ 图 8-1　微博营销的特点

如今，网络营销已成为营销创新的主要趋势，微博就是其中一个性能优异的营销平台。由于使用方便快捷、进入门槛低、应用丰富多彩、能够快速获得信息并与他人交流，微博聚集了巨大的人气。

可以看到，近两年来微博平台迅猛发展，成为了移动互联网社交网络的主流。微博是一个能聚集人们交流的地方，在这里每天都能发生新鲜的事件、话题。企业和商家可以利用微博的特性进行软文营销，接下来我们来看看微博软文营销的技巧有哪些。

1. 借时下热门话题

企业在微博热门话题中可以找到热门微博、热门话题、综合热搜榜等方面的内容，进而可以借助时下的热门话题来吸引人们的关注，将软文和热门话题相结合，有效提高用户的关注度。

2. 善于挖掘历史

这里的历史不仅仅指古时候的历史故事，还包括企业所在地的历史文化、企业的发家史、创业史，以及企业经营项目的历史渊源等。

例如，企业可以通过历史和软文相结合的方式进行推广，因此在微博上，企业也可以抓住这一点，将历史故事和文化与软文营销相结合，从而吸引感兴趣的粉丝。

3. 经常制造新闻

面对微博这个人口流量庞大的即时性平台，企业要学会自己给自己制造新闻，虽然发布新闻的方式不多，但是新闻的内容可以有很多，例如：

（1）企业年中、年底的经销座谈会；

（2）商家获得企业融资；

（3）接待社会知名人士；

（4）企业领导对外参加知名的活动。

企业微博需要随时关注这些信息内容，这样就能保证企业的新闻永不过时，让消费者随时都能看到企业的消息。另外，制造新闻还要讲究一定的原则，内容要有依有据、真实可靠，企业可通过新闻来植入软性的产品广告。

4. 学会向对手学习

企业要擅长向竞争对手学习，对于同一个产品或者同一项服务，企业要仔细研究对手的软文特点，然后取长补短，找出自己的优势所在，将自己具备而对手不具备的优势在软文中体现出来。

但是在与对手对标的过程中，不能刻意诋毁对手，要站在客观的角度进行软文创意，不能为了达到自己想要的营销效果，就刻意去诋毁对手的弱项，这样很容易在消费者心目中树立不好的企业形象。

5. 借势提升影响力

众所周知，在互联网时代，企业微博的影响力主要由 3 个因素决定，包括活跃度、传播力和覆盖度，有关这 3 个因素的介绍如图 8-2 所示。

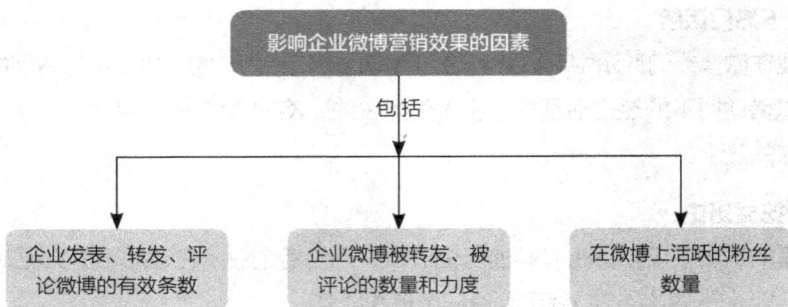

▲ 图 8-2　影响企业微博营销效果的因素

因此，企业在进行软文营销的时候，如果想要提升软文广告的影响力，就可以从以上 3 大因素入手。另外，企业可以借助拥有大量粉丝的知名博主，帮助企业进行软文营销来实现更好的营销效果。此种方法具有两种优势，如图 8-3 所示。

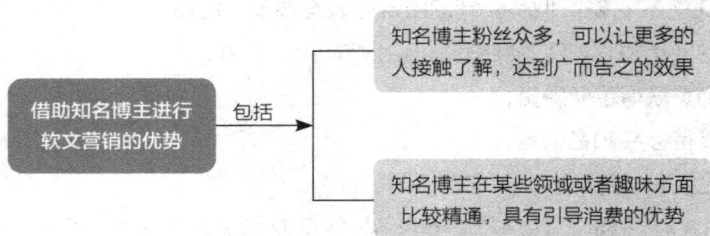

▲ 图 8-3　借助知名博主进行软文营销的优势

6. 招纳优秀的人才

运营微博软文不是一件轻巧的事情，每个想要通过微博软文营销来打造互联网品牌的企业，都必须招纳专门的微博软文运营、策划人才。微博软文运营、策划的人才通常需要具备两点职业素养：一是具备企业经营范围内的专业知识；二是具备一定的媒介洞察力和素养。

只有具备企业经营的专业知识的人才，才能对行业讯息进行正确的判断，保证发布的软文质量；只有具备一定的媒介洞察力和素养的人才，才能够策划出消费者喜欢的网络软文方案。

7. 140 字打造精华

企业在微博上运行软文营销，最好的方法是写 140 字的软文内容，虽然企业可以发长微博，但人们不会花费太多的时间去仔细查看长篇大论的微博，因为人们对精简的微博软文会更感兴趣一些。发 140 字微博软文需要注意以下几点技巧。

（1）40 个字以内吸引受众

企业在进行软文营销的时候，要在前 40 个字以内就吸引受众，那样才会有效果。比如很多企业或组织者在发布开店的微博软文时，用短短两行字就直接说明主题，将能够提供给加盟者的好处直接说出来，让有意向的人一眼就被吸引住；而且很多人看到这样的文字很容易被吸引，所以即使开始没有意向，也会忍不住产生意向。

（2）多用疑问句

在微博软文广告内容中，可以多用一些疑问句，这样就相当于抛出一个话题来供消费者讨论，能引起更多人的共鸣。

（3）罗列信息

微博软文营销可以使用"1、2、3……"等编号形式将软文的信息罗列出来，能够更清晰地阐释软文内容。

8. 巧用"@"功能

在微博软文营销中，"@"这个功能非常重要，企业可以在微博里"@"粉丝、名人、媒体等来加深互动。

企业通过"@"功能，通常能有效提高微博的活跃度，同时也很有可能获得一批粉丝的关注，从而扩大自身品牌的影响力。

而且很多时候，很多粉丝通过"@"企业微博想与对方产生交流，其实这也间接为企业打了广告。

079　朋友圈营销：字字千金，发展熟人客户

火爆来袭的微信成为营销的主流平台后，朋友圈则成了宣传产品的有利渠道，通过熟人圈子来销售产品，有很高的真实性。下面主要介绍通过朋友圈进行营销的各种方法。

1. 我的位置：朋友圈中最佳的广告位

在发朋友圈时有一个特别的功能叫"所在位置"，可以利用这个功能定位你的地址。更特别的是，我们可以通过这个功能给朋友圈营销带来更多的突破点，如果利用得当，甚至可以说是给朋友圈营销又免费开了一个广告位。

如图 8-4 所示，这条朋友圈下方的文字就是利用了微信中的"所在位置"这一功能，这位营销人员将所在地址和商品广告信息叠加起来，给商品又打了一次广告，具体的位置创建信息如图 8-5 所示。

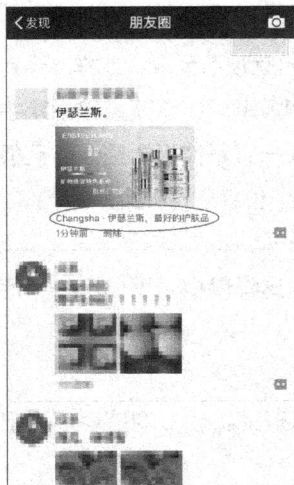

▲ 图 8-4　利用位置进行营销

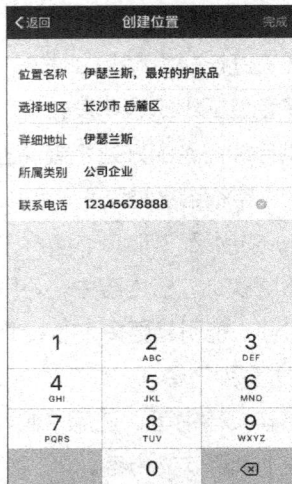

▲ 图 8-5　具体的位置创建信息

2. 信息评论：让营销内容展示一目了然

营销人员在发朋友圈进行营销时，如果广告文本超过 140 字，则文字可能会被折叠起来。在这种情况下，客户进入原文仔细阅读的概率很小。因为现代社会，多一个小动作都可能会损失一部分用户。

所以这时营销人员应该想办法来让自己所写的内容能够完完整整地被受众看到。

将文本的重要信息节选出来放在评论里是一个十分明智的做法。因为微信评论是不会被隐藏起来的。当然，有一些营销人员嫌提炼重点太麻烦，也会选择直接将文本复制至评论处。

图 8-6 所示为某店铺周年庆典的营销信息，图 8-7 所示为某培训机构职业资格成绩查询与科目报考的营销信息。

在图 8-7 中，这位培训机构的营销人员首先发了一条关于成绩查询通知的朋友圈。由于字数太多，这条朋友圈微信用户可见的只有那句"【成绩查询通知】2017年 5 月份人力资源师"，其他所有广告内容如果不展开的话，都不能被人读到。

显然他自己也意识到了这个问题，于是将那条朋友圈的文本重新复制粘贴至评论区。除了原本的文本信息，如果营销人员在广告之后还有需要补充的信息，也可以直接写在评论处，这样，点赞或评论过那条朋友圈的所有人都能看到你所发的有效信息。

3. 巧妙晒单：激发客户心动最强的手段

营销人员在朋友圈销售产品时，除了定期发布一些企业产品的图片和信息以外，也要晒一些成功的交易订单或者快递单，但是在晒单过程中也要注意两个方面的问题，一是适度，二是真实。具体来说表现如下：

▲ 图 8-6　周年庆典的营销信息

▲ 图 8-7　培训机构营销信息

一是在晒单程度上要注意适度。因为现在大家对刷屏和晒单往往比较反感，但是晒单其实是有必要的，好友看到成交量也会心动，但切记不要使用假的数据。

二是在晒单内容和信息上要真实，即尽量将最真实的图片和数据展现给好友，这才是正确的晒单做法。

在朋友圈发落单提醒，上面会显示单号、姓名或电话，这样是比较真实的，如图8-8所示。在朋友圈发走单广告，图文并茂，并且带有聊天记录和转账记录，如图8-9所示，这种情况也体现了真实性。

▲ 图 8-8　朋友圈晒快递订单号

▲ 图 8-9　朋友圈晒聊天和转账记录

080　微信群营销：数亿级用户的营销宝地

在移动互联网时代，微信营销已成为一种新型的营销模式，而微信中的微信群营销是微信最热门的营销模式之一，微信拥有数亿级用户，微信群是一些微信好友的集成平台，在营销过程中有利于目标客户的集结和信息的精准推送，下面介绍微信群的创建与营销技巧。

1. 微信群的取名技巧

微信群名称是一个群的"门面"，是群友们加入群之后第一个看到的与群有关的内容。群名称是一个微信群的象征，一个好的名字是成功的一半，因为它更能够吸引高质量的群友加入。下面介绍微信群取名的 6 大技巧，如图 8-10 所示。

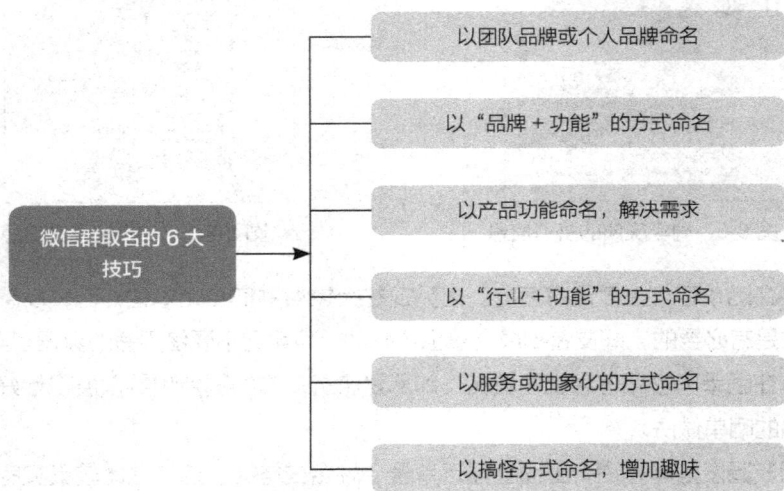

▲ 图 8-10　微信群取名的 6 大技巧

2. 创建微信群的方法

如果运营者想要运营一个微信群，首先需要创建一个微信群。微信群的创建方法有 4 种，如图 8-11 所示。

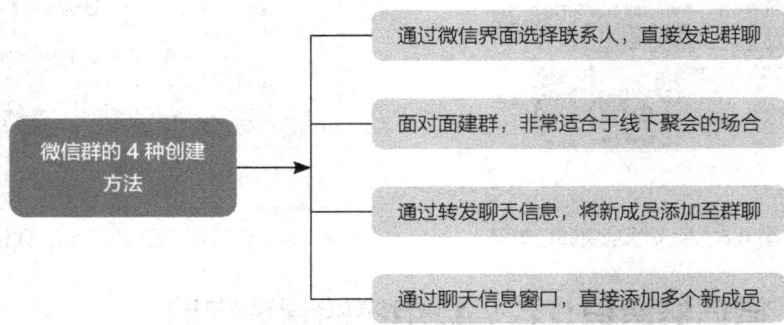

▲ 图 8-11　微信群的 4 种创建方法

3. 使用微信群进行营销

当企业发布新产品或举办相关活动时，可以通过"微信群发"的功能通知群友重要的营销活动信息，这里包括两层意思，一是指在微信群中利用"群公告"的功能发布营销信息，这样系统会 @ 所有人，给每个人发出一个提醒，如图 8-12 所示。

但是光用这个方式来发布通知还不够，因为有时候群成员可能不会打开群查看群公告的内容，或者因为屏蔽或其他原因没有第一时间打开群查看群公告信息，从而错过了一些比较急的群通知，这个时候，运营者还可以通过微信"设置"界面下的"通用"—"功能"—"群发助手"功能群发信息，如图 8-13 所示。

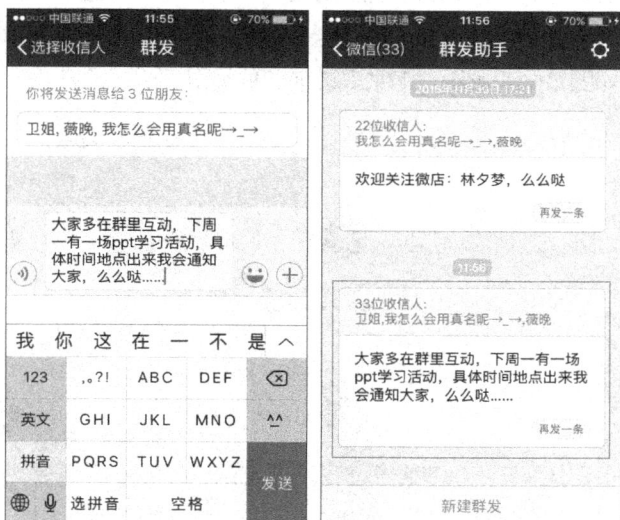

▲ 图 8-12　系统 @ 所有人　　　　▲ 图 8-13　使用"群发助手"功能群发信息

微信的运营者和微信群群友互动也需把握一定的技巧，在群发营销信息的过程中，微信运营者要注意两个方面的问题，一是群发的内容，二是群发的人称。在群发的内容方面，需要注意以下两点：

（1）内容要精简：群发的内容要尽量精简，不要啰唆地说了一堆话还没说到重点，这样会让群友们难以抓到重点，给其留下不好的印象；

（2）措辞要合适：在措辞方面，不要太过生硬，也不要随意无礼，应亲切地表达出自己对群友的尊重和友善。

运营者在群发的过程中，除了内容要精简、措辞要合适之外，还要注意群发的人称，要以第一人称群发，如果是在群里群发，就用"大家"之类的词语，如果是群发到每个人的微信号上，就要用"你"这类的词语，这样会让人感到你只是在和他一个人说话，会让对方觉得更受重视。

081　公众平台营销：爆款公众号互推营销

微信作为新网络营销的典型平台，谈及网络营销推广，对微信平台的介绍是必不可少的。如何选择公众号类型、为微信公众平台取名、设置微信号、菜单栏或者头像等，都是微信公众平台的运营者需要思考的问题，这也是微信公众平台运营的首要步骤，下面笔者将讲解如何运用于实战。

在申请微信公众号的时候，会有一个选择公众号类型的页面，在该页面，微信公众号的运营者需要选择自己的账号类型，一旦账号建立后，账号类型就不能再修改了，但是订阅号可以升级为服务号。众所周知，微信公众号的账号类型主要有 4 类，分别是订阅号、服务号、企业号、小程序。在注册账号的时候，平台会跳出选择类型页面，如图 8-14 所示。下文只讲前三种类型。

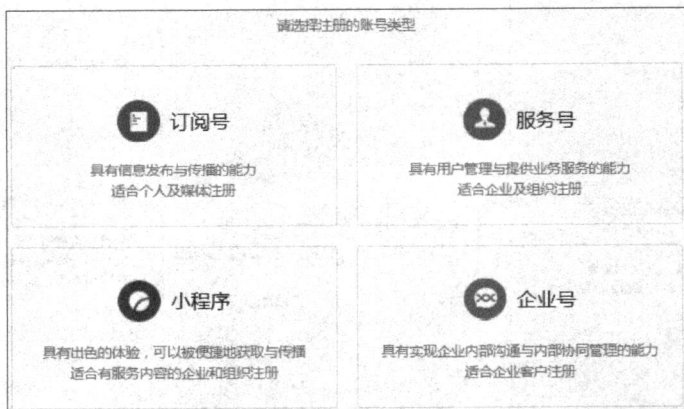

▲ 图 8-14　微信公众号的分类

1.　订阅号

订阅号主要偏向于为用户传送信息，有关订阅号的具体介绍如图 8-15 所示。

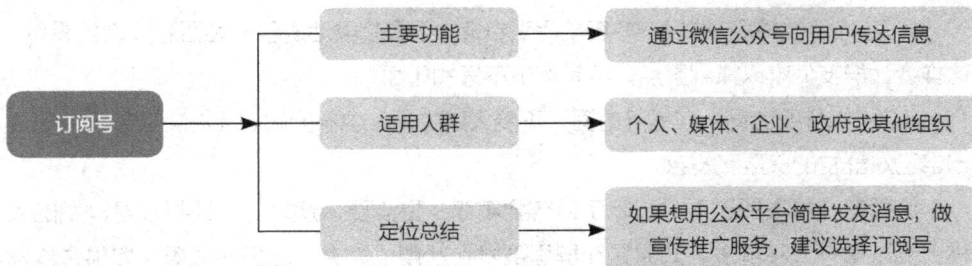

▲ 图 8-15　有关订阅号的介绍

图 8-16 所示为微信订阅号举例——会声会影 1 号。

▲ 图 8-16　会声会影 1 号微信订阅号

2. 服务号

服务号偏向于服务交互（类似于银行、114 查询），服务号的介绍如图 8-17 所示。

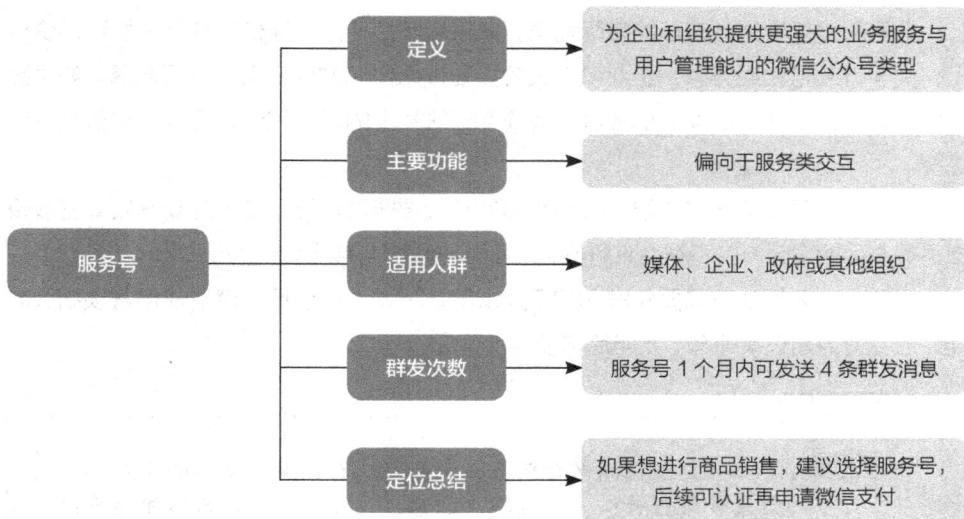

	定义	为企业和组织提供更强大的业务服务与用户管理能力的微信公众号类型
	主要功能	偏向于服务类交互
服务号	**适用人群**	媒体、企业、政府或其他组织
	群发次数	服务号 1 个月内可发送 4 条群发消息
	定位总结	如果想进行商品销售，建议选择服务号，后续可认证再申请微信支付

▲ 图 8-17　有关服务号的介绍

图 8-18 所示为微信服务号举例——中信银行信用卡。

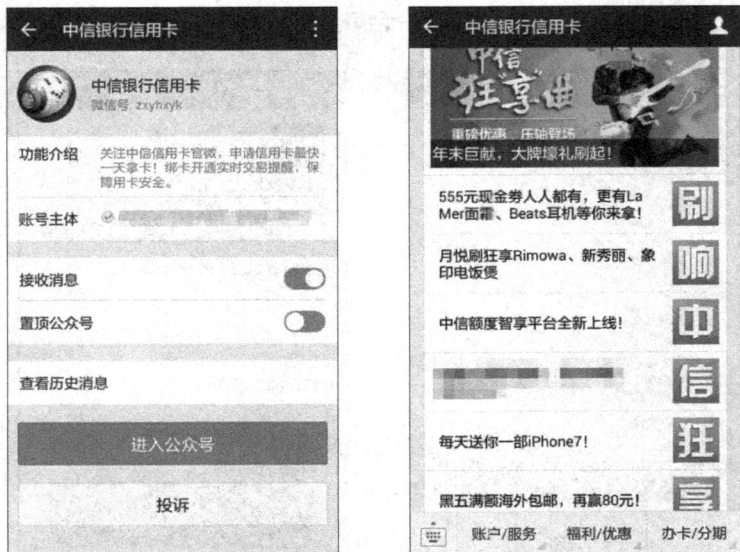

▲ 图 8-18　中信银行信用卡微信服务号

3. 企业号

企业号主要用于公司内部通信，想要关注企业号的成员，就必须先验证通信信息，因此，如果企业想要通过一个微信公众平台来管理内部企业员工或团队，就适合申请一个微信企业号。

选号的时候要结合自己的实际需求，如果用于企业内部通信管理，不妨选择企业号；关于订阅号和服务号，企业和个人就需要根据自己的目标需求进行选择。如果账号类型和目标需求不匹配，那么就会造成花在账号上的时间和精力变成了竹篮打水一场空。

企业在运营公众号的时候，必须知道自己想要哪些功能，如果想要开店或者涉及支付等方面的内容，就不适合选订阅号，而应选服务号或者企业号。

目前，服务号认证需要收取 300 元 / 次的认证费，认证后，就能使用各项高级功能，但是有效期只有 1 年，1 年后需要再次认证。

> 💡 温馨提示
>
> 众所周知，如果企业选择了订阅号，但是发现自己真正需要的是服务号的时候，可以将订阅号进行升级，但是需要注意以下几点：升级后不能再更改，而且升级机会只有一次；只有微信认证通过的订阅号才可升级；个人订阅号不能升级。

　　而相比订阅号，认证后的服务号具有 9 大高级接口，而且这 9 大接口只有认证服务号才能使用。这 9 大接口是哪些呢？具体如图 8-19 所示。

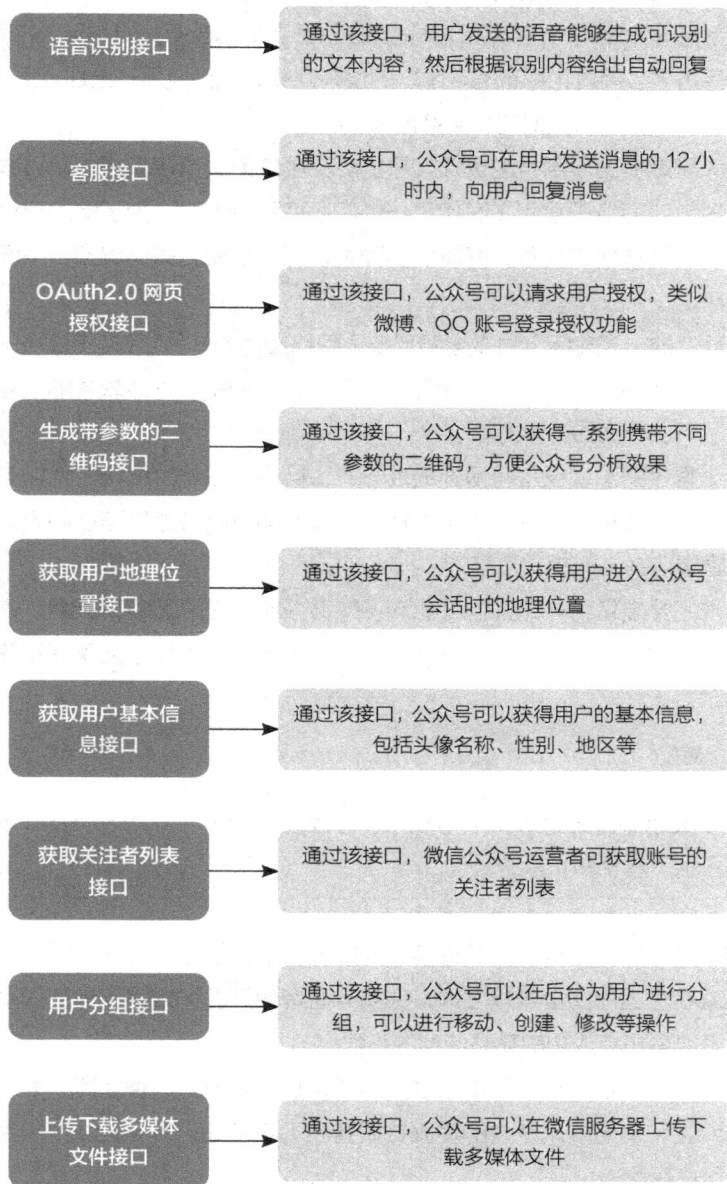

语音识别接口	→	通过该接口，用户发送的语音能够生成可识别的文本内容，然后根据识别内容给出自动回复
客服接口	→	通过该接口，公众号可在用户发送消息的 12 小时内，向用户回复消息
OAuth2.0 网页授权接口	→	通过该接口，公众号可以请求用户授权，类似微博、QQ 账号登录授权功能
生成带参数的二维码接口	→	通过该接口，公众号可以获得一系列携带不同参数的二维码，方便公众号分析效果
获取用户地理位置接口	→	通过该接口，公众号可以获得用户进入公众号会话时的地理位置
获取用户基本信息接口	→	通过该接口，公众号可以获得用户的基本信息，包括头像名称、性别、地区等
获取关注者列表接口	→	通过该接口，微信公众号运营者可获取账号的关注者列表
用户分组接口	→	通过该接口，公众号可以在后台为用户进行分组，可以进行移动、创建、修改等操作
上传下载多媒体文件接口	→	通过该接口，公众号可以在微信服务器上传下载多媒体文件

▲ 图 8-19　9 大高级接口的介绍

082　小程序营销：微信最新潮的营销手段

在日新月异的新网络营销当中，创新是十分重要的因素。可是如我们所知，创新在哪个时代都是非常难的一件事情，尤其要在服务上做出创新，更是难上加难。

移动应用虽多，但真正好玩的、耐玩的没有几款，而且只要一出现"大家都在玩"的新应用，下一秒就会有类似的应用推出来。

当腾讯大胆地提出应用号的概念，想要解决用户无法直接获得移动互联网内容和服务的痛点时，我们似乎看到了时代又一个新起点和新入口。为了给用户更好的应用体验，腾讯推出了微信应用号，即微信小程序，同时也助力微信搜索。下面对微信小程序进行介绍。

微信小程序的出现实际上是微信颠覆整个网络应用的一种尝试。它的出现使网站、APP、实体商店都变成了一个个即用即走，无须访问网站、下载软件的小程序，从而给人们带来了更加便捷的上网体验。

当然，小程序的出现也带有博弈的成分。二维码是移动互联网时代的主要入口，如果实体店铺中有二维码，并开通了小程序，顾客便可以通过微信扫码直接进入店铺的小程序，查看店铺内的相关信息。

只是小程序要想完全取代甚至超过 APP，还需要商家和顾客的配合。因为只有商家开通了微信小程序，顾客愿意通过扫码进入小程序，小程序才能获得足够的流量，获得发展的动力。

> 💡 **温馨提示**
>
> 商家如果想知道目前有哪些小程序，可以在微信搜索中输入"微信小程序名单大全"关键词进行搜索。

新事物出来之后，总有一些具有前瞻性的人士敢于做第一批吃螃蟹的人，小程序也是如此。就在小程序面世半年之内，许多运营者便开发和运营了自己的小程序，而其中不乏已经取得初步成功的高频使用的小程序。

"大众点评"小程序立足于本地生活消费和独立第三方消费点评，为用户提供了包括餐饮、购物和休闲娱乐在内的多领域服务和消费互动。图 8-20 所示为进入"大众点评"小程序后的首页。

从该界面可以看出，"大众点评"小程序的服务内容包括"美食""电影""休闲娱乐"和"丽人"4 大类，用户只需点击页面上方的选项，便可获取对应类别的相关信息。图 8-21 所示为选择"美食"之后的界面。

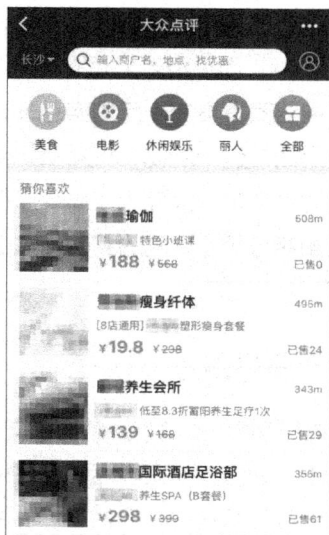

▲ 图 8-20 "大众点评"小程序的首页

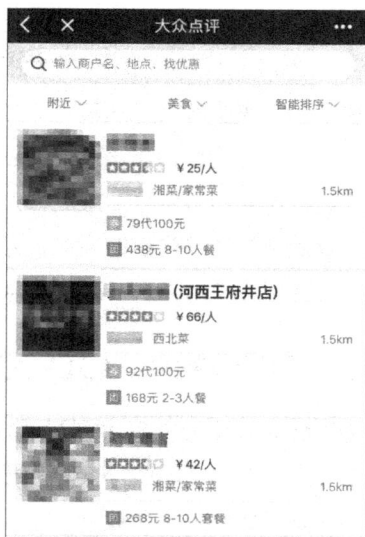

▲ 图 8-21 "美食"界面

如果用户想将选择对象进一步细化，还可通过点击页面上方的"附近""美食"和"智能排序"选项对具体要求进行选择。图 8-22 所示为"附近"选项的相关界面。

而进入某一商家之后，用户还可对该商家的评分、地址、联系方式、团购信息、网友点评等信息进行全面的把握，如图 8-23 所示。

▲ 图 8-22 "附近"选项界面

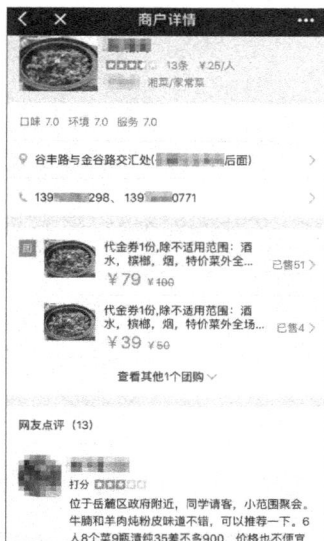

▲ 图 8-23 商家展示界面

"大众点评"小程序之所以能获得成功，笔者认为主要有 3 点原因。首先，"大众点评"这个品牌经过 10 多年的发展已积累了大量粉丝，而其相对全面的服务内容，也吸引着越来越多的人加入其中。其次，大众点评中的商品具有一定的实惠性，这主要体现在它将团购作为营销点，商品中的价格大多是团购价，所以，其商品价格对于用户来说自然更具吸引力。最后，大众点评中的互动性也是一大亮点，大众点评中通过"网友点评"这项内容的设置，为顾客与商家、顾客与顾客之间的互动交流提供了便利，并且新用户通过该内容也更容易获得对商品的整体认知。

083 QQ 营销：QQ 空间带来的无限商机

随着移动互联网的迅速发展和普及，人们的日常生活越来越离不开各种社交平台，而 QQ 这款社交应用在很多年前就已经深入人心，在"80 后""90 后"群体中，它几乎成了人们生活中不可或缺的一部分。所以，在新网络营销中，我们自然不能随便放弃 QQ 营销的平台。在这里，笔者重点介绍一下 QQ 营销的特点和优势。

1. 用户量成就其霸主地位

用户是营销活动中最大的主体，而 QQ 经过十几年的发展，早就在用户数量上占据了不能撼动的霸主地位。作为热门的即时通信软件，QQ 已经成为网民的必备工具之一，而且 QQ 中隐藏的商机和价值对企业来说是绝对不可轻视的，因此企业要重点利用这块资源。下面让我们来看一组由腾讯公司于 2015 年 11 月公布的相关数据，如图 8-24 所示。

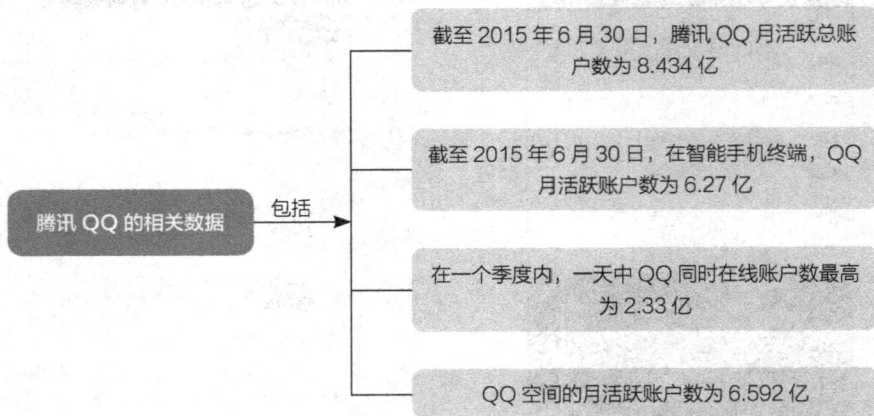

腾讯 QQ 的相关数据 —包括→
- 截至 2015 年 6 月 30 日，腾讯 QQ 月活跃总账户数为 8.434 亿
- 截至 2015 年 6 月 30 日，在智能手机终端，QQ 月活跃账户数为 6.27 亿
- 在一个季度内，一天中 QQ 同时在线账户数最高为 2.33 亿
- QQ 空间的月活跃账户数为 6.592 亿

▲ 图 8-24 腾讯 QQ 的相关数据

从这几组数据可以看出，QQ 拥有巨大的用户基数。对于企业来说，QQ 绝对是做品牌和产品推广营销的极佳选择。

2. 互动性带来需求信息

QQ 营销的第二大特色就是互动性强。在移动互联网时代，移动通信工具往往能在营销过程中让企业或商家占据主导权，而且还能够帮助企业对客户进行需求分析，建立相关的用户需求数据库，如图 8-25 所示。

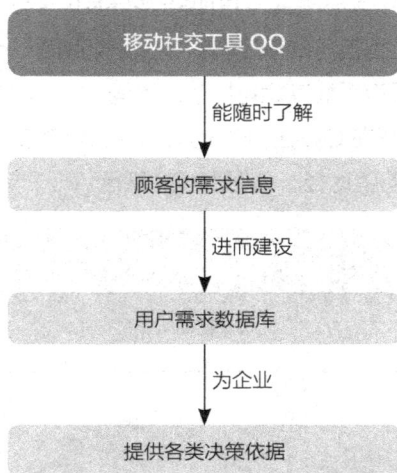

```
┌─────────────────────┐
│   移动社交工具 QQ     │
└─────────────────────┘
           │ 能随时了解
           ▼
┌─────────────────────┐
│    顾客的需求信息      │
└─────────────────────┘
           │ 进而建设
           ▼
┌─────────────────────┐
│    用户需求数据库      │
└─────────────────────┘
           │ 为企业
           ▼
┌─────────────────────┐
│   提供各类决策依据     │
└─────────────────────┘
```

▲ 图 8-25　QQ 在企业决策中的作用

3. 持续性强且效率高

企业不知道观看广告的对象是谁，而 QQ 营销不像网络广告，通过 QQ 营销，企业能够明确地知道用户是谁，并与用户建立友好的关系，同时还能够针对用户进行长期、持续性的培育。由于 QQ 营销具备较好的针对性、持续性等，因此转化率比其他推广工具高，能为企业节省大量时间与精力，提高工作效率。

在移动互联网时代，腾讯 QQ 的 8 亿流量支持（截至 2018 年 1 月），使得 QQ 营销在某些方面的能力十分突出，具体表现在图 8-26 所示的几方面。

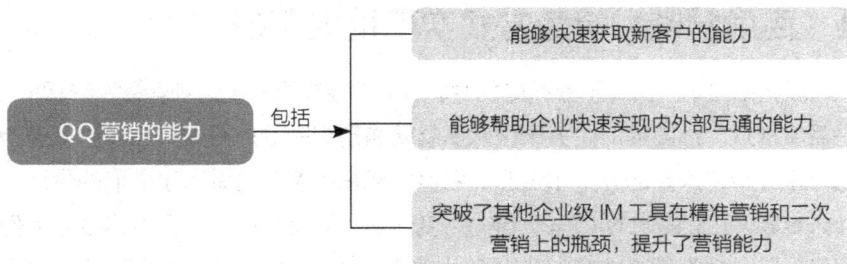

```
                    ┌──────────────────────────┐
                    │   能够快速获取新客户的能力   │
                    └──────────────────────────┘
┌──────────┐        ┌──────────────────────────┐
│ QQ 营销的能力 │─包括→│ 能够帮助企业快速实现内外部互通的能力 │
└──────────┘        └──────────────────────────┘
                    ┌──────────────────────────┐
                    │ 突破了其他企业级 IM 工具在精准营销和二次 │
                    │    营销上的瓶颈，提升了营销能力    │
                    └──────────────────────────┘
```

▲ 图 8-26　QQ 营销的能力

在移动互联网时代，QQ 就像一个小世界，人们只要加了好友，无论走到哪都可以互相联络，进入畅聊的世界，这就是它的魅力所在。QQ 所产生的衍生物也十分强大，譬如 QQ 空间，其复制能力以及用户渠道是最大的优势，同时 QQ 空间在用户黏度等方面同样具有明显的优势：

（1）信任度高：交易双方都是熟人关系，所以用户对商家的信任感很足；

（2）关注度高：一条说说，会立刻引起很多好友的关注和转发；

（3）互动性强：空间里互动的途径有很多，例如留言、评论回复等；

（4）针对性强：权限设置让商家可以针对不同的人群，发布不同的消息。

一般来说，新网络营销在 QQ 上开辟的营销平台自然就是 QQ 空间。QQ 空间有空间日志和空间照片两种营销途径，如图 8-27 所示。

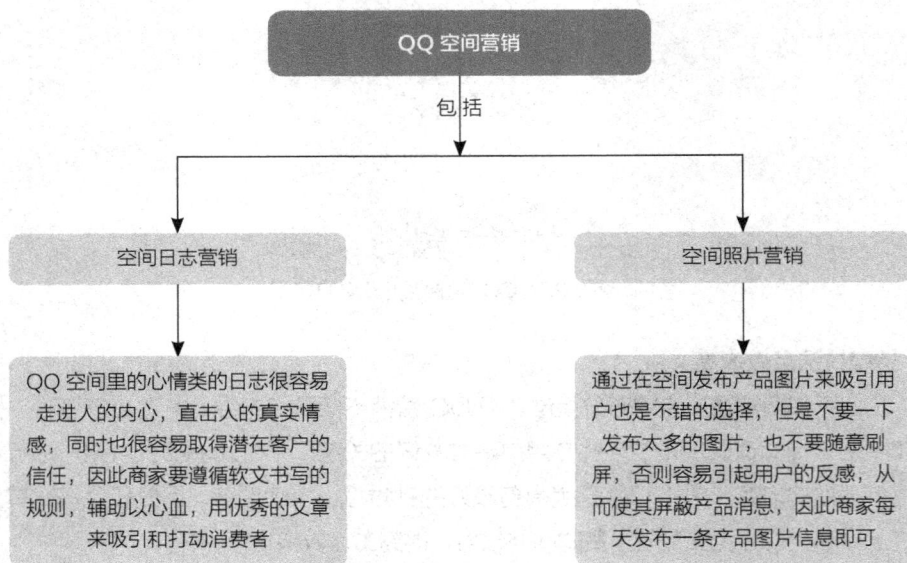

▲ 图 8-27　QQ 空间营销途径

084　百度营销：特色方式实现精准营销

说起新网络营销，自然不能不提百度。百度中存在着一个比较有特色的营销方式，那就是百度推广。百度推广是关于搜索引擎网络营销的推广方式，它通过简便的操作就可以给企业带来大量的客户和企业知名度。现在百度已经融入了人们的生活，若出现了什么难题，人们都会随口来一句"百度一下，你就知道"。百度已经与人们的生活密不可分了，每天都有很多人在百度上查找信息，只要企业在百度注册与产品相关的关键词，就会被主动查找这些产品的潜在客户找到。

购买过百度推广的企业，可以向百度提供一些与企业息息相关的关键词。这些词汇将会和公司绑定起来，以后只要消费者在百度上搜索这些关键词，就会看到公司的推广信息。

当然，只有在关键词被搜索时，公司的推广信息才会出现。比如某品牌绑定了"家纺"这一关键词，当用户在搜索这方面的信息时，企业的网店链接就会被推送至前几条，让用户一眼就看见，如图8-28所示。当然，企业之间可以重复绑定同一个关键词，谁出价高谁的排名就靠前。

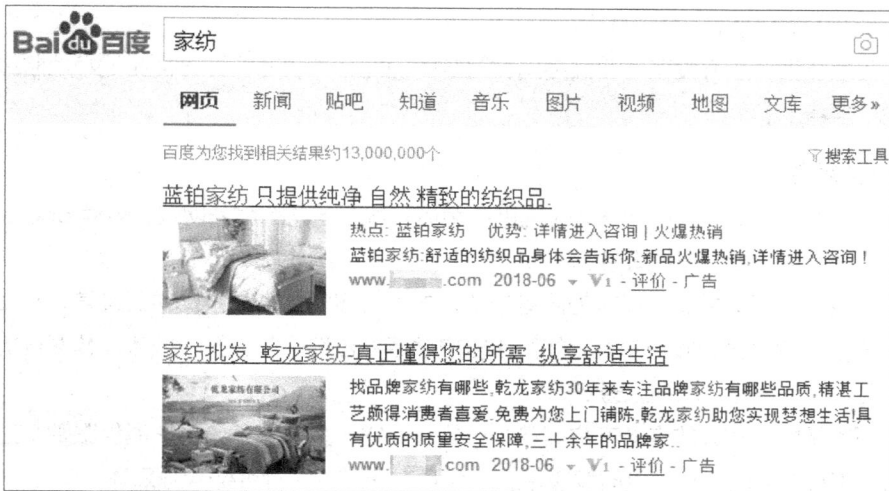

▲ 图8-28 "家纺"百度推广

百度是目前使用人数最多的一个搜索引擎，百度推广必然有它独特的优势。接下来让我们详细分析一下百度推广的优点。

1. 用户使用量巨大

据相关数据显示，百度是由每天2.5亿次访问所构筑起来的商务交易平台。它是使用人数最多的中文搜索引擎，也是最被大众熟知的中文搜索引擎，每天使用它查询信息的人数高达6 000万。

2. 针对性强

百度推广要求企业注册一些有针对性的"产品关键字"，如企业名称、产品名称、产品特点、企业服务等。

企业潜在客户在搜索企业提交的产品或者服务关键词时，会第一时间找到该企业的网站，第一时间获得业务咨询电话、邮件；若感兴趣，则会产生订单，企业将会因此得到越来越多的客户，市场份额也会越来越大。

3. 推广关键词无限制

企业利用百度推广做网络营销时，可以同时注册多个产品关键词，数量无上限。这能让企业的每一种产品、服务都尽可能地被潜在客户发现，进而获得理想的推广效果。

4. 支持各种服务功能

企业可以针对某些特定区域做推广广告，这一行为不仅更有针对性，同时还能节省资金。这意味着当指定地区的用户在百度平台上搜索某些付费过的关键词时，就能看到企业的推广信息。

百度还为企业开设了每日最高消费限定的功能，该功能能够让企业更好地监督自己的广告费用。

5. 专业服务

百度推广有专业服务团队，全程贴心服务。遍布全国的服务网络，连续 550 000 小时不间断地为企业提供服务。

百度公司还提供多种多样的服务方式，如上门服务、培训、自助工具等，并且具有十分丰富和全面的服务内容，如开通账户服务、咨询服务、策划服务、数据分析评估服务、回访服务、培训服务。

百度是中国较大的专业客户服务中心之一，它一直致力于为用户提供跟踪个性化服务，连接企业的需求，及时解答企业的疑问，确保客户的利益得到保障。

085 论坛营销：让你的帖子迅速火起来

在新网络时代，企业可以通过网络虚拟论坛发布企业的产品和服务等相关信息，从而达到企业品牌营销推广的目的。这种利用论坛进行营销的方式也是网络营销的方式之一。

对企业而言，论坛营销有助于企业积累人气，从而提升知名度，形成传播的口碑效应。而对用户而言，论坛的开放性、低门槛，使得大多数网友都能参与其中，用户的很多诉求都会在这里表达，这使论坛充满了活力和人气。

论坛的用户人气是企业营销的基础，企业可以通过图片、文字等内容的帖子，与论坛用户交流互动，这也是辅助 SEM（搜索引擎营销）的重要手段。

如图 8-29 所示，论坛平台在 SEM 方面具有诸多优势，这些优势进一步促进了营销推广，使得论坛营销的内容更为丰富。

论坛是一个有共同兴趣和话题的社群，所以，企业在论坛中推广产品和服务，主要是针对论坛用户。企业的论坛运营推广需要注意一些关键处，如图 8-30 所示。

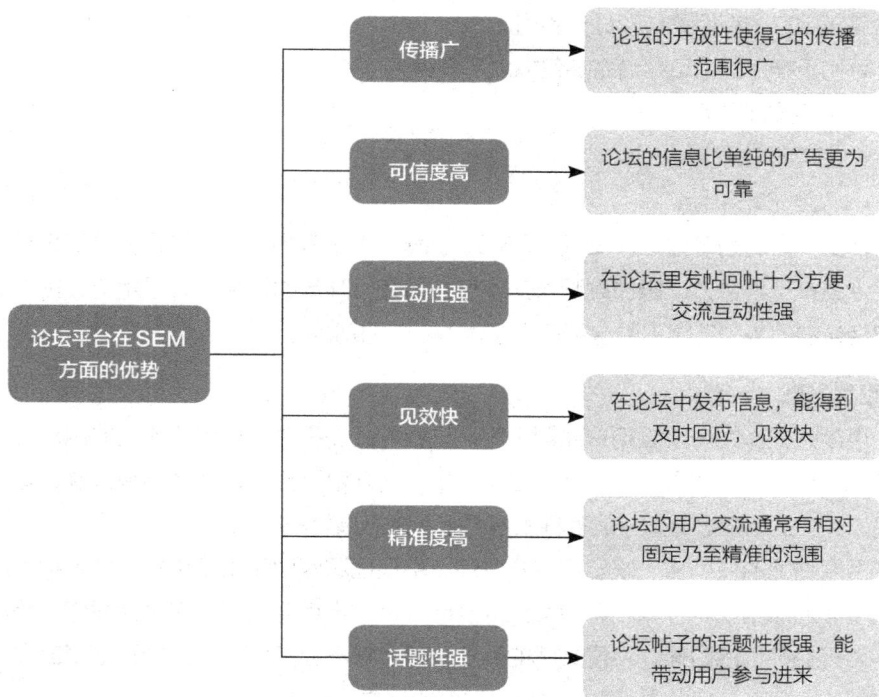

▲ 图 8-29　论坛平台在 SEM 方面的优势

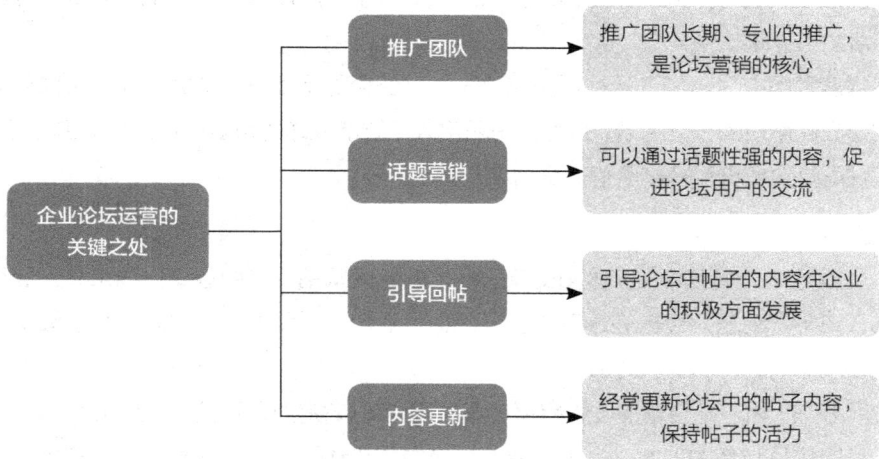

▲ 图 8-30　企业论坛运营的关键之处

在论坛中培养意见领袖、塑造权威影响，能在很大程度上带动其他用户的参与，从而进一步引导潜在用户往企业产品引流。

企业论坛营销最主要的推广方式是发帖推广，通过内容合适的帖子来引导话题，带动潜在用户的积极参与和进一步引流。

可用于推广的论坛平台主要包括以下几种：

- 百度贴吧平台；
- 豆瓣评论平台；
- 天涯论坛平台。

社交平台历经了论坛、Blog、SNS、微博、微信等历代更迭，很多曾经火爆的社交平台逐渐销声匿迹，唯独贴吧长盛不衰。历经十几年的发展，贴吧用户还呈现出一种年轻化的趋势，不得不说这是一个很值得研究的现象。

1. 百度贴吧

百度贴吧作为一个以用户原创内容为核心的社交平台，积累了庞大的用户群，这使其成为连接者，所以百度贴吧从 2013 年年底开始平台化，邀请品牌入驻，基于根据用户关注的话题进行细分的各种主题"吧"来开展社群营销。

百度贴吧的低门槛、娱乐性、开放性、草根性深深地吸引了用户。贴吧给予用户之间平等的对话权，分割出不同类型的封闭环境。当百度贴吧聚集了大量年轻用户，影响力日益扩大的时候，百度贴吧的商业价值也在不断扩大，这无疑验证了凯文·凯利在《技术元素》一书中所说的"目光聚集的地方，金钱必将追随"。

人们的首要需求是社交需求，人们首先要寻找到社群归属，然后才是使用工具。而百度贴吧强化了个人的账号体系，同时也有助于百度以账号为基础，逐步构建庞大的百度生态体系。

百度贴吧在供人们进行社群交流的同时，还会积累大量的数据，能够帮助百度更好地建立起用户的兴趣图谱，成为未来百度人工智能战略的重要组成部分。由此可见，百度贴吧是企业进行社群营销的基石之一。

2. 豆瓣

豆瓣是一个集品味、表达和交流于一体的社区网站，其中豆瓣品味系统主要包括读书、电影、音乐；豆瓣表达系统主要包括"我读""我看""我听"；豆瓣交流系统主要包括同城、小组、友邻。

图 8-31 所示是豆瓣 PC 端官网首页，用户可以在豆瓣平台浏览各种信息。

豆瓣最具特色的地方，在于它评论的自由、互动性。用户既能通过浏览他人的评论来侧面了解作品的质量，也可以对自己观看过的作品发表评论，这些评论能为其他用户提供参考。

图 8-32 所示是动漫电影《你的名字》的评论页面。该电影目前已有 20 多万用户点评，豆瓣评分为 8.7 分，电影口碑非常不错。

▲ 图 8-31　豆瓣官网首页

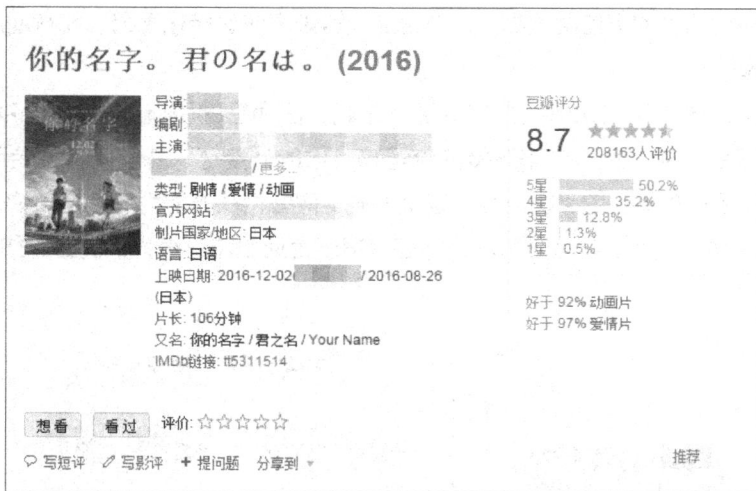

▲ 图 8-32　电影《你的名字》在豆瓣的评论页面

对于图书、影视等相关企业的网络营销推广来说，可以充分利用豆瓣的评分系统，引导用户发布积极评论，提高产品的评分，用更多的正面评论来吸引潜在用户。

3. 天涯论坛

天涯论坛是一个综合性虚拟社区，在全球范围内都具有较大影响力。天涯社区自创建后，以其充满人文关怀的核心特点，受到了国内用户乃至国外华人用户的关注。天涯社区是热点的聚集点，企业运营推广人员应该充分关注天涯庞大的用户群体，积极发帖引导话题来促进营销推广；也可以寻找与自己产品相关的知名天涯版主来合作，打响企业品牌，推广企业产品。

086 问答营销：小成本达到好效果

问答平台在新网络营销运营方面具有很好的信息传播和推广作用，如果企业能利用好问答平台，对快速、精准地定位客户有很大帮助。

问答平台在营销推广上具有两大优势：精准度和可信度高。这两种优势能形成口碑效应，对网络营销推广来说显得尤为珍贵。

通过问答平台来询问或作答的用户，通常对问题涉及的东西有很大的兴趣。比如有的用户想要了解"有哪些新上映的电影比较好看"，看到这样的问题，那些刚好看过电影的用户大多会积极推荐自己看过的满意影片，提问方通常也会接受推荐去观看影片。

提问方和回答方之间的交流很少涉及利益，用户通常是根据自己的直观感受来问答，这就使得问答的可信度很高，这对企业而言则意味着转化潜力，能帮助产品形成较好的口碑效应。

问答平台推广是网络营销推广的重要方式，因为它的引流效果是众多网络推广方式中较好的，能为企业带来直接的流量和有效的外接链。基于问答平台而产生的问答营销，是一种新型的互联网互动营销方式。问答营销既能为商家植入软性广告，同时也能通过问答来引流潜在用户。问答营销于企业引流有很大的优势，如图 8-33 所示。

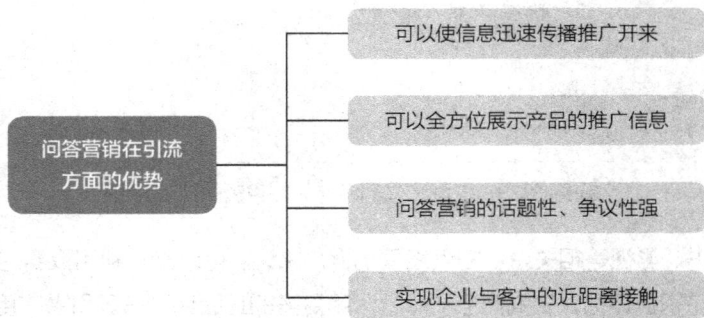

可以使信息迅速传播推广开来

可以全方位展示产品的推广信息

问答营销在引流方面的优势

问答营销的话题性、争议性强

实现企业与客户的近距离接触

▲ 图 8-33 问答营销在引流方面的优势

问答营销通过提问和作答来实现营销目的，它的引流优势主要是基于这种方式在互动性、针对性、广泛性等方面的特点，具体如图 8-34 所示。

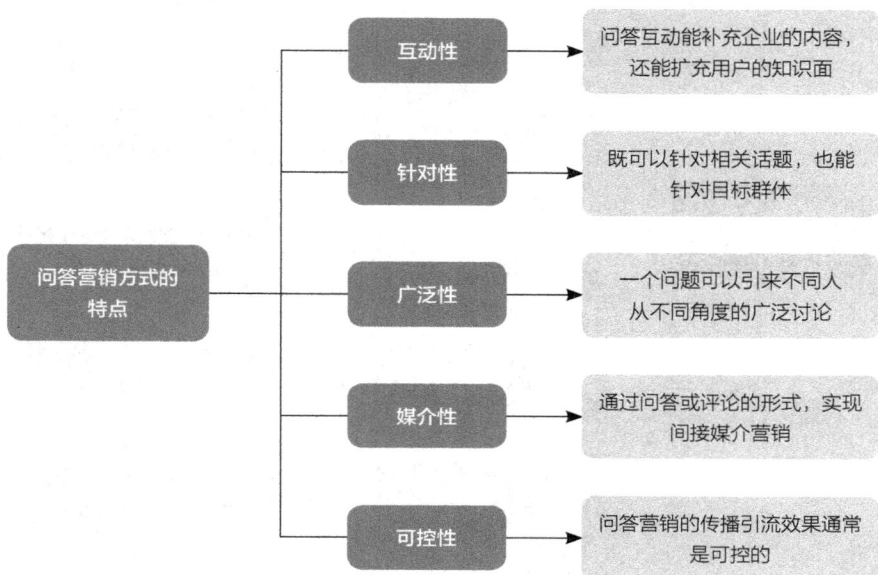

互动性 —— 问答互动能补充企业的内容，还能扩充用户的知识面

针对性 —— 既可以针对相关话题，也能针对目标群体

问答营销方式的特点 —— 广泛性 —— 一个问题可以引来不同人从不同角度的广泛讨论

媒介性 —— 通过问答或评论的形式，实现间接媒介营销

可控性 —— 问答营销的传播引流效果通常是可控的

▲ 图 8-34　问答营销方式的特点

企业要想利用问答营销来获得流量，在运营操作方面有许多诀窍需要掌握。笔者在这里总结了几点技巧作为参考，具体如图 8-35 所示。

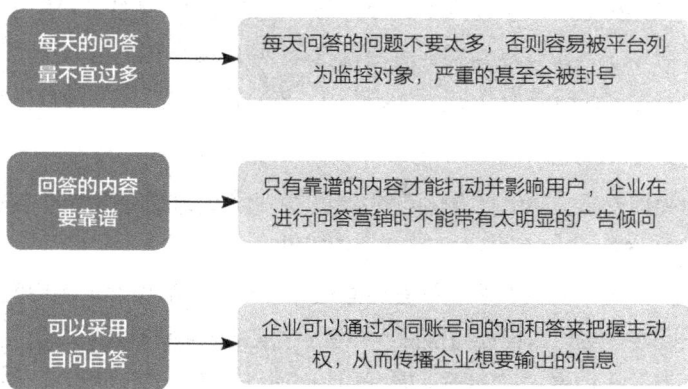

每天的问答量不宜过多 —— 每天问答的问题不要太多，否则容易被平台列为监控对象，严重的甚至会被封号

回答的内容要靠谱 —— 只有靠谱的内容才能打动并影响用户，企业在进行问答营销时不能带有太明显的广告倾向

可以采用自问自答 —— 企业可以通过不同账号间的问和答来把握主动权，从而传播企业想要输出的信息

▲ 图 8-35　问答营销的几点技巧

"细节决定成败"，对企业而言，除了上述几点技巧外，在实际运营问答营销时还需要注意一些细节，具体如图 8-36 所示。

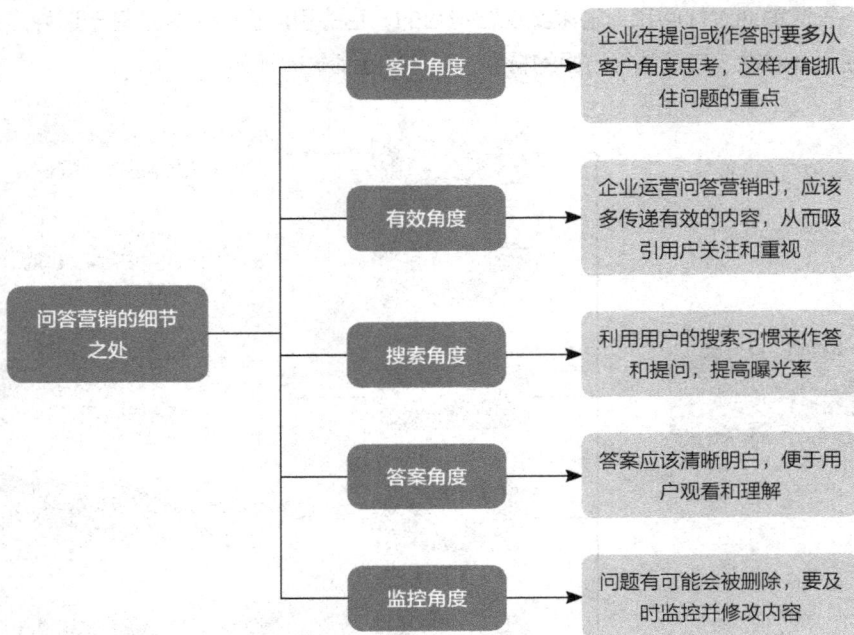

▲ 图 8-36　问答营销的细节之处

利用新媒体问答平台来推广，通过回答问题和模拟提问的方式进行产品宣传、提高企业知名度。这种新兴的问答营销推广方式，在推广效果上比较突出，从而赢得了互联网企业的普遍认可。

除了推广效果好之外，互联网上企业问答营销的兴盛，还依靠其背后火热的问答平台的支撑，可以说，没有这些问答平台就没有问答营销。接下来将详细介绍知乎、分答（现已更名为"在行一点"）、百度知道、360 问答等主流的问答平台。

1. 知乎

知乎平台是目前最火热的社交化问答平台，它的平均月访问量已经突破上亿人次。知乎的口号是"与世界分享你的知识、经验和见解"。

知乎的主要定位是知识共享，问题页面是知乎最主要的页面。用户既可以通过搜索来了解相关问题，也可以自己直接提问或者回答自己熟悉的问题。

对企业而言，可以通过在知乎上提问和回答来宣传自己的产品。这种问答通常应具有很好的话题性，以吸引广大用户参与、围观问题，从而促进产品的传播和推广。

如图 8-37 所示，笔者在知乎上搜索"电影《驴得水》"后，出现了"《驴得水》好看吗？""如何评价电影《驴得水》？""电影《驴得水》有哪些隐藏的小细节？"等问题。

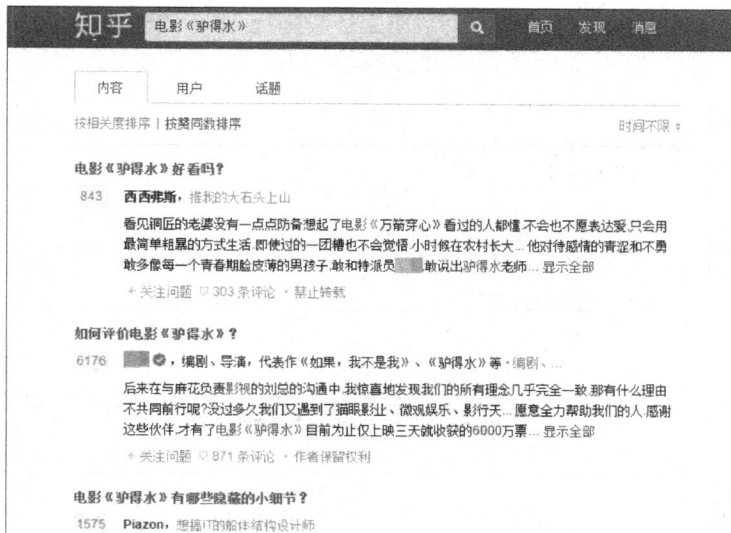

▲ 图 8-37　关于电影《驴得水》的一些问题的搜索页面

　　电影发行方可以参与到相关的问答之中，精彩的回答能引导用户去观看，达到为电影做宣传的目的。如图 8-38 所示，对"如何评价电影《驴得水》"这一问题，电影《驴得水》的导演在知乎上做出了回答，该条回答得到了 6 000 多人的赞同。

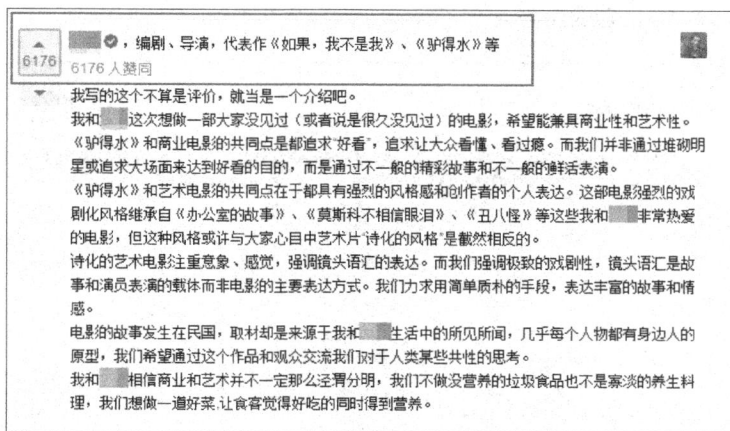

▲ 图 8-38　《驴得水》导演的回答页面

2. 分答（现已更名为"在行一点"）

　　分答是 2016 年度最引人注目的问答平台，它开启了国内付费语音问答模式。分答上线后仅 42 天便获得了 1 000 万用户授权，其中付费用户超过 100 万。

　　如图 8-39 所示，回答者通过一分钟语音回答得到报酬，而提问者需要支付一定的提问费用；其他用户花费 1 元便可偷听回答，偷听的收入由提问者和回答者平分。

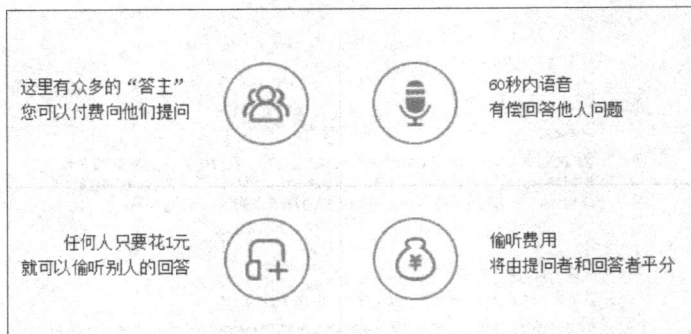

这里有众多的"答主"
您可以付费向他们提问

60秒内语音
有偿回答他人问题

任何人只要花1元
就可以偷听别人的回答

偷听费用
将由提问者和回答者平分

▲ 图 8-39　分答的收费分配模式

3. 百度知道

"百度知道"是由百度推出的一个基于搜索的互动式知识问答分享平台，目前是中国最大的问答网站。百度知道的主要特点在于和百度搜索的完美结合，百度的庞大用户群体为它提供了流量支持。

如图 8-40 所示，百度知道首页的问题栏中有很多类问题，具体包括经济金融、企业管理、法律法规、社会民生、教育科学、健康生活、文化艺术、电子数码、电脑网络、心理分析、医疗卫生等。

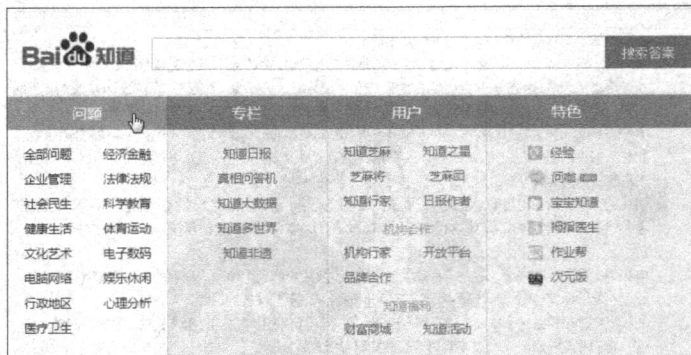

▲ 图 8-40　"百度知道"问题栏页面

4. 360 问答平台

360 问答平台是奇虎 360 搜索旗下的产品，可以把它看成一个知识分享社区。用户把自己遇到的问题提交到平台上，平台则会自动匹配合适的回答者来解答。

如图 8-41 所示，360 问答官网首页的分类主要包括问题库、在线问诊、乐帮团、管理团、知识商城、论坛等。

▲ 图 8-41　360 问答官网首页

　　问答平台对宣传推广有很大的作用，企业可以将自己新出的产品信息，以提问和回答的方式呈现在用户面前，借力问答平台的发酵作用，会取得很好的传播效果。

　　例如，在图 8-42 所示的问题回答页面，有匿名用户提问"灵魂摆渡 4 什么时候上映"，这个问题在 12 分钟内便获得了 11 条回答，这意味着在提问和回答之间，企业可以不露痕迹地推广产品。

▲ 图 8-42　360 问答用户问答页面

087　百科营销：将潜在用户转化为用户

　　在新网络营销中，还可以借助百科平台来做营销，将企业的相关信息通过百科传递给用户。企业通过产品信息、经营理念、品牌文化等内容的展示，方便用户形成对企业品牌和产品的认知，同时也有利于企业产品向潜在用户推广。

百科营销通过向大众传播知识来形成影响力，所以相比传统营销和其他互联网平台营销方式，百科营销具有更多的营销优势，具体优势如图 8-43 所示。

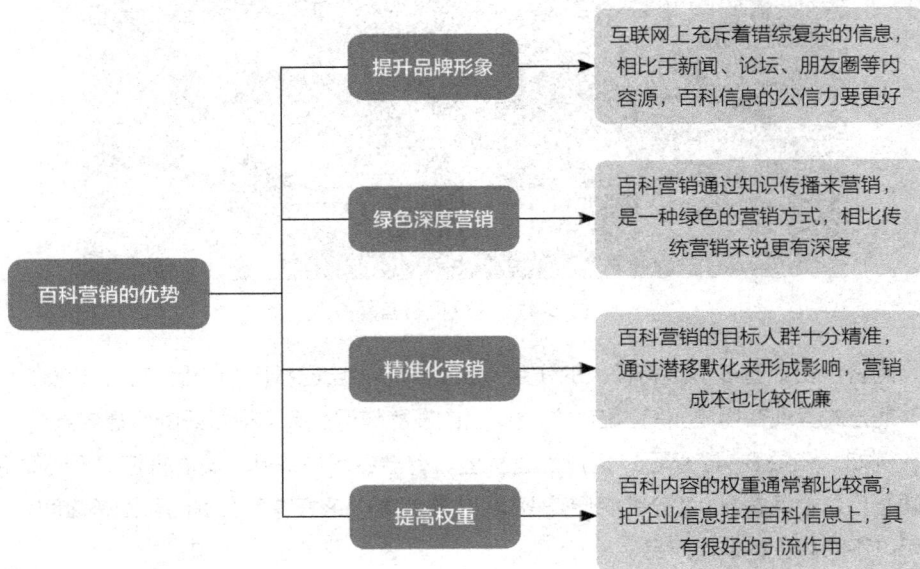

▲ 图 8-43　百科营销的优势

用好百科可以使企业的网络营销变得更为有效，其中最直接的好处便是能促进辅助 SEM（搜索引擎营销）的优化，因为百科信息在搜狗等搜索平台中拥有很高的搜索排位的权重。

比如，用户在搜索平台中搜索企业网站时，企业的主站竟然排在了网页中不显眼的位置，这对企业形象的树立肯定是有负面影响的，而通过百科平台编辑企业信息就能较好地解决这一问题。

百科词条是百科营销的主要载体，做好百科词条的编辑对网络营销至关重要。百科平台的词条信息有多种分类，但对于企业的网络营销而言，只有几种形式最为重要，具体如图 8-44 所示。

如图 8-45 所示，在百度上搜索"魔兽"，会发现"魔兽"的百科词条信息排在第二位，这体现了"魔兽"百科的搜索排位权重很高。而大多数想要了解"魔兽"的用户，通常会点击进入"魔兽"词条，这对"魔兽"的品牌传播具有很大影响。

百科通过知识拉近与消费者的距离。知识的权威属性和百科的审查机制，为百科的网络营销提供了信任背书。所以，企业不能辜负这份信任，在编辑相关百科词条时，要用心编辑对消费者有用的词条信息。

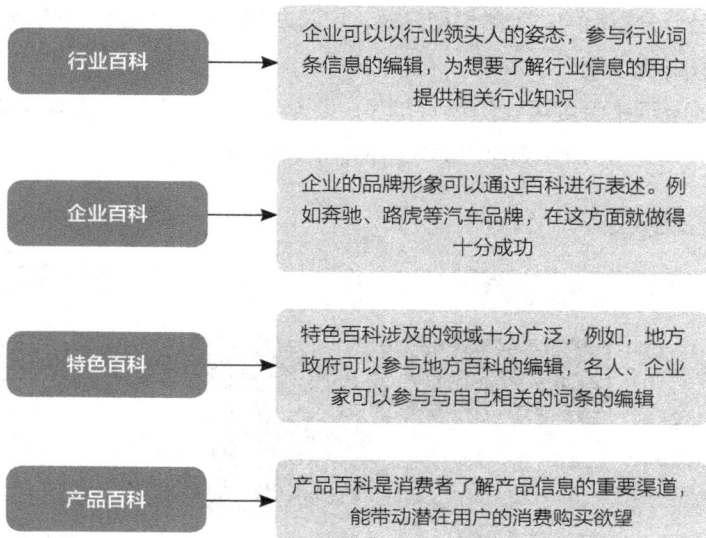

行业百科 → 企业可以以行业领头人的姿态，参与行业词条信息的编辑，为想要了解行业信息的用户提供相关行业知识

企业百科 → 企业的品牌形象可以通过百科进行表述。例如奔驰、路虎等汽车品牌，在这方面就做得十分成功

特色百科 → 特色百科涉及的领域十分广泛，例如，地方政府可以参与地方百科的编辑，名人、企业家可以参与与自己相关的词条的编辑

产品百科 → 产品百科是消费者了解产品信息的重要渠道，能带动潜在用户的消费购买欲望

▲ 图 8-44　百科营销的主要分类

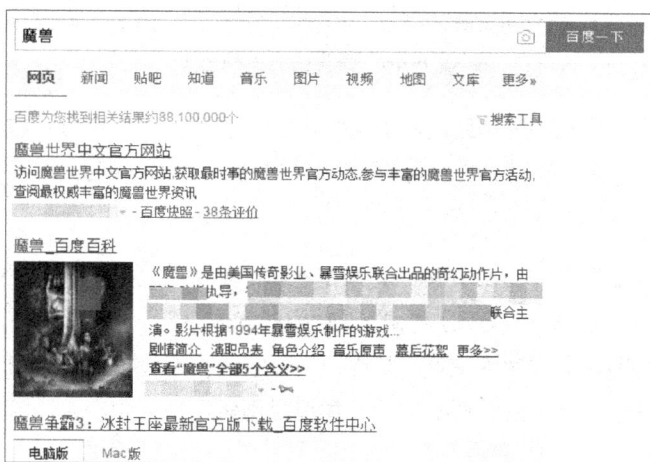

▲ 图 8-45　"魔兽"百度搜索页面

　　企业做百科营销时不能变成纯粹的广告营销，必须学会加入一些实用的内容，或者加入一些公益性内容。做百科营销是一个长期的过程，不可急功近利地掺杂促销广告式推广内容。

　　现在较为流行的百科平台有很多，接下来笔者将介绍以下几种百科平台：百度百科、360 百科、互动百科。

1. 百度百科

　　百度百科是百度推出的互联网百科产品，旨在创造覆盖各领域知识的信息收集平台。百度平台十分重视用户的参与和分享，它通过利用广大百度用户的力量，积少成多地构建知识交流的海洋。

图 8-46 所示是百度百科的官网首页。截至 2018 年 8 月，百度百科上已经有 1 549 万多个词条，600 多万用户参与编辑，1.4 亿次词条编辑。

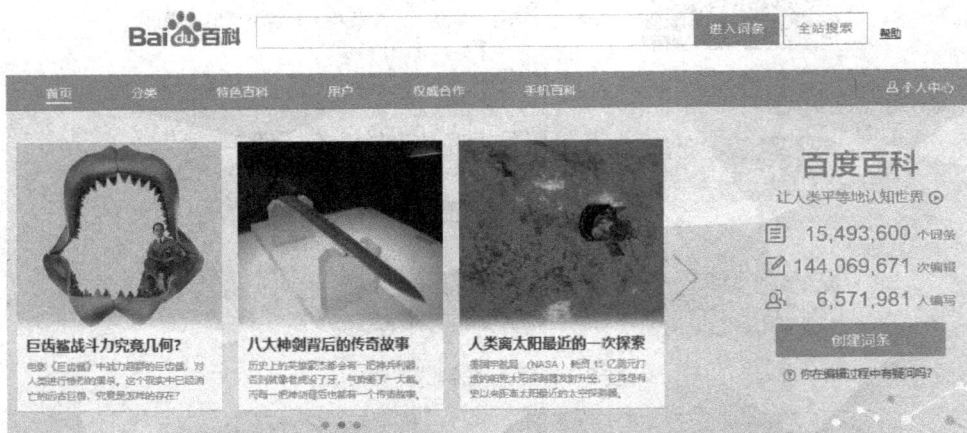

▲ 图 8-46　百度百科官网首页

百度百科丰富的知识能帮助用户扩大知识面，这保证了百度百科的用户黏性。因此，对企业而言，构建自己的企业词条具有很好的推广传播作用。

2. 360 百科

360 百科是由奇虎 360 公司创建，致力于"让求知更简单"的知识服务。360 百科与 360 搜索结合，从而构建了庞大的 360 用户群体。

360 百科的首页以绿色为主调，如图 8-47 所示。首页显示醒目的"行业权威数据全面覆盖"几个大字，主题栏框内的分类包括搜索百科、用户、任务、知识商城、帮助中心等。

▲ 图 8-47　360 百科首页

其中,"搜索百科"下包括"百科专题"和"高考百科"。把鼠标移动到"搜索百科"并点击"百科专题"后,会进入如图 8-48 所示的页面。

▲ 图 8-48　360 百科专题页面

3. 互动百科

互动百科原称"互动维客",其愿景是让知识的传播和分享更为简单,成为最具权威的知识载体平台。

图 8-49 所示是互动百科的官网首页,首页栏框内包括百科图片、百科 IN 词、微百科、行业百科、企业百科、药品百科、百科任务等专题。

▲ 图 8-49　互动百科官网首页

点击进入百科图片后，其页面如图 8-50 所示。互动百科图片通过图片的展示，扩展用户的视野。组图分类包括文化、动物、历史、旅游、时尚等专题。

▲ 图 8-50　互动百科图片专栏页面

4. 微百科

微百科是互动百科的知识细分类。互动百科的知识树主要包括自然、文化、人物、历史、生活、社会、艺术、经济、科学、体育、地理等几大类别。

如图 8-51 所示，百科知识树的每个大类别会继续细分，比如科学类别下包括科学家、社会科学、科学技术、互联网、通信技术、能源、航空航天、计算机技术、科技产品等小类。

▲ 图 8-51　微百科知识分类树页面

　　点击进入科学分类中的科技产品专栏，会看到许多新型科技产品的介绍，具体如图 8-52 所示，主要有亮眼睛系统、iPhone、单反相机、USB 等科技产品。企业如果能利用好科技产品专栏，对本公司的产品推广很有好处。

▲ 图 8-52　互动百科科技产品专栏页面

第9章

新媒体营销：
构建 10 大营销矩阵

学前提示

在新网络营销中，新媒体营销是十分重要的组成部分。它利用各大网站作为平台，独自创立自媒体，利用平台的浏览量来加强品牌的宣传。这一章笔者选出了 10 个比较有代表性的自媒体平台，通过介绍它们的基本状况让读者了解新网络营销中的新媒体营销。

要点展示

088　头条号：实现品牌传播和内容变现

当社会信息化进入移动智能时代，每个人都可以成为信息的传播者，信息的发布越来越简易化、平民化、自由化，自媒体因此应运而生。近几年，自媒体的发展如烈火烹油，用户数量庞大且活跃程度高。在进行新网络营销比如品牌或产品推广的时候，许多企业都会格外重视自媒体领域。

在自媒体传播中，用户经常因为一些消息而狂热讨论，也希望自己的发言能得到别人的关注和认同，并且自媒体运营还存在非常可观的利益前景和商机，这使自媒体变得炙手可热。

自媒体的经营不设门槛、不设界限，只要有想法就可以进来，但也正因如此，自媒体领域鱼龙混杂、良莠不齐，经常充斥着各种抱怨、怒骂、暴力等不和谐的信息，真正能把自媒体运营好的人并不多。新网络营销的商家们运用自媒体进行经营时的一言一行都具有公众性和影响性，因此要格外严格细致，并主动维护自媒体网络的和谐。

自媒体经营的误区非常微妙，有的误区就存在于制胜的方法中，比如积累粉丝、植入广告、增加转载，这些是自媒体经营者需要做到的，但也容易让新手走入误区。

运营自媒体的制胜方法和运营误区的比较分析如图 9-1 所示。

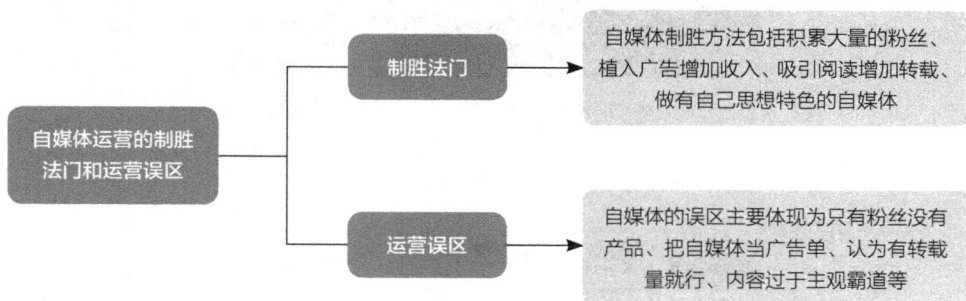

▲ 图 9-1　自媒体运营的制胜法门和运营误区比较分析

自媒体运营一旦进入一个误区，运营就会越来越无力，粉丝也不会继续喜欢。所以，新网络营销的商家一定要清楚地认识运营误区，并不断细心完善新媒体的运营。

用于新媒体推广的自媒体平台有很多，本章将举例分析其中一些典型的平台，具体包括 QQ 公众平台、UC 自媒体平台、简书平台、头条号平台、企鹅媒体平台、搜狐公众平台、一点号、百家号、网易号、凤凰媒体平台。下面介绍今日头条平台的具体内容。

1. 今日头条平台的特点

头条号又称今日头条平台，是 2012 年推出的一款个性化推荐引擎软件，它能够为平台的用户推送最有价值的各种信息。类似于头条号这种拥有庞大用户量的平台，为企业营销推广的运营吸粉、引流提供了强有力的支撑。今日头条平台具有以下 6 个方面的特点。

（1）多种多样的登录方式

用户登录今日头条的方式是多样的，除了手机号、邮箱等方式之外，它还支持新浪微博、腾讯微博、QQ 空间、人人网、微信等平台授权登录。

（2）按时、完整推送的内容

今日头条平台上新闻内容更新的速度非常及时，用户几分钟就可以刷新一次页面，浏览新信息。而且今日头条平台的涵盖面非常广，用户能够看到各种类型的内容，以及其他平台上推送的信息。

图 9-2 所示是今日头条平台上内容涵盖的范围，具体包括热点、视频、图片、社会、娱乐、汽车、体育、财经等频道。

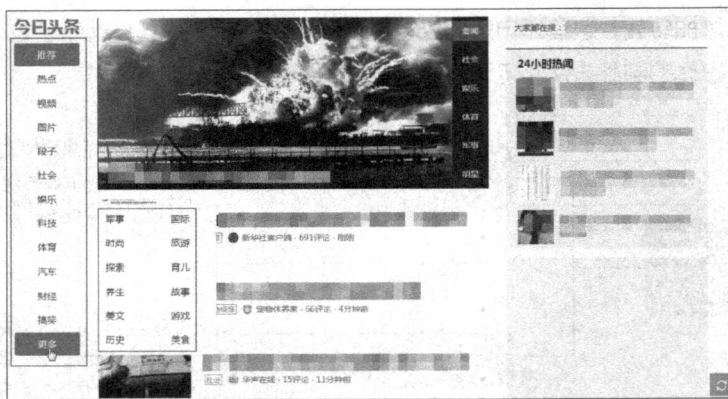

▲ 图 9-2　今日头条平台上内容涵盖的范围

（3）推送内容精准到细节

今日头条能够根据用户所在的位置，精准地将当地新闻推送给用户，并且还能够根据用户的性别、年龄层次、兴趣爱好等特征，将用户最感兴趣的信息推送过来。

（4）可以进行评论互动

在今日头条推送的大部分信息下，用户都可以对该信息进行评论，各用户之间也可以进行互动。

（5）便捷的信息分享传播方式

今日头条平台为用户提供了方便快捷的信息分享功能，用户在看见自己感兴趣的信息时，只要点击页面上的转发按钮，即可将该信息分享、传播到其他平台，例如新浪微博、微信等。

（6）数据云端存储

用户只要登录自己的今日头条账户，那么在该平台上评论或是收藏的信息就可以自动存储起来。只要用户自己不删除，不论是在手机端还是电脑端，登录平台账号之后都可以查看这些信息，完全不用担心这些信息的丢失。

2. 今日头条平台的入驻

头条号的创建和发文都有十分严格的要求，而且头条号不仅可以将文字转化成财富，还可以为新网络营销起到引流作用，实行步骤分为以下 3 步。

（1）头条号的创建

头条号的注册条件比较严格，具体条件有以下两项：

① 运营者必须年满 18 周岁；

② 能提供真实、可信的辅助材料。

运营者满足这两项最基本的条件后，即可申请注册头条号。注册头条号的界面如图 9-3 所示。

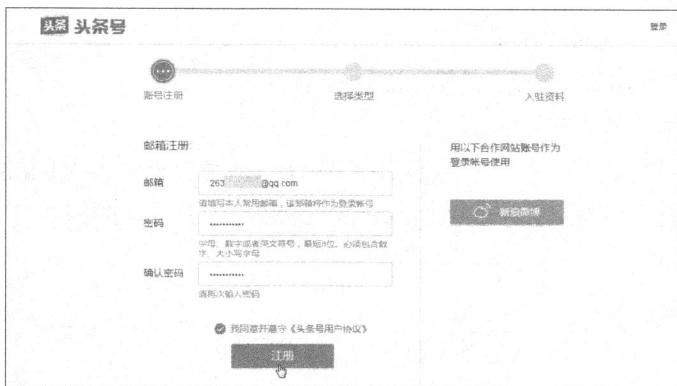

▲ 图 9-3　注册头条号的界面

注册头条号通过后，运营者不但能够阅读、评论、转载平台上的各类信息和文章，还能将自己写的文章发布到平台上，成为平台上的文章的创作者，并以此获得一定的收益。

（2）头条号的发文

运营者既然准备入驻今日头条，并且通过在今日头条上推送文章进行吸粉，那么在正式推送文章之前，就要先了解平台的发文规则。只有了解了发文规则才能经营好头条号，最终达到吸粉的目的。

根据今日头条的要求，运营者在今日头条上发文的规则主要涉及两个方面。

一方面是格式。今日头条平台规定，头条号运营者在发布文章时，其文章的格式必须遵守以下几点要求，违反以下规则将导致文章不能通过平台审核或者不被系统推荐，如果违反的情况极为严重，那么就有可能受到更加严重的处罚或者导致账号直接被封。

① 文章的标题中不可以存在错别字、繁体字、一些特殊的符号，标题要通顺，且不能使用全英文或者其他外文；

② 头条号运营者不能发布整篇都是繁体字、英文，且无翻译或字幕的文章和视频；

③ 头条号运营者不能发布有大段的乱码或者没有划分段落和标点符号的文章。

另一个需要注意的方面就是内容。今日头条平台对头条号作者还进行了文章内容方面的发文要求，主要有 7 点：

① 不能发布标题党式的内容；

② 不能发布涉嫌色情、低俗的内容；

③ 发布的内容不能含有广告信息；

④ 不能发布旧闻或重复内容；

⑤ 不能发布不实内容；

⑥ 不能发布低质的内容；

⑦ 不能发布违背相关现行政策与法律法规的内容。

（3）头条号的引流

运营者不能忘记自己的目的，那就是细分导流，运营者要将头条号的粉丝引导到自己的微信公众号上。图 9-4 所示就是从头条号引流到微信公众号上的粉丝。

▲ 图 9-4　从头条号引流到微信公众号上的粉丝

运营者可以在自己每篇文章的末尾处添加导流语或者放上自己的微信公众号。

089　搜狐公众平台：为具有原创能力的自媒体谋福利

搜狐公众平台是搜狐门户下的一个融合搜狐网、手机搜狐、搜狐新闻客户端三大资源于一体的平台。搜狐公众平台为用户提供了多种登录方式，且只要拥有一个账号，即可登录搜狐旗下的搜狐视频、搜狐新闻、搜狐博客等产品，这在很大程度上为用户提供了方便，减少了用户注册账户的麻烦。图 9-5 所示是搜狐公众平台的登录页面。

▲ 图 9-5　搜狐公众平台登录页面

搜狐公众平台的内容类别包括时尚、美食、健康、教育、旅游、科技、汽车、母婴、体育、公益、评论等。搜狐公众平台凭借搜狐旗下一系列的资源，拥有自身独特的平台优势。正如搜狐公众平台登录页面的广告语——"亿级用户流量，再小个体也能打造自己的媒体影响力"所言，结合平台的自身优势，此平台确实是网络营销运营者用来为公众平台引流的好渠道。

搜狐公众平台是由搜狐网推出的一个新媒体平台，个人、媒体、企业、机构等各行业的优质内容创作者均可免费申请入驻。图 9-6 所示为搜狐公众平台的主要服务对象以及成功入驻的部分代表。

▲ 图 9-6　搜狐公众平台的主要服务对象以及成功入驻的部分代表

090　企鹅媒体平台：让内容能够更多、更准确地曝光

企鹅媒体平台是由腾讯推出的一个媒体平台，原名是腾讯开放媒体平台，经由"芒种大会"之后改名为现在这个名字。企鹅媒体平台虽然也是由腾讯公司推出的产品，但它和 QQ 公众平台并不是同一个产品。

图 9-7 所示是企鹅媒体平台的官网登录页面。

▲ 图 9-7　企鹅媒体平台的官网登录页面

据悉，企鹅媒体平台正在迅猛发展，目前为止约有 8 万个企鹅号入驻平台，并在持续增长中，因此这对网络营销运营者来说，是个很有前景的推文导粉之处。企鹅媒

体平台主要拥有以下 5 个开放特点。

1. 流量大

企鹅媒体平台借由腾讯庞大的用户群体，以及腾讯旗下腾讯新闻、微信新闻插件、天天快报等产品的支撑，在流量数据方面拥有得天独厚的优势。

2. 功能强大

企鹅媒体平台为平台上的内容生产者提供了强大、实用的内容生产工具，且为创作者提供了图文编排、数据分析、文章统计等功能，让平台内容创作者可以简单、便捷地进行内容生产。

3. 丰富的资金支持

腾讯给予了企鹅媒体平台上优质原创型自媒体、媒体全年共计 2 亿元的补贴，以及创作者在此平台上所有的广告收入全部归作者本人的鼓励政策，为平台上的自媒体、媒体提供了盈利渠道。

4. 多种平台曝光机会

企鹅媒体平台为平台上的自媒体、媒体创作的内容提供了更多的曝光机会，让他们的文章能够出现在天天快报等腾讯旗下产品，而且还能够更加方便地与平台的用户、粉丝进行互动，以及开展社群管理等。

5. 多种媒体入驻类型

在企鹅媒体平台上提供了 6 种可入驻的媒体类型，这 6 种媒体类型如图 9-8 所示。

▲ 图 9-8　企鹅平台上的 6 种入驻媒体类型

091 QQ 公众平台：营销、推广、策划一体化服务

QQ 公众平台是腾讯继微信公众号之后推出的产品。QQ 公众号与微信公众号相比，区别是其形式只分为两种，分别是订阅号、服务号，而且其注册过程要简单得多，具体注册流程如图 9-9 所示。

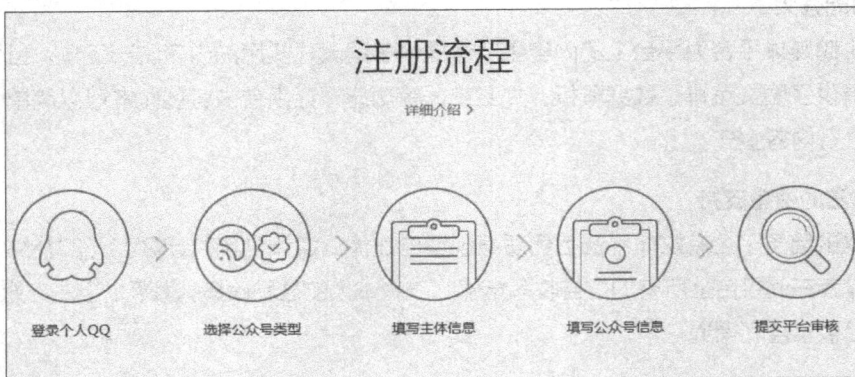

注册流程

详细介绍 >

登录个人QQ ＞ 选择公众号类型 ＞ 填写主体信息 ＞ 填写公众号信息 ＞ 提交平台审核

▲ 图 9-9　QQ 公众号注册流程

QQ 公众平台凭借着 QQ 积累下来的众多用户数量以及平台自身的技术优势、大量的数据等资源，是网络营销运营者用来获得流量的一个很好的平台。图 9-10 所示是 QQ 公众平台的官网登录页面。

▲ 图 9-10　QQ 公众号官网登录页面

对于拥有近 10 亿腾讯用户规模的 QQ 公众平台来说，用户的来源几乎是不用愁的，据悉，在 QQ 公众平台公测期间，3 000 个公测资格在 1 秒内就被抢完。

有人统计，在公测期间，参与注册申请的人就有 11 万之多，而平台的页面访问

量达到了 300 万次，未来，注册用户和平台页面访问量数据还将持续增长。

因此，借助 QQ 公众平台的营销推广，可以收获的粉丝量将不容小觑。

092　UC 自媒体平台：打造一站式媒体服务

UC 自媒体的全称是 UC 云观·媒体服务平台，是中国资讯平台行业第一家舆情实时公开展示的平台，在该平台上的媒体服务有两部分，分别是订阅号、机构媒体。

UC 自媒体平台的订阅号具有推送能力强、商业变现能力强、用户黏性高的媒体特点。该订阅号主要有 4 个核心功能，包括运营体系、赋能体系、创作、社区。

平台在内容创作、流量分发、商业变现等方面具有优势，具体如图 9-11 所示。

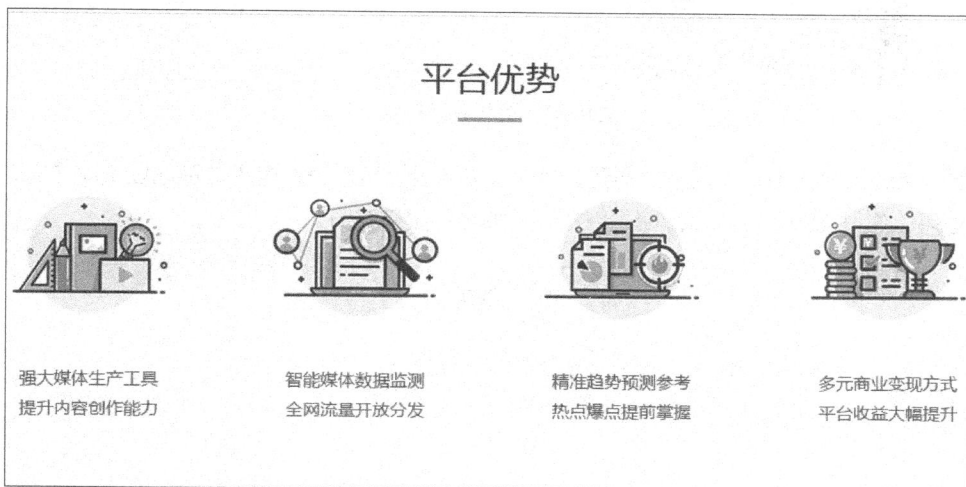

平台优势

强大媒体生产工具
提升内容创作能力

智能媒体数据监测
全网流量开放分发

精准趋势预测参考
热点爆点提前掌握

多元商业变现方式
平台收益大幅提升

▲ 图 9-11　UC 自媒体的平台优势

UC 自媒体平台基于 UC 浏览器目前拥有的约 6 亿用户，以及每个月大约 4 亿的活跃用户，为网络营销运营者提供了绝佳的推文导粉条件。

据有关报道显示，网络营销运营者在 UC 云观上进行推广有影响力的文章，单篇阅读量可以轻松上 10 万，好一些的文章单篇阅读量甚至可以上百万。

093　简书：整合写作与阅读的网络产品

简书是一款结合了写作与阅读的互联网产品，同时它也是一个基于内容分享的社区。简书同样拥有 PC、手机两种客户端，图 9-12 所示是简书 PC 端首页。

▲ 图 9-12　简书平台 PC 端首页

如图 9-13 所示，用户注册登录简书非常方便，可以通过提供邮箱地址快速注册，也可以通过 QQ、微信、微博、豆瓣、谷歌账号授权登录。

▲ 图 9-13　简书平台登录注册页面

登录简书平台后，用户可以阅读各种类型的文章，也可以写文章并将其发表在平台上，还可以通过评论的方式跟作者进行交流与沟通。简书因其开放性，对企业的营销推广而言，是一个很好的运营平台。

094 一点号：一款高度智能的新闻资讯应用

一点资讯平台是由一点网聚科技有限公司推出的一款为兴趣而生、有机融合搜索和个性化推荐技术的兴趣引擎软件。

图 9-14 所示是一点号的官网首页，用户可以浏览各个领域的最新信息，首页频道主要包括社会、股票、漫画、搞笑、科技、财经、体育、汽车、健康、时尚、科学等资讯频道。

▲ 图 9-14 一点资讯平台首页的资讯频道

一点资讯平台对自己品牌的定位是"我想要的，一点就够"。该平台致力于基于用户兴趣为用户提供定制化内容。

一点资讯平台与其他新闻资讯平台相比较，对企业的营销推广而言具有以下两方面的特点，具体如图 9-15 所示。

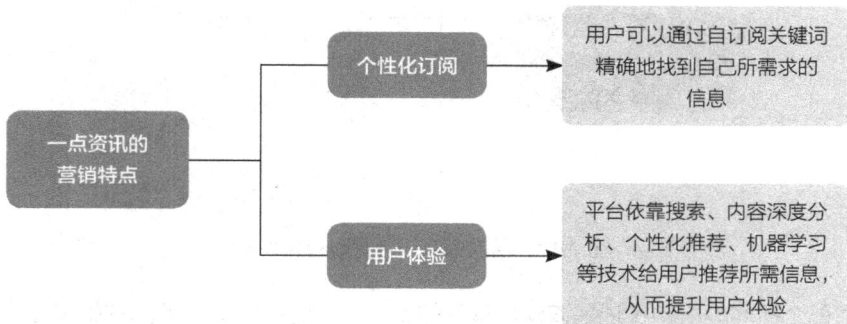

▲ 图 9-15 一点资讯的营销特点

095 百家号：百度旗下内容生产和分析平台

百家号是百度旗下的一个自媒体平台，于 2013 年 12 月正式推出。运营者入驻百度百家平台后，可以在该平台发布文章，然后平台会根据文章阅读量给予运营者收入。

与此同时，百度百家平台还以百度新闻的流量资源作为支撑，能够帮助运营者进行文章推广、扩大流量。图 9-16 所示是百度百家平台官网首页。百度百家平台的排版清晰明了，用户在浏览新闻时非常方便。

▲ 图 9-16 百度百家平台官网首页

百度百家平台上涵盖的新闻有 4 大模块，具体如图 9-17 所示。

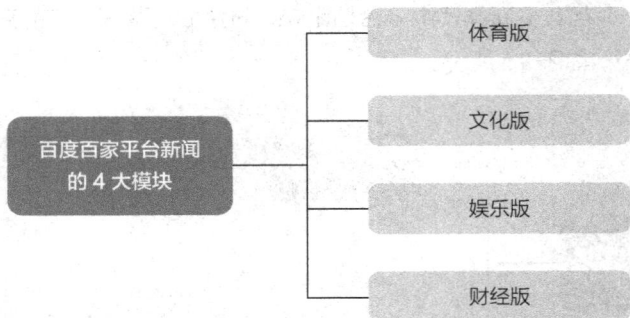

▲ 图 9-17 百度百家平台新闻的 4 大模块

在每个新闻模块的左边是该模块最新的新闻，右边是该模块新闻的相关作家和文章排行，图 9-18 所示是财经版排行示例。

▲ 图 9-18　百度百家财经版排行示例

图 9-19 所示是百度百家文化版排行示例。

▲ 图 9-19　百度百家文化版排行示例

据百度对外公布的百家号最新数据情况，自 2016 年 9 月 28 日开放注册以来，截至 10 月 12 日，该平台已拥有 10 万个注册用户，其中通过注册的用户有 2 万多，并创下了平台上单篇文章最高收入 6 000 多元的成绩。

由此可见其受欢迎程度以及收益的可观性，这对网络营销运营者来说是一个毋庸置疑的好消息——借助庞大的用户群体，能实现较好的营销推广效果。

096　网易号：自媒体内容分发与品牌助推平台

网易媒体开放平台是网易旗下的一个新媒体平台，在网易媒体开放平台，运营者可以利用多种形式进行软性吸粉引流。

网易媒体开放平台为入驻用户提供了 5 种类型的账号，分别是订阅号、本地号、政务号、直播号以及企业号，每种账号的功能也有所不同。

这 5 种类型的账号的相关信息具体如图 9-20 所示。

▲ 图 9-20　网易媒体开放平台提供的 5 种账号

运营者如果想要入驻网易媒体开放平台，就要有网易邮箱或者网易通行证，图 9-21 所示是网易媒体开放平台的用户登录页面。

▲ 图 9-21　网易媒体开放平台的用户登录页面

网易媒体开放平台拥有 4 大平台特色，具体如图 9-22 所示。

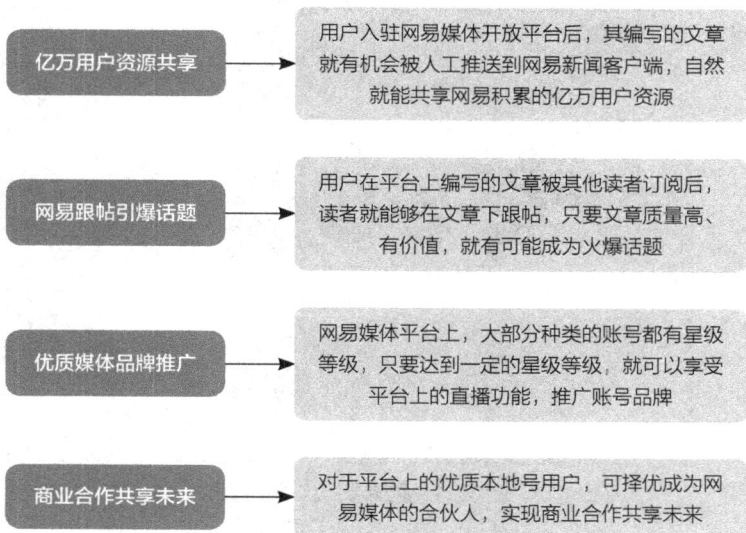

亿万用户资源共享	用户入驻网易媒体开放平台后，其编写的文章就有机会被人工推送到网易新闻客户端，自然就能共享网易积累的亿万用户资源
网易跟帖引爆话题	用户在平台上编写的文章被其他读者订阅后，读者就能够在文章下跟帖，只要文章质量高、有价值，就有可能成为火爆话题
优质媒体品牌推广	网易媒体平台上，大部分种类的账号都有星级等级，只要达到一定的星级等级，就可以享受平台上的直播功能，推广账号品牌
商业合作共享未来	对于平台上的优质本地号用户，可择优成为网易媒体的合伙人，实现商业合作共享未来

▲ 图 9-22　网易媒体开放平台的 4 大平台特色

网络营销运营企业可以选择与网易平台合作来推广品牌和产品。图 9-23 所示是网易公众平台官网上的合作案例。

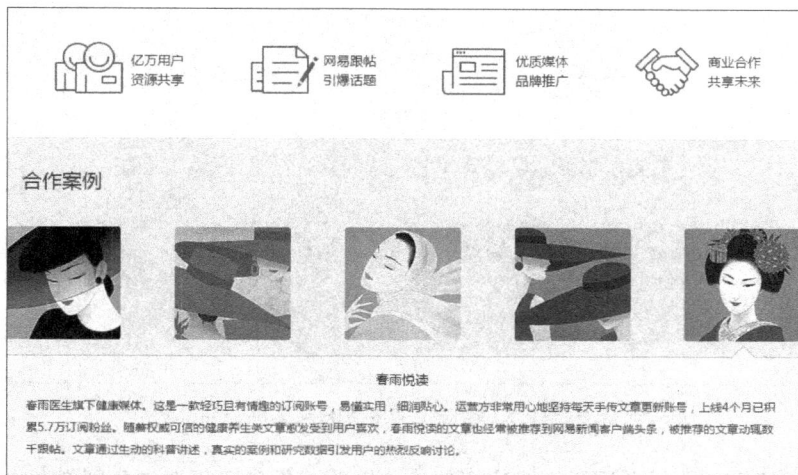

▲ 图 9-23　网易公众平台合作案例

097　凤凰媒体平台：图文音频、视频综合资讯网站

凤凰媒体平台是由凤凰网推出的旨在打造"有温度、真性情、敢担当、有风骨"

的开放媒体平台。图 9-24 所示是凤凰号平台首页。

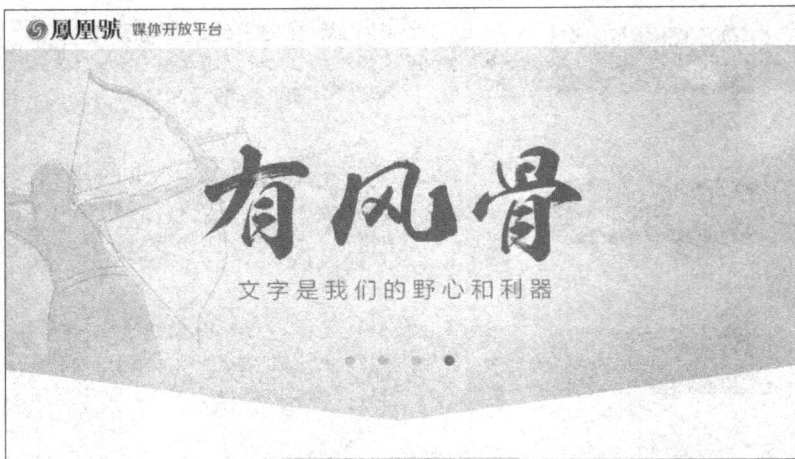

▲ 图 9-24　凤凰号媒体平台首页

凤凰号平台主要有两种用户类型，一种是个人自媒体，另一种是媒体机构。图 9-25 所示是两种用户类型的具体适用说明。

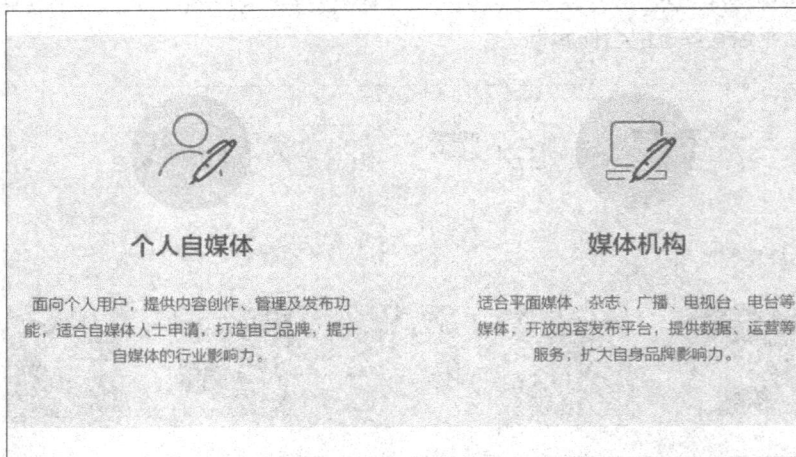

▲ 图 9-25　凤凰号平台两种用户类型的适用说明

个人自媒体账号适用于个人自媒体人士申请，平台可提供内容创作、管理及发布等功能，这些对企业打造品牌、提高影响力而言很有帮助。媒体机构账号适用于平面媒体、杂志、广播、电台等媒体，平台还提供数据、运营等服务。

💡 温馨提示

　　从以上介绍的 10 个自媒体中我们可以看出，自媒体平台虽然高度自由、自主，但是从另一方面看，很多是在孤军奋战，如果不能做到全方面技能的精通，那么在经营的过程中将常常面临窘况，一个人的智慧总是比不上集体智慧。所以商家在经营自媒体平台的过程中，一方面要和企业里同样对自媒体运营有独特见解的同事和睦相处、齐出力共进退；另一方面也需要和自媒体所属的公司搞好关系，以保证运营的过程中不会出现太多的问题。

　　自媒体平台本身的优势只能起到为账户运营者提供机会的作用，最终的结果还要看账户运营者如何把握和利用这个机会，就像一大片现成的沃土踩在脚下，也得去耕种才能长出你想要的果实，努力和机会一样重要。自媒体运营是新网络运营的一部分，所以说新网络运营同样也是这样，成果会有的，就看商家如何把握机会了。

第 10 章

直播营销：
打造人物 IP 新营销

学前提示

直播是近几年来十分流行的网络新玩法，聪明的商家会将它纳入到新网络营销当中来。而直播在发展过程中，也形成了多种直播模式。本章就从这些直播模式出发，具体介绍直播行业中的各个准备与宣传环节，以助你能活学现用于直播营销。

要点展示

098　选择平台：选择一个合适的直播平台

　　新网络营销赋予了现在很火的直播活动一个新的用途。直播平台有很多，但各个直播平台有着各自不同的内容和特色，它们不断深入发展，由单一的模式向众多领域拓展延伸，因此选择合适、匹配的直播平台是重中之重。本节将介绍学习类、营销类、休闲类等几个类型的直播平台，了解它们各自的特色。

1. 学习类直播

　　现在网络教育的发展越来越引人注目，人们也更加青睐于足不出户坐在家中就能学习知识。现在在网上就能直播上课的平台有很多，比如千聊、网易云课堂、腾讯课堂等。老牌直播平台斗鱼直播中"直播 + 教育"模式的"鱼教"板块也是传授知识的好地方。为了让用户学在其中，乐在其中，斗鱼全力打造有别于传统网课的教育形式，专门开设了这一直播板块，如图 10-1 所示。

▲ 图 10-1　斗鱼开设的"鱼教"直播板块

　　从图 10-1 中不难看出，斗鱼开设的"鱼教"直播板块内容十分丰富，涵盖了艺术、语言、科教、心理等多个方面，弥补了普通网校长期以来一直存在的某些缺点。用户可以免费享受名师的实时指导，与其进行互动，老师可随时为用户答疑解惑，学习效果更加高效，特别适合喜欢直播的年轻群体。不得不说，直播为在线教育发展带来了全新的机会。直播平台海量的年轻用户、直播平台的特色弹幕功能、高效低成本的网络直播，这些因素都给"直播 + 教育"模式的不断向前发展提供了强有力的支撑。

2. 营销类直播

现在在天猫、淘宝还有京东等购物平台中已经出现了很多直播购物的活动。这些直播通常会邀请一些当红明星，利用他们身上的明星效应来吸引粉丝们购买商品。比如前段时间品牌 Swiss 就邀请了一位当红歌手来宣传商品，当日商品的销售量也达到了一个销售高峰。

还有聚美直播，它是聚美优品推出的美妆达人直播，主要以教用户化妆、搭配等内容为主，用户可以在此平台上进行互动。聚美优品之所以推出直播，就是为了吸引用户的关注，同时引导用户如何选购好商品，最终收获更多利润。

那么，聚美优品的直播与其他直播相比，有何特色之处呢？聚美优品很早就推出了"直播＋电商"的模式，这种模式的优势在于可以通过与用户互动，给用户不定时发红包的方式来吸引用户，从而带动用户消费。而聚美直播的特色就在于它致力于打造"直播＋品牌＋明星"的模式。

众所周知，聚美优品是一个专门为女性消费者设计的购物平台。利用明星效应拉动用户消费，是聚美优品一贯的战略，而直播将这种战略又提升了一个高度。图 10-2 所示为聚美优品的官网。

▲ 图 10-2 聚美优品的官网

💡 温馨提示

聚美优品的用户群体普遍来说都比较年轻，这类用户比较注重新鲜感，喜欢尝试各种新奇的事物。

聚美优品抓住了这个"90 后"消费者比重提升的信号，紧跟年轻群体注重个性、潮流、新鲜感和娱乐精神的大方向，不断更新营销手段，与直播相结合，来设计符合年轻群体的直播模式。于是"直播＋电商"的模式应运而生。

3. 休闲类直播

休闲类直播当属所有直播中市场份额占比最大的类型。休闲直播主要是放大休闲生活，让都市之中繁忙的上班族得以放松大脑享受生活。目前市场上的休闲类直播有很多，比如印客、快拍等。聪明的商家会利用休闲类直播中流量大的特点，开设有意思的直播并且想办法在其中植入各种软广告。

很明显，所有这些直播平台都有自己准确的定位，新网络营销就必须跟随这些定位与特色，紧紧抓住直播这个平台，借助"直播 + 电商"的模式来盈利，获得更为丰厚的利润。当然，如何打造具有自身特色和优势的个性化直播也是需要认真考虑的。

099　培养 IP：遵循流程，平等签约

在以主播为内容本身的秀场直播发展过程中，经纪公司所起的作用是非常大的。在此以打造 IP 为例，具体介绍经纪公司应该怎样打造直播平台所需要的 IP，从而为公司业务的拓展和营销的发展提供助力。经纪公司打造 IP 需要遵循一定的流程，如图 10-3 所示。

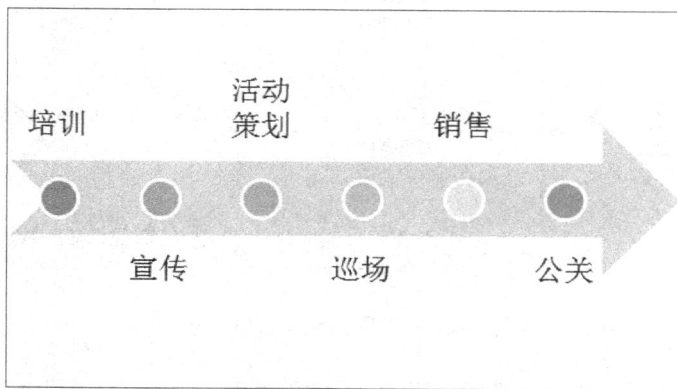

▲ 图 10-3　经纪公司打造 IP 的一般流程

图 10-3 所示的 6 个环节是打造 IP 的一般流程，其中最主要的还是宣传和活动策划这两个环节，且这两个环节有着共同的目的，那就是扩大 IP 的影响范围。从一定程度上来说，活动策划和巡场可以说是宣传的延伸和发展。

当然，经纪公司在选择 IP 时也不能太盲目，应根据企业自身的条件和特点来选择，而且要选择形象正面的 IP，只有这样才能真正拉动企业业务的发展。

在 IP 打造的过程中，经纪公司在宣传造势和活动策划时要注意 3 个方面的内容，具体如下：

（1）利用 IP 已有的人气和粉丝；

（2）策划接地气的 IP 直播活动；

（3）全面展现正能量的话题。

虽然说经纪公司与 IP 之间是雇佣关系，但是要知道，两者之间是一种平等的关系，且相互之间的关系影响着对方的发展，因此，有必要以合同的形式来约束双方的行为。

100　主播形象：形象好，有内涵，才能吸引关注

一般来说，主播需要满足以下几点要求：

（1）形象整洁得体

主播的形象整洁得体，这是从最基本的礼仪出发而提出的要求。主播形象的整洁得体应该从两个方面考虑，一是衣着，二是发型，下面进行具体介绍。

从衣着上来说，应该考虑自身条件、相互关系和受众观感这 3 个方面，具体如图 10-4 所示。

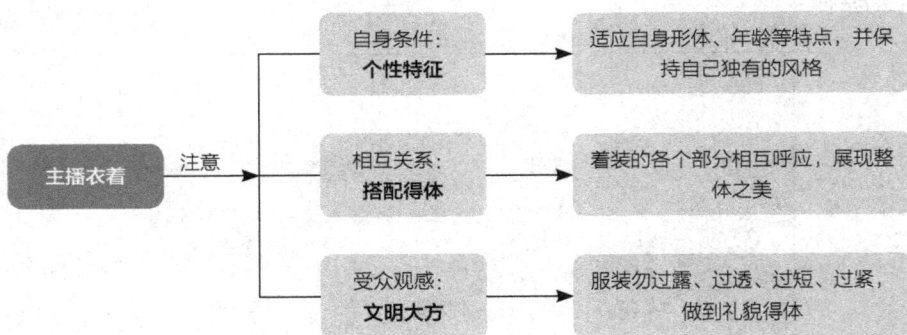

▲ 图 10-4　主播衣着的整洁得体体现

从发饰上来说，主播也应该选择适合自身的发型，如马尾，既可体现干练，又能适当地体现俏皮活泼，这是一种比较适用的发型。其实，在现有的直播平台上，直发披肩和短发更受各大主播的喜爱。点击众多的直播平台可以发现，采用这两种发型的主播比比皆是。

（2）最佳的精神面貌

在评价人的时候，有这样的说法：自信、认真的人最美。从这一方面来看，人的颜值在精神面貌方面也是能有一定体现的。加入直播平台的主播以积极、乐观的态度来面对受众，充分展现其对生活的信心，这也能为其颜值加分。

假如主播在直播的时候，以认真、全心投入的态度来完成，那么也能让受众充分感受到主播的这一特质，欣赏到主播敬业的美，并由衷感到信服。

　　要想成为一名具有超高人气的主播，才艺也是不可或缺的，特别是对个人秀节目来说，这一方面的水平体现尤为重要，有着一技之长的才艺是主播得以在直播平台晋升的阶梯，也是她们赖以生存的重要条件。

　　在直播平台，才艺所涉及的内容可谓多种多样，既有自古以来为人们娱乐服务的舞、乐，也有提升个人素养的书、画，更有基于现代社会发展而出现的各种竞技，举例说来，比较常见的有 6 类，如图 10-5 所示。

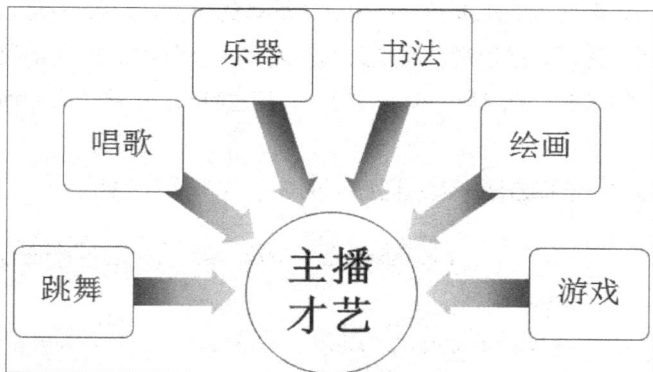

▲ 图 10-5　主播的常见才艺展示

　　一般情况下，主播才艺水平的高低、掌握才艺的种类都是能影响用户的关注度的。当主播在某一方面有着惊人的才艺水平，或是精通各个方面的才艺，那么，她就有了在直播平台发展的基础和前提。图 10-6 所示为主播展现其乐器演奏的才艺。

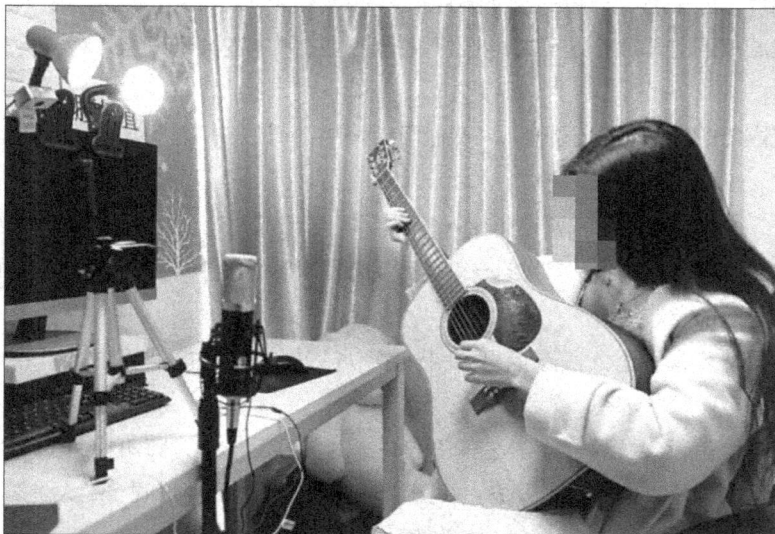

▲ 图 10-6　主播才艺展示——乐器演奏

其实，才艺水平高和广泛发展是主播获得关注的重要方面，光有好的才艺还不够，还应该选择一个好的才艺展示的角度和切入方式。也就是说，必须从受众的喜好出发，实现其与直播内容的无缝对接。当然，这可以通过其直播内容的展现形式来实现。

101　包装主播：吸引更多的粉丝关注

在互联网中，普通人要想成名并不是一件简单的事情，如果找不到正确的方法，只是一味地想引人注目，是很难发展长久的。因此，每个创业者都需要根据自己的特点选择适合自己的方法（即内容）来包装自己、表达自己，让更多人看到自己的特色，从而关注自己。

在视频直播中，选择方法来包装自己可从 3 个方面着手，如图 10-7 所示。

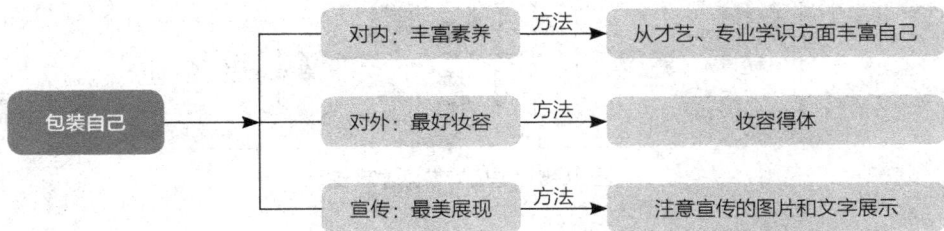

▲ 图 10-7　主播包装自己的途径选择

在此我们主要从宣传方面详细解说如何包装主播。

从图片方面来看，一般的直播图片采用的是主播个人照片，而要想引人注目，一方面要找准表现的角度，这样才能更好地把直播主题内容与个人照片相结合，做到相得益彰。

主播宣传的图片不同于视频，它是可以编辑和修改的。因此，可以借用软件来后期美化。

其中，美颜相机 APP 就是一个不错的手机自拍应用，可以帮助用户一秒变美，效果非常自然。美颜相机 APP 的一键美颜功能比化妆品还神奇，内置 10 多种美颜风格，用户可以任意选择。

具体操作步骤：进入美颜相机 APP 后现场拍摄或从手机相册选择照片，然后点击"进入高级美颜"按钮，如图 10-8 所示。

进入高级美颜模式后，点击左下角的"一键美颜"按钮，即可快速美化照片，还可以左右滑动屏幕，切换美颜风格，如图 10-9 所示，让照片瞬间"高大上"。

▲ 图 10-8　选择照片

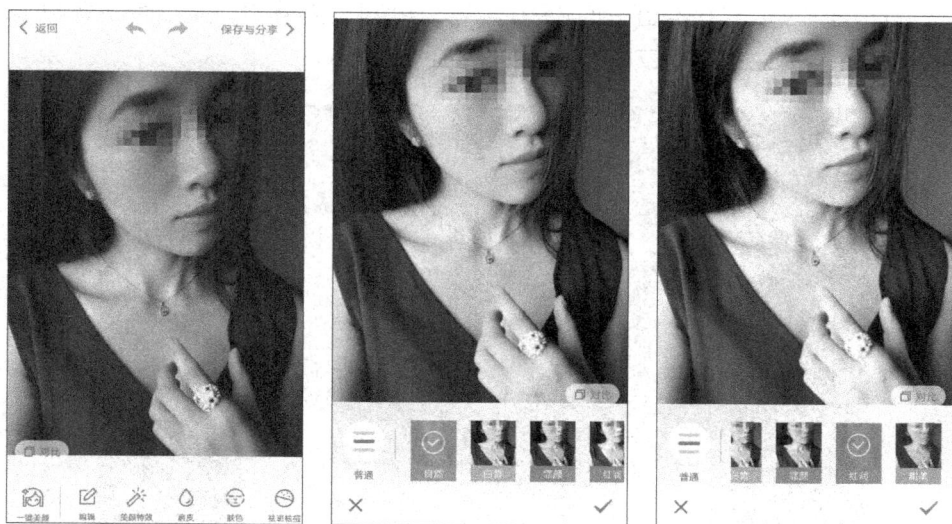

▲ 图 10-9　一键美颜

　　在宣传标题上，为主播的直播主题取一个好的标题，那么其宣传带给人的第一印象必然是美好的。

　　在主播名称上，为主播添加一个吸引人并能表现主播魅力的标签，是更全面展现主播的重要方式。这样的做法不仅能更好地包装主播，还能让受众在心里形成一个清晰的理性认识，有利于打造富有影响力的形象 IP。

102 风格打造：搞笑主播成为人气王

幽默搞笑的内容形式特别受大家欢迎，这也正是如今快节奏时代下人们放松心情的最佳方式，可以给人带来一种轻松、欢快的感觉。依靠搞笑内容成名的 IP 大有人在，如《万万没想到》《欢乐颂》等影视作品，同时还因此诞生了一大批网络搞笑达人，如图 10-10 所示。

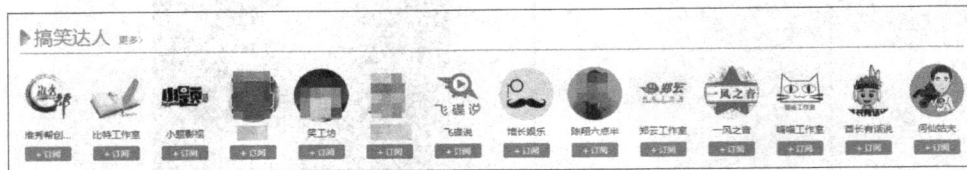

▲ 图 10-10 网络搞笑达人

例如，口才伶俐、幽默滑稽的唐唐（任真天）原本是某电视的购物栏目演员，2013 年年底开始在优酷播出搞笑视频，并逐步转为电影解说。

2013 年年初，唐唐推出一部解说视频《致唐唐逝去的青春，多么痛的领悟（第 34 期）》，以解说西游而轰动互联网，如图 10-11 所示。

▲ 图 10-11 《致唐唐逝去的青春，多么痛的领悟（第 34 期）》搞笑视频

这部视频的内容创意性比较强，而且唐唐还在视频中唱了一首歌，其点击量达到 1 160 万（来源于优酷数据）。

2013 年 12 月 19 日，唐唐创建了一档讲笑话的视频节目——Big 笑工坊，后来向"吐槽"发展，其在爱奇艺平台上的粉丝数量达到 140 多万人，总播放量超过 18 亿次，如图 10-12 所示。

爱奇艺平台上的总播放量超过 18 亿次

内容特色以"吐槽"为基本卖点

▲ 图 10-12　Big 笑工坊

互联网中的很多受众都喜欢有趣的信息，直播平台如果能做到这点，对宣传效果必定大有裨益。而对于直播平台方而言，将内容娱乐化是抓住用户屡试不爽的方法，具体的做法就是将内容转化为用户喜欢的带有趣味性的形式，让用户在感受趣味性的内容的同时，接受企业的宣传信息。

善于利用幽默技巧，是一个专业主播的成长必修课。生活离不开幽默，就好像鱼儿离不开水，呼吸离不开空气。学习幽默技巧的第一件事情就是收集幽默素材。

> 💡 **温馨提示**
>
> 　　例如，生活中很多幽默故事就是由喜剧的片段和情节改编而来。幽默也是一种艺术，艺术来源于生活而高于生活，幽默也是如此。

主播要凭借从各类喜剧中收集而来的幽默素材，全力培养自己的幽默感，学会把故事讲得生动有趣，让用户忍俊不禁。用户是喜欢听故事的，而故事中穿插幽默则会让用户更加全神贯注，将身心都沉浸到主播的讲述之中。

103　生活直播：正能量带来情感共鸣

随着直播的泛滥，大家开始对真实性有了一定的要求。用户们不再想看到千篇一律的主播坐在直播间说一些无聊的话题。于是直播开始从室内向室外迁移，从某个话题变成了生活细节。直播似乎变得更为简单，吃饭、逛街、坐公交、买衣服等成为某些主播的主要直播内容。图 10-13 所示为某主播在直播日常生活。

▲ 图 10-13　某主播直播日常生活画面

　　毫无疑问，正能量是新时代下最有效的一个内涵内容，将主播 IP 或品牌加入正能量元素，或者也可以以"爱"为名义、以"奋斗"为目标，将衣食住行等快乐、积极、真实的生活内容展示到网络中，这些都能为粉丝带来精神上的共鸣。

104　高效运营：输出精良内容，获得粉丝追捧

　　对主播的管理是经纪公司的一个重要运营内容，然而，只做到这一方面还是远远不够的，它不仅要在主播这一单个群体上下功夫，还应该在直播内容上下功夫。

　　在直播这一内容传播形式已经发展成熟到一定程度的情况下，再只是单纯地通过主播卖萌、简单的才艺表演来吸引受众注意已经过时了。要想成功地发展直播，在直播领域扎下根，就需要在内容上进行努力。具体说来，其发展途径如图 10-14 所示。

　　其中，在精良的直播内容呈现方面，经纪公司应该从直播内容的内容主体和内容呈现方式两个方面加以创新，并通过融入更多娱乐元素来增加直播的新颖性和独特性，与未来直播的发展方向接轨。只有符合时代趋势和需求的直播产品和内容，才能受到大量用户的喜欢和追捧。

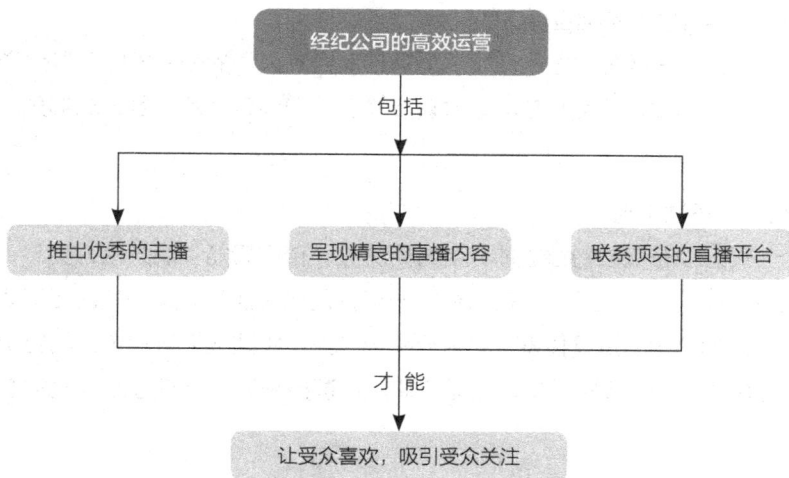

▲ 图 10-14　经纪公司实现高效运营的 3 个要素

另外，从经纪公司在视频直播领域所扮演的角色来看，行业发展应该注重打造一个由经纪公司联系的融合了平台、主播和受众三者的循环发展的生态圈。而这一生态圈的打造，需要经纪公司利用其双向沟通的属性来助力实现。在这里，"双向沟通"主要包括两个方面的内容，具体如下：

（1）主播与平台之间

沟通好主播与平台之间的关系，就需要经纪公司做好直播内容的管理。且只有在这样的情况下，无论是留住现有的已关注的受众，还是吸引更多的优质受众，都将不再是一件困难的事。

（2）平台、主播与受众之间

处理好平台及主播这一直播内容的制作方与受众这一直播内容的接收方的关系，是视频直播行业获得持续发展的动力所在。更重要的是，在这一双向沟通之间，经纪公司要致力于把受众这一内容接收方转化为内容的传播者，从而形成一个更大范围内的直播传播和业务推广。

可见，经纪公司只有在上述两个"双向沟通"上处理好，把主播、平台和受众有机结合起来，从而实现其自身的稳定高效的平台内容生态建设，才能更好、更长久地发展直播业务。

105　打造品牌：着力打响公司的知名度

一家公司或企业的知名度的高低是能影响其发展的，反过来，通过公司的发展和具体宣传措施又能很大程度地提升其知名度。可以说，公司的发展和知名度之间是一种相互影响、相互制约和相互促进的关系。

那么，经纪公司要怎样才能在发展的基础上打响公司的知名度呢？具体说来，既可从其自身特点出发，又可从与其有着直接联系的视频直播领域各组成部分出发，内容如下。

1. 打造公司自身独特性

一个公司必须有其独特性才能为各方所关注，否则只能"泯然众人矣"，不为人所知。从独特性出发，经纪公司最重要的一点就是在其自身体系和运营上下功夫，打造一个优于其他公司的运营体系。如被直播界称为"中国直播行业最大的经纪公司"的 YY，其本身是一个直播平台，然而它却能在直播领域打响其经纪公司的名气，可谓是一种奇迹。

2. 推出优质的平台主播

主播与平台是有着密切关系的，因此，当一个经纪公司的主播获得了大量受众的关注的时候，那么，这个经纪公司在直播投资平台圈子里的名气自然也就提高了。因此，推出优秀的平台主播不失为打响公司知名度的一个好办法。

当然，有人会说，培养一个优秀的主播并不是一件容易的事，且有时付出了相当多的精力，并不一定会获得对等的或更多的回报。其实这一点也是应该考虑在内的。

然而从另一方面来考虑，如今直播平台如雨后春笋般涌现，需要的主播无疑是大量的，假如不能在单个主播上获取打响公司知名度的机会，那么，可以从公司主播群体的整体质量上下功夫。当经纪公司能为直播平台输入一大批优质的主播，那么打响知名度也就不愁了。何况，在众多专业能力过硬、才艺水平高、形象气质佳的主播中，一定能产生少数的优秀主播来为打响公司知名度添砖加瓦。

3. 与知名直播平台合作

其实，经纪公司除了在打造自身独特性和优质主播等方面下功夫，还可借助外力来打响公司知名度，那就是直播平台。当公司有着高效的运营方式和大批优质主播的情况下，就可以采取与知名直播平台合作的方式来提升名气。

当然，在与知名直播平台合作的时候，也不是随意选择的，不能不考虑公司的业务特点和条件。也就是说，经纪公司无论是在主播的培养还是内容的创造方面都应集中在某一领域，不可为了知名度而选择一个与自身业务不相符的平台，这样只会弄巧成拙。

如一家经纪公司专注的业务领域是教育，却基于受众的偏好和平台知名度考虑而选择在娱乐直播类平台或游戏直播类平台的排行榜上排名靠前的平台，这无疑是不可

取的。对于与平台定位完全不相符的内容，受众的接受度一般会比较低，因而对打响
公司知名度所能产生的影响也就会大打折扣。

106 盈利实现：打造视频直播系统

借助精湛的技术来搭建视频直播系统，是直播平台实现盈利的方式和方法。因
为直播平台上的用户如果想要获得好的直播效果，就需要优良的视频直播系统，也
就是说，需要在两个方面享受优质的服务，如图 10-15 所示。

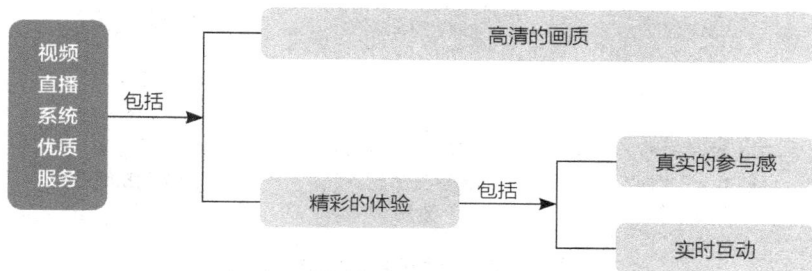

▲ 图 10-15　视频直播系统优质服务内容解读

当直播平台能为用户提供图 10-15 所示的服务内容时，那么在吸引受众注意方面
将更加容易，能吸引更多的用户进驻和使用该直播平台，而这一切的最终原因就在于
该直播平台拥有一个好的视频直播系统。那么，直播平台应该怎样才能搭建一个好的
视频直播系统呢？

了解和掌握视频直播系统是首要任务，并在此基础上应用视频直播技术或利用对
外承包的方式来打造这一系统。一般说来，视频直播系统是由 5 个部分组成的，具体
如图 10-16 所示。

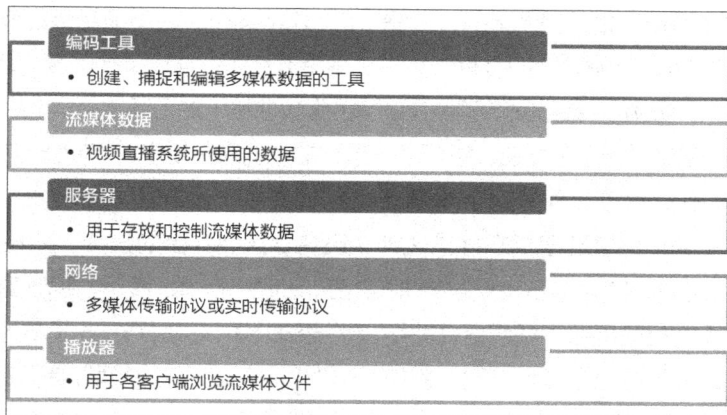

▲ 图 10-16　视频直播系统的组成部分

而从视频直播系统的内部关系和地位来看，它又可分为3大模块，具体内容如图10-17所示。

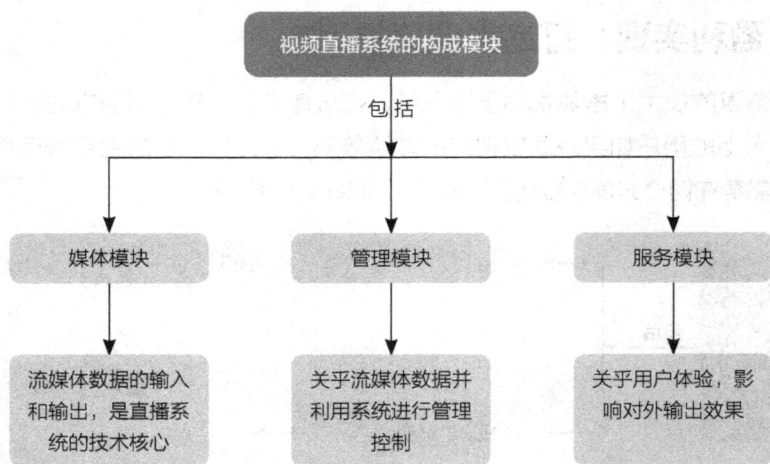

▲ 图10-17 视频直播系统的构成模块

无论是视频直播系统的5大组成部分，还是其3大构成模块，它们都是搭建该系统的核心要素。因而，在了解视频直播系统的基础上利用技术加以搭建，可快速完成系统的打造，而直播平台则可以利用打造的系统吸引用户进驻，最终实现平台盈利。

107 平台扶持：缩短粉丝变现途径

要想成为直播主播，首先需要有一技之长，这样才能吸引网友关注。例如，美国男歌手查理·普斯（Charlie Puth）就是依靠唱歌这门才艺，跨越到"真正的歌星"。

最开始，查理·普斯将自己演唱的歌曲发布到社交平台来吸引粉丝关注，得到一定的粉丝数量后便开始发表个人原创专辑。2015年4月，名不见经传的查理·普斯与美国著名说唱歌手维兹·卡利法（Wiz Khalifa）合作，推出了《速度与激情7》的单曲 *See You Again*，并且获得了"公告牌百强单曲榜"的冠军。

查理·普斯通过自己的才艺，进行了一系列的"洗底"动作，如制作节目主题曲，与多个红星合作，写歌、合唱及监制，让自己"真正红了起来"。

当然，主播们除了自己拥有才艺之外，还需要直播平台的扶持，才能完成从IP到IP经济的跨越，实现其名利双收的IP价值。如图10-18所示，视频直播过程中缩短粉丝变现途径的平台主要包括社交平台、经纪公司、供应链生产商或平台。

同时，这些平台也在相互渗透。例如，作为移动设计平台"领导者"的手机QQ也在一级菜单中推出了"直播"入口，如图10-19所示。

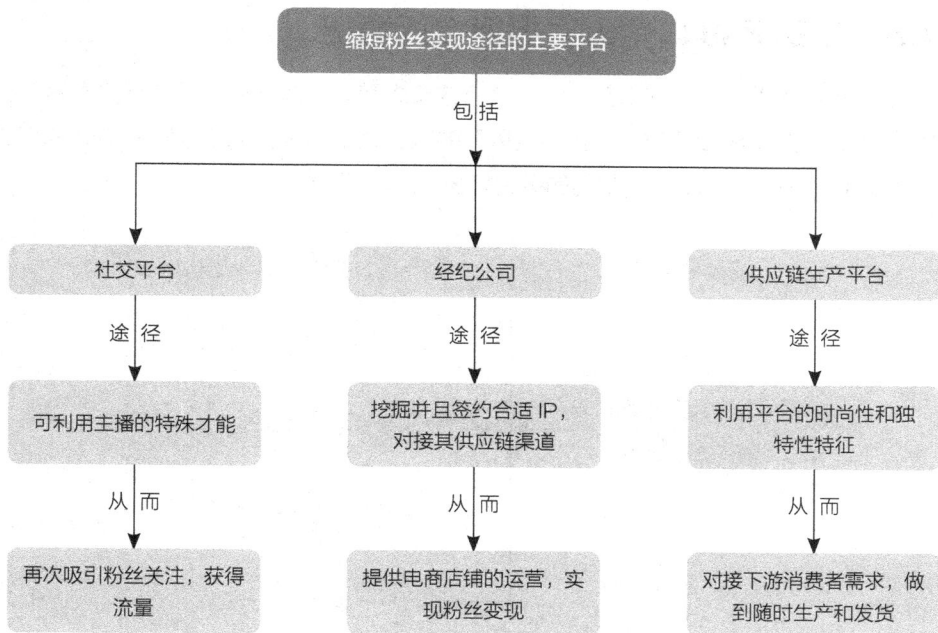

▲ 图 10-18　扶持主播缩短粉丝变现途径的主要平台介绍

▲ 图 10-19　手机 QQ 的"直播"功能

　　这种改变使主播们实现了引流和内容发布等供应链的集中，进一步缩短了粉丝变现的途径。可以发现，如今直播已经成为继 QQ、微博、微信等之后社交平台中的互联网流量中心，主播们强大的粉丝黏性将为这些供应链平台带来更多的价值。

108　百家齐推：个人直播变全民直播

在视频直播发展大热的形势下，一个新的概念随之兴起，那就是"全民直播"，它是个人直播的发展和延伸。"全民直播"的意思就是利用客流量相对来说比较大的平台来对直播进行引流。一般常用的平台如图 10-20 所示。

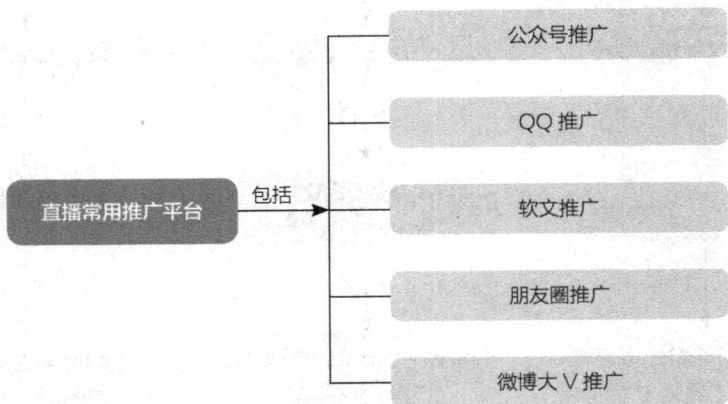

▲ 图 10-20　直播常用推广平台

其实以上几种推广平台也都翻来覆去讲过很多遍了，所以这里笔者只详细介绍一下微博大 V 推广。

所谓"微博大 V"，就是在各微博平台有着众多粉丝的已获得认证的高级账户，其名称来源于其微博昵称附带的字母图标"V"，机构认证的"V"是蓝色的，个人认证的是橙色的。

从本质上来看，微博大 V 是微博这一社交平台上有着巨大影响力的特殊群体，这就使得其在各种信息的推广方面有着极大的优势，因而微博大 V 作为重要的推广渠道发挥着独特的营销作用。图 10-21 所示为微博大 V 的推广优势分析。

基于微博大 V 的推广优势，企业、商家在进行推广时，力图利用这一优势实现宣传范围的目标最大化，视频直播领域的推广也是如此。那么，企业和商家应该怎样利用微博大 V 进行直播节目推广呢？具体说来，其重点在于微博大 V 的选择上面，关于这一问题应该从两个方面来考虑。

1. 行业相关性

当企业和商家自身的行业属性与微博大 V 有着相关性时，那么它们之间就有了相似的粉丝群体和受众目标，因而在直播内容需求和产品需求上也是相似的，粉丝群体成为直播节目的受众的概率就会大大提升。

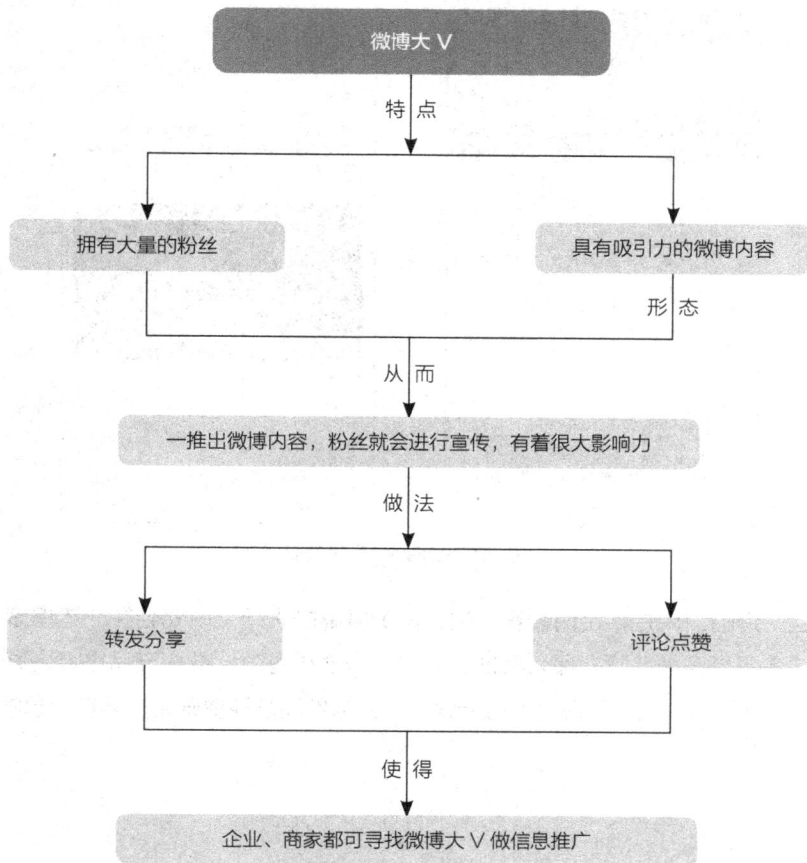

▲ 图 10-21　微博大 V 的推广优势分析

　　例如，假如企业和商家从事饮食行业，它们进行直播推广的内容就是关于美食的，此时就可寻找相关内容的微博大 V，如果能再基于具有一定地域性的微博大 V 来进行推广，其效果将更佳。图 10-22 所示为利用微博大 V "鲜城长沙"获得了 18 万次播放佳绩的直播信息推广。

2. 宣传口碑好

　　对于受众来说，企业和产品的口碑很重要，它们是获得受众信任的基础条件。只有拥有好口碑的企业和产品以及微博大 V，才能让受众更好地接收推送信息。一个具有好口碑的微博大 V，随着运营者和受众互动的增多，必将产生巨大的效益，具体如下：

　　（1）受众忠诚度提升；

　　（2）受众转化率提高；

　　（3）微博大 V 形象优化。

▲ 图 10-22　微博大 V "鲜城长沙"

况且，好的口碑是平台内容真实性、准确度高的表现，由此会在一定程度上让受众产生"内容真实而准确，那么其推广信息也必然更有效，推广产品也将是真实的"的认识。因此，选择宣传口碑好的微博大 V，会自然而然地提升直播推广信息的价值。